स्वदेशी की संस्कृति

स्वदेशी की संस्कृति

मनोहर श्याम जोशी

सम्पादक

भूपेन्द्र अबोध

वाणी प्रकाशन

वाणी प्रकाशन

'लोगो' वाणी प्रकाशन : मक़बूल फ़िदा हुसेन

वाणी प्रकाशन, 4695, 21-ए, दरियागंज, नयी दिल्ली-110002

वाणी प्रकाशन, अशोक राजपथ (पटना कॉलेज के सामने), पटना (बिहार)

SWADESHI KI SANSKRITI

by Manohar Shyam Joshi

Edited by Bhoopendra Abodh

Criticism

ISBN : 978-93-5000-499-9

प्रथम संस्करण

मूल्य : 375/-

वाणी प्रकाशन

फोन : 0091#11#23273167, फोन व फैक्स 23275710

वेबसाइट : www.vaniprakashan.in

ई-मेल : vaniprakashan@gmail.com

जी.एस. ऑफसेट द्वारा दिल्ली-110032 में मुद्रित

भूमिका के बहाने

मनोहर श्याम जोशी लिखित एवं आगामी कई-कई खण्डों तक प्रकाश्य सम्पादकीय आलेखों का, जब वह 'साप्ताहिक हिन्दुस्तान' के सम्पादक थे, यह पहला खण्ड (03-12-67 से 10-05-70 तक) है। नवम्बर 1967 के तीसरे सप्ताहांत–21 नवम्बर, 1967–उन्होंने सम्पादक का कार्यभार सँभाला था और 03 दिसम्बर 1967 का अंक उनके समपादन में प्रकाशित पहला अंक रहा। तब से पूरे पन्द्रह साल–अक्टूबर 1982–जिस सृजनात्मक मेधा, ऊर्जा, तेजस्विता एवं ओजस्विता के साथ सम्पादक की कुर्सी पर वह बने रहे और पन्द्रह वर्षीय अपने सम्पादन काल के दौरान पत्रिका को न सिर्फ जमीन से आसमान की ऊँचाई तक पहुँचाया, बल्कि राष्ट्रव्यापी जैसी लोकप्रियता तथा साहित्यिक-सांस्कृतिक-सामाजिक गरिमा एवं प्रतिष्ठा दिलाई कि आज भी मनोहर श्याम जोशी और 'साप्ताहिक हिन्दुस्तान' एक-दूसरे के पूरक एवं पर्याय तथा पन्द्रह वर्षीय उनके सम्पादन काल को सा. हि. की कुल जमा प्रकाशन अवधि के स्वर्णकाल के रूप में याद किया जाता है।

'साप्ताहिक हिन्दुस्तान' का प्रकाशन सन् 1950 की गाँधी जयन्ती–02 अक्टूबर, 1950–जैसे शुभ दिन से शुरू हुआ था। पत्रिका के सम्पादन की जिम्मेदारी दैनिक 'हिन्दुस्तान' के तत्कालीन सम्पादक मुकुट बिहारी वर्मा को सौंपी गयी। गाँधी एवं गाँधीवादी विचारधारा को आपादमस्तक समर्पित मुकुट बाबू अपने समय के प्रखर, निष्ठावान एवं पक्के राष्ट्रवादी पत्रकार थे। महात्मा गाँधी की अगुवाई में देश को नयी-नयी आजादी मिली थी और जीवन के तमाम क्षेत्र–राजनीति, साहित्य, संस्कृति, कला, दर्शन, संगीत, विज्ञान–महापुरुषों से भरे पड़े थे। देश तथा समाज के लिए हर किसी के दिल से त्याग एवं उत्सर्ग के भाव थे। चतुर्दिक एक-दूसरे समेत समाज तथा देश के लिए मंगलमयी भावनाओं एवं कामनाओं की अनुगूँज सुनाई देती थी। वैसे में स्वाभाविक था कि 'साप्ताहिक' को मुकुट बाबू गाँधीवादी विचारधारा एवं राष्ट्रवाद को समर्पित साहित्यिक-सांस्कृतिक एक पारिवारिक पत्रिका के रूप में प्रस्तुत करते। सर्वांग प्रस्तुतीकरण के लिहाज से पत्रिका के उन्होंने कुल पाँच स्तम्भ निर्धारित किये–लेख, कथा-साहित्य, कविताएँ, हास्य-व्यंग्य एवं स्थायी स्तम्भ, जिसके अन्तर्गत पाठकों के पत्रों से लेकर फिल्म, स्वास्थ्य प्रश्नोत्तरी, ज्ञान-विज्ञान, खेल-खिलाड़ी, महिलाओं के लिए 'आधी दुनिया' तथा बच्चों के लिए

'फुलवारी' समेत और भी बहुत कुछ। पत्रिका मनोनुकूल लोकप्रियता के मानदंड पर खरी साबित हुई और वांछित यश-प्रतिष्ठा की हकदार बनी। यानी कुल मिलाकर मुकुट बाबू अपने मिशन में काफी दूर तक कामयाब साबित हुए, मगर सम्पादक के रूप में उनका कार्यकाल साढ़े तीन-चार वर्षों से ज्यादा नहीं चल सका। दैनिक 'हिन्दुस्तान' सम्बन्धी ढेर सारी जिम्मेदारियों को लेकर पहले से ही अस्त-व्यस्त चल रहे थे। लिहाजा सा.हि. से स्वेच्छया मुक्ति चाही और उन्हीं के अनुमोदनानुसार हिन्दुस्तान टाइम्स प्रबन्धन ने बाँके बिहारी भटनागर को, जो सा.हि. में मुकुट बाबू के प्रमुख सहयोगी सलाहकार थे, सम्पादक की जिम्मेदारी सौंप दी।

सम्पादक के रूप में भटनागर जी ने तकरीबन तेरह-साढ़े तेरह वर्षों की लम्बी पारी खेली। मुकुट बाबू द्वारा निर्धारित पाँच स्तम्भों पर सवार पत्रिका थोड़े-बहुत परिवर्तन के साथ अपनी पुरानी लय-ताल-गति पर बरकरार रही मगर समय गुजरने के साथ राष्ट्रव्यापी उसकी लोकप्रियता एवं प्रसार-संख्या को झटके लगने शुरू हुए और स्थिति अन्ततः पच्चीस-तीस हजार की संख्या तक आ पहुँची जो जोशी जी द्वारा सम्पादक का कार्यभार सँभालने के समय तक बरकरार रही। यहाँ बताना शायद प्रसंगेतर नहीं कि जोशी जी के सम्पादन-काल सँभालने के ठीक पहले पूरे साल भर के लिए रामानन्द दोषी ने, जो तब मासिक पत्रिका 'कादम्बिनी' के भी सम्पादक थे, सा.हि. का कार्यभार सँभाला था। दोषी जी से पहले स्थानापन्न सम्पादक के रूप में कुछ महीनों के लिए गोविन्द प्रसाद केजरीवाल ने, जो बाँके बिहारी भटनागर के कार्यकाल से लेकर उनकी सेवा-निवृत्ति तक सहायक सम्पादक के पद पर रहे।

तो मनोहर श्याम जोशी द्वारा सम्पादक 'साप्ताहिक हिन्दुस्तान' का कार्यभार सँभालने की तात्कालिक प्रतिक्रिया दिल्लीवासी हिन्दी की तत्कालीन साहित्यकार-पत्रकार बिरादरी के बीच कुछ ज्यादा ही दिलचस्प रही। बातचीत के दौरान कभी खुद जोशी जी के बताये अनुसार बिरादरी के मुट्ठीभर मित्रवत सदस्यों को छोड़, व्यक्तिगत रूप से जो उनकी सर्जनात्मक प्रतिभा-मेधा-क्षमता से परिचित थे, बाकी के बीच वक्रोक्तियों-व्यंग्योक्तियों भरा उपहासजनित एक जुमला जारी हुआ कि चाहे वह हिन्दी साहित्य का क्षेत्र रहा हो कि पत्रकारिता का, उपलब्धियों के नाम पर ऐसा क्या तीर मार सके मनोहर श्याम जोशी कि सा.हि. के सम्पादक वाली कुर्सी पर सादर विराजमान करा दिये गये?

तब के हिसाब से शायद बहुत कुछ स्वाभाविक था यह सवाल। साहित्यिक उपलब्धियों के नाम पर जोशी के पास की तत्कालीन कुल जमा पूँजी बस इतनी भर रही कि लखनऊ से बी.एस-सी. की पढ़ाई के दौरान गुरुवर अमृतलाल नागर से उदीयमान साहित्यकार चेले के रूप में गण्डा-ताबीज बँधवा चुके थे, दिल्ली के मोरी गेट (आज का अन्तर्राज्यीय बस अड्डा इलाका) से प्रकाशित हिन्दी दैनिक 'जनसत्ता' (इण्डियन एक्सप्रेस ग्रुप के आज का हिन्दी दैनिक नहीं), प्रसिद्ध नाटककार चिरंजीत

जिसके साहित्य सम्पादक थे, के रविवारीय परिशिष्टांकों में कुछ रचनाएँ छप चुकी थीं, 'प्रतीक' के आखिरी अंक में सम्पादक अज्ञेय कहानी छाप चुके थे और 'तीसरा सप्तक' में एक लम्बी कविता छापने वाले थे, जोशी जी जिसे आखिर-आखिर तक पूरा नहीं कर सके और 'तीसरा सप्तक' में शामिल किये जाने से वंचित रह गये। बाद को वह कविता मासिक 'कल्पना' के छह-सात अंकों तक धारावाहिक छपकर भी अन्ततः आधा-अधूरा ही साबित हुई।

जहाँ तक हिन्दी पत्रकारिता की बात ठहरी तो लखनऊ विश्वविद्यालय से बी.एस-सी तक की पढ़ाई पूरी कर जमाने के ख्याल से दिल्ली पहुँचे जोशी जी नाटककार चिरंजीव की मेहरबानी से दैनिक 'जनसत्ता' के समाचार एवं सम्पादकीय पृष्ठों के लिए पाँच से सात रुपये कालम की दर से अंग्रेजी से हिन्दी अनुवाद के काम से लगे। रविवारीय परिशिष्टों के लिए तो लखनऊ वाले दिनों से ही लिख रहे थे। अज्ञेय जी तब आकाशवाणी समाचार विभाग के हिन्दी सलाहकार थे और आकाशवाणी भवन में ही उनका कार्यालय था, जहाँ बैठते थे। लखनवी कविमित्र रघुवीर सहाय ने, जो आकाशवाणी समाचार विभाग में कार्यरत थे, किसी दिन जोशी जी को अज्ञेय जी से मिलवाया। जोशी जी की प्रतिभा-क्षमता के मुताबिक रघुवीर सहाय ने शायद पहले से ही अज्ञेय जी को अवगत करा छोड़ा था। आमने-सामने की उस पहली मुलाकात तथा दो-चार वाक्योंवाली बातचीत में ही अज्ञेय जी ने जोशी जी की हिन्दी-अंग्रेजी प्रतिभा का मोटा-मोटी आलकन कर लिया होगा और बस...! जोशी जी आकाशवाणी से कैजुअल आर्टिस्ट की हैसियत से जुड़े, बाद को स्टाफ आर्टिस्ट के रूप में तरक्की हासिल की, फिल्म्स डिवीजन की नौकरी से जुड़कर 1959 में मुम्बई पहुँचे, साप्ताहिक 'धर्मयुग' के लिए सम्पादक डॉ. धर्मवीर भारती की इच्छानुसार विविध विषयक लेखन कार्य किये और यह सब करते हुए एक दिन भारतीय सूचना सेवा के क्लास वन पदाधिकारी की कुर्सी तक पहुँचे। फिर वह दिन आया सन् 1964 में जब दिल्ली से हिन्दी समाचार साप्ताहिक 'दिनमान' के प्रकाशन की योजना अपने अन्तिम रूप में पहुँची, पत्रिका के प्रस्तावित सम्पादक अज्ञेय सरकारी सेवा से त्यागपत्र दिलवाकर जोशी जी को मुम्बई से दिल्ली 'उड़ा' लाये और 'दिनमान' वाला ही दौर रहा। अज्ञेय के शिष्यत्व में जहाँ पूरा-का-पूरा लगभग तीन वर्ष गुजारकर पूरी तरह सिद्ध एवं पारंगत पत्रकार वाली छवि के साथ जोशी जी 'साप्ताहिक हिन्दुस्तान' की कुर्सी तक पहुँचे।

(अगले खण्ड में—'साप्ताहिक दिनमान' से 'साप्ताहिक हिन्दुस्तान' तक का सफर)

—भूपेन्द्र अबोध

अनुक्रम

एक अवमूल्यन : पौण्ड का और सत्ता का

संसार के बाजार में पौण्ड की बड़ी साख रही है। पिछले दिनों ब्रिटेन की मजदूर दली सरकार ने अपने सिक्के 'पौण्ड' की विनिमय दर घटा दी है। अभी तक संसार के बाजार में एक पौण्ड अमेरिकी 2.80 डालर के बराबर था, परन्तु अब एक पौण्ड 2.40 अमेरिकी डालर के बराबर होगा। 21 रुपये देने पर बदले में एक पौण्ड मिलता था, परन्तु अब 18 रुपए देने पर ही एक पौण्ड की उपलब्धि हो सकेगी। पौण्ड या किसी सिक्के के विनिमय-मूल्य की इस कमी को ही आर्थिक परिभाषा में अवमूल्यन कहा जाता है। एक समय था जब संसार के बाजार में पौण्ड का दबदबा था, उसी की तूती बोलती थी, परन्तु विश्व के दो महायुद्धों के फलस्वरूप ब्रिटेन तथा उसके पौण्ड की हालत ऐसी खस्ता हुई है कि पिछले चालीस वर्षों में पौण्ड कीमत की तीन बार घटानी पड़ी है।

आज संसार के बाजार में डालर, पौण्ड, फ्रेंक, लीरा, येन, रूबल और रुपये आदि विविध मुद्राएँ प्रचलित हैं। हमारे अन्तरराष्ट्रीय एवं राष्ट्रीय व्यापार एवं वाणिज्य में मुद्रा विनिमय का माध्यम होती है। मनुष्य के प्रारम्भिक इतिहास में वस्तु के बदले वस्तु मिलती थी। सभ्यता एवं संस्कृति के प्रसार के साथ मानवीय व्यवहार में अनाज और पशु आदि विनिमय के माध्यम बने। मानव के अधिक विकसित होने पर कीमती धातुएँ और उनसे बने सिक्के उसके व्यापार एवं वाणिज्य का माध्यम बन गए। सभ्यता के आधुनिक युग में इन कीमती धातुओं और धातु-मुद्राओं का स्थान भी कागजी मुद्राओं ने ले लिया है। इन कागजी मुद्राओं ने मानवीय व्यापार-वाणिज्य में एक क्रांतिकारी परिवर्तन किया है।

पिछले बीस वर्षों में ब्रिटेन ने अन्तरराष्ट्रीय राजनीति और आर्थिक बाजार में अपनी हालत सुधारने की बड़ी कोशिश की है, परन्तु जिस प्रकार उसे अपने साम्राज्य के विघटन के लिए विवश होना पड़ा, उसी प्रकार उसे न चाहते हुए भी दो बार अपनी मुद्रा का अवमूल्यन करना पड़ा है। ब्रिटेन एक छोटा-सा देश है। उसका जीवन विदेशी व्यापार पर निर्भर है। एक समय था जब वह संसार भर में फैले साम्राज्य की मण्डी पर एकाधिकार स्थापित कर संसार के स्वर्णकोश का अधिपति था। यद्यपि दो महायुद्धों में सैनिक दृष्टि से ब्रिटेन विजयी पक्ष का एक महत्त्वपूर्ण अंग था, तथापि

विश्व की राजनीति और दुनिया की मण्डी में उसकी हालत पतली हो गई है। यद्यपि ब्रिटेन की जनता देश के लिए कुर्बानी करती रही है, वह आत्मनियंत्रण कर देश की स्थिति भी सुधारती रही है, तथापि देश में व्यय और वेतन-वृद्धि की सीमा निर्धारित करने, विदेशों में निर्यात को प्रोत्साहित करने के बावजूद पौण्ड को जिन्दा रखने के लिए संसार की मण्डी में कर्ज की अपेक्षा थी। विश्व के साहूकारों ने ब्रिटेन को कर्जा देने के लिए कुछ शर्तें पेश कीं, जिन्हें उसने स्वीकार न करते हुए अपनी मुद्रा का मूल्य घटा दिया है।

ब्रिटेन ने संसार की मण्डी में अपना माल अधिक भेजने के लिए अपने सिक्के की कीमत घटाई है। उसकी अपेक्षा है कि इस तरह पौण्ड की कीमत घटने से यूरोप की साझा मण्डी के द्वार उसके लिए खुल जाएँगे तथा अमेरिका की मण्डी में उसका माल अधिक बिक सकेगा, फलतः विश्व के व्यापार में पौण्ड की साख बढ़ जाएगी। पौण्ड की गिरती हुई साख को मजबूत करने के लिए मितव्ययता के कठोर नियम भी बनाए गए हैं, बैंक दर बढ़ा कर, रक्षा और सरकारी खर्च में कटौती कर तथा दी गई छूट खत्म कर पौण्ड यूरोप और अमेरिका की मण्डी में अपनी खोई हुई साख फिर से कायम करना चाहता है। व्यक्ति हो अथवा राष्ट्र प्रत्येक का अस्तित्व उसकी साख पर ही निर्भर होता है।

इतिहास साक्षी है कि नेपोलियन, कैसर, हिटलर के सामने शेष यूरोप के पराजित होने पर भी छोटे-से इंग्लैण्ड ने हार नहीं मानी थी, आज साम्राज्य से वंचित हो कर ब्रिटेन अपने पेट पर पट्टी बाँध कर संयम और श्रम का जीवन बिता कर पुराने साम्राज्य की मण्डी के स्थान पर संसार के नए, बाजार विशेषतः यूरोप की साझा मण्डी, की टोह ले रहा है। पिछने महायुद्ध में पराजित जर्मनी और जापान ने कुछ ही वर्षों के अध्यवसाय से विश्व में पुनः सम्मानित स्थान पा लिया है, अपमानित फ्रांस ने भी यूरोप की साझा मण्डी के सहयोग से कायाकल्प कर लिया है। आज प्रधान मंत्री विल्सन के नेतृत्व में ब्रिटेन 'अवमूल्यन' की तीव्र औषधि से नवनिर्माण करना चाहता है। उसकी अपेक्षा थी कि वह राष्ट्रमंडल की अपनी विशिष्ट स्थिति रखते हुए यूरोप की साझा मण्डी में अपना स्थान बना ले, परन्तु द गाल के फ्रांस ने उसके अनुरोध को ठुकरा दिया। आज साम्राज्य और पौण्ड का अवमूल्यन कर एक सामान्य सदस्य की नाईं ब्रिटेन यूरोपीय साझा मण्डी की सदस्यता के लिए मनुहार कर रहा है। इतिहास के इस पट-परिवर्तन से पूर्व के देशों को सीख लेनी होगी।

राजनीति?...हाँ। नीति?....ना।

एक और वर्ष समाप्त हुआ चाहता है। एक और वर्ष जिसमें.'..और क्या होंगे अभी? यह सोचने का समय निकालना अथवा साहस कर पाना अधिकाधिक दुष्कर होता चला गया। खोये हुए अवसरों और भूले हुए आदर्शों का एक और वर्ष, जिसमें राजनीतिक और सामाजिक जीवन के मानकों में निरन्तर ह्रास का बोध तीव्रतर होता चला गया। तात्कालिकता के नुस्खों-लटकों का एक और वर्ष, जिसमें दिशाहीनता का मर्ज बदस्तूर लाइलाज साबित होता रहा। अभी पिछले महीने चीन की एकतरफा युद्धविराम घोषणा की पाँचवीं वर्षगाँठ के अवसर पर हमने अपने देश को कहीं अधिक संकल्पच्युत और दिग्भ्रमित पाया। यह न उस नेहरू का देश मालूम हुआ जिसने 'नियति के न्यौते' की बात कही थी; जिसने भारत को दुनिया की बिरादरी में सम्मान का स्थान दिलाने का सपना देखा और दिखलाया था। और न यह उस नेहरू का ही देश प्रतीत हुआ जिसने चीनी आक्रमण के बाद दर्द से भींगी हुई आवाज में यह कहा था कि 'हम अब तक मोह और भ्रम के जाल में फँसे हुए थे।' और घोषणा की थी कि देश अब अधिक यथार्थवादी नीति अपनाएगा। ऐसा आभास मिलता है कि हमने स्वप्न तो बिसरा दिया है लेकिन स्वप्न-भंग से कोई शिक्षा ग्रहण नहीं की है। हम अपनी ही नज़रों में ओछे होते जा रहे हैं।

इस वर्ष आम चुनाव के बाद अक्सर ध्रुवीकरण की बात सुनी जा रही थी। ऐसा माना जाने लगा था कि मतदाता का निर्णय हमारे लोकतंत्र को प्रौढ़ता की दिशा में अग्रसर होने के लिए प्रेरित करेगा। लेकिन यह अवसर भी गँवा दिया गया है। ध्रुवीकरण की जगह हमें बेतुके गठजोड़ों और कैसे भी सत्ता परा लेने और बनाए रखने की जोड़-तोड़ों का तमाशा नसीब हुआ है। हमारे राज्यों में सरकारें जिस तरह बनी और बिगड़ी हैं उससे यही प्रमाणित हुआ कि संवैधानिक लोकतंत्र भी हमारे लिए किसी जीवन्त आदर्श का नहीं, एक जड़ प्रतीक का ही दर्जा रखता है। ऐसा प्रतीक जिसकी दुहाई हर कोई दे सकता है लेकिन जिसे सर्वोपरि सत्ता प्रदान करने के वास्ते कैसा भी त्याग करने के लिए कोई तत्पर नहीं है। यह सही कि 'लोकतंत्रात्मक राजनीति सम्भाव्य की कला है', और सत्ता को सम्भव बनाने के लिए इसमें थोड़ी बहुत ले-दे भी करनी होती है, थोड़ा बहुत लेन-देन भी आवश्यक हो जाता है। दूसरे

शब्दों में यह कि लोकतंत्र की राजनीति समझौते की राजनीति है। लेकिन समझौते और सौदे में भेद न कर पाना लोकतंत्र के लिए घातक सिद्ध हो सकता है। सौदेबाजी शीघ्र ही राजनीति को राज-नीति बना देती है और सारा जोर समास के पहले शब्द पर पड़ने लगता है। शायद इसी के चलते पश्चिम बंगाल में लोकतंत्र-विश्वासी दल उन वामपंथी कम्युनिस्टों के साथ मिली-जुली सरकार बना बैठे थे जिन्हें संसदीय लोकतंत्र में विश्वास नहीं है। और शायद इसी के चलते वामपंथी कम्युनिस्ट उस तरह के साझा मोर्चे में शामिल होने के लिए लालाति हो उठे थे जिसकी वे कड़े शब्दों में निन्दा करते रहे थे। शायद इसी के चलते हरियाणा में कुछ विधायकगण एकाधिक बार दल-परिवर्तन करके भी लोकतंत्र के उच्च आदर्शों की दुहाई देते रह सके थे।

अगर राज करने की आकांक्षा नीति पर हावी न हो तो शायद ध्रुवीकरण हो सके और देश दलबदल और गुटबंदी के दलदल से उबर पाए। सत्ता और सौदे की सिद्धान्तहीन राजनीति इस सम्भावना को जितना क्षीण कर रही है, अराजकता की आशंका को उतनी ही बलवती बना रही है। यह नयी राज-नीति जनजीवन के हर अंग को, सर्जनात्मक कार्यकलाप के हर क्षेत्र को, समूचे राष्ट्रीय मानस को ग्रसित करती जा रही है। हर भारतीय को यह याद करना और दिलाना होगा कि लोकतंत्र की राजनीति के लिए जहाँ समझौता आवश्यक है वहाँ यह दृढ़ संकल्प सर्वथा अनिवार्य है कि इस हद से आगे कोई समझौता हो नहीं सकता। जो इस बात को भुला देते हैं वे राजनीति के क्षेत्र से नीति का निर्वासन कराते हैं। नीति के अभाव में 'सब चलता है' वाली मनोवृत्ति उपजती है। और जहाँ 'सब चलता है' वहाँ देर-सबेर सब कुछ चला जाता है। इसलिए स्वस्थ प्रतिमानों की स्थापना और सहमति के व्यापकतम क्षेत्र का संधान आज हम सबका पहला कर्त्तव्य है।

दायें-बायें आगे-पीछे...लेकिन जहाँ के तहाँ

राज्य-सरकारों के आए दिन बनने-बिगड़ने के इस दौर में केन्द्र सरकार का स्थायित्व देश के लिए परम महत्त्वपूर्ण हो गया है। केन्द्र सरकार का यह स्थायित्व कांग्रेसी मंत्रियों की एकता पर निर्भर है और यह एकता बहुत हद तक कांग्रेस संगठन की एकता पर निर्भर है। कांग्रेस का अध्यक्ष पद श्री निजलिंगप्पा को देने के विषय में कांग्रेसी नेताओं का सहमत हो जाना इस दृष्टि से कांग्रेस संगठन के लिए ही नहीं, सारे देश के लिए सन्तोष का विषय माना जा सकता है। पहले जो समाचार मिले थे वे ऐसा संकेत देते थे कि इस विषय में मतविभाजन होगा और कांग्रेस के तथाकथित वामपन्थ और दक्षिणपन्थ में टक्कर होगी। किन्तु यह टक्कर न होने पर ही कांग्रेस का या कि देश का पूर्णतया सन्तुष्ट हो जाना एक बहुत बड़ी भूल होगी। यह सवाल भी उठाना होगा कि मध्यपन्थी कांग्रेस दल का कोई स्पष्ट कार्यक्रम और सुनिश्चित नेतृत्व अगर है तो आखिर क्या है? सवाल उठाना ही नहीं होगा बल्कि शीघ्र ही इसका कोई तर्कसंगत उत्तर भी ढूँढ़ना और देना होगा। कांग्रेस की 'अनेकता में एकता' का गुणगान इस सवाल को टालता रहा है। महँगी सौदेबाजी को सामंजस्य की संज्ञा दे कर जितना स्वयं को भरमाया जाता रहा है उतना ही देश की राजनीति को उलझाया जाता रहा है।

अब तक कांग्रेस कई मुखों से बोलती रही है और हर मुँह से बिल्कुल अलग-अलग किस्म के बोल फूटते रहे हैं। कांग्रेस अर्न्तराष्ट्रीय क्षेत्र में सोवियत संघ की भी समर्थक है और अमेरिका की भी। कांग्रेस हिन्दी को राजभाषा बनाने के पक्ष में भी है और अंग्रेजी को राजभाषा बनाए रखने का विधेयक भी प्रस्तावित कर सकती है। कांग्रेस महाराष्ट्र के पक्ष में भी है और मैसूर के भी। कांग्रेस कम्युनिस्टों को देशद्रोही भी बताना चाहती है लेकिन उन पर प्रतिबन्ध लगाने से हिचकती है। कांग्रेस सरकारी उद्योग-क्षेत्र के भी पक्ष में है और गैर-सरकारी उद्योग-क्षेत्र के भी। दूसरे शब्दों में कांग्रेस सभी कुछ है और अक्सर ऐसा आभास मिलता है कि इस क्रम में वह कुछ भी नहीं बन सकी है। 'समाजवादी ढंग का समाज' जैसे निरर्थक नारों से वह सिद्धान्तों के दारिद्र्य को किसी तरह ढाँपती रही है। वह कुछ सदस्यों को थोड़ी बहुत गर्मजोशी की बातें करने और शोर मचाने का अधिकार देती आई है और

जिन्होंने ज्यादा शोर मचाया उन्हें छोटा-मोटा मंत्रिपद दे कर चुप करती रही है। इस शोर को कांग्रेस के वामपन्थ का और मंत्रिपद पा कर तुष्ट हो जाने वालों को वामपन्थी कांग्रेसियों का नाम देना आत्मछलना ही मानी जाएगी। देश के अधिकतर नए दल भी कांग्रेस की इस बीमारी से अछूते नहीं रहे हैं। सत्ताप्रियता के आग्रह से हुई गुटबन्दियों पर सिद्धान्तप्रियता का आवरण डाला जाता रहा है।

देश के सबसे बड़े राजनीतिक दल के रूप में कांग्रेस को यह सोचना चाहिए कि पाश्चात्य देशों में औद्योगिक विकास के दूसरे दौर में राजनीति का जो पन्थ-विभाजन किया गया था वह भारत के लिए किसी हद तक सार्थक या संगत है। उसे इस बात पर भी ध्यान देना होगा कि दूसरे विश्व-युद्ध के बाद स्वयं पश्चिमी देशों में इस शब्दावली का कोई अर्थ रह नहीं गया है। उन्नत औद्योगिक देशों में यह परम्परागत राजनीति दिनोंदिन निरर्थक होती जा रही है। राज्य स्वयं एक ऐसे तंत्र का रूप लेता जा रहा है, जिसके संचालन के लिए उद्योग, व्यापार, विज्ञान आदि के विशेषज्ञ पेशेवर राजनीतिज्ञों से ज्यादा महत्त्वपूर्ण हैं। उसे यह भी समझना होगा कि समाजवादी क्रान्तियाँ भी औद्योगीकरण के द्रुत, किन्तु बर्बर नुस्खों से अधिक कुछ सिद्ध नहीं हुई हैं। और अन्त में उसे यह मानना होगा कि देश की समस्याओं को समझने और अपने विशिष्ट परिवेश में उनका हल ढूँढ़ने का काम कोरी सिद्धान्त चर्चा से चल नहीं सकता। मध्यपन्थी दल के रूप में कांग्रेस को अब किताबी समाजवाद से उबरकर आधुनिक, औद्योगिक, लोकतंत्रात्मक और राष्ट्रीय चेतना से ओत-प्रोत भारतीय समाज की प्रतिष्ठा के लिए जूझना होगा। कभी दाएँ, कभी बाएँ, कभी आगे और कभी पीछे जाने की कोशिश में कांग्रेस जहाँ की तहाँ ही रह गई है और उसका यह गतिरोध सारे देश और समाज के गतिरोध का कारण बना है।

हिन्दी भारतमाता की बिन्दी नहीं, भाषा है

जब तक हमारा यह अंक* आपके पास पहुँचेगा राजभाषा विषयक नए विधेयक की नियति स्पष्ट हो चुकी होगी। सम्भावना इस बात की है कि हिन्दी-भाषियों के तोष के लिए कुछ विशुद्ध आँसू पोंछ-संशोधन करने के बाद यह विधेयक पारित कर दिया जाएगा, और इतना तो स्वाधीन भारत की राजनीति का कोई भी विद्यार्थी बता सकता है कि समझौते के नाम पर इस तरह जो भी सौदा होगा वह सभी पक्षों के मन में मैल और जबान पर कड़ुआहट छोड़ जाएगा। कुछ भीषण भाषण होंगे, काफी उग्र उत्पात मचेगा और पुलिस तथा प्रदर्शनकारियों में हिंसा का व्यापार उसी आए-गए अन्दाज से होता रहेगा जिससे भारत में बरसों से होता आया है। फिर समस्या को किसी तरह अधर में लटकता छोड़ कर यह मान और मनवा लिया जाएगा कि स्थिति नियन्त्रण में है, सुलह-सफाई हो गई है, सलाहकार समिति काम कर रही है, आयोग बैठा दिया गया है—अब आगे जो हो सो आगे वाले भुगतते रहें। अदालत और वकालत की राजनीति भी सक्रिय रहेगी और हिन्दी के पक्ष और विपक्ष में वैधानिक और संवैधानिक तर्क प्रस्तुत किए जाते रहेंगे। राष्ट्र की एकता का सवाल उठाया जाता रहेगा और कुछ इस तरह कि राष्ट्र में फूट पड़ती जाएगी।

राजभाषा का सवाल बहुत सीधा-सा है लेकिन देश को सरकारी दफ्तर की तरह चलाने वाले राजनीतिक प्राणियों ने इसे भी उलझा दिया है। स्वाधीन राष्ट्र के नागरिकों को मातृभाषा का उपयोग करने का अधिकार होना चाहिए। यह समझा जाना चाहिए कि इस अधिकार के अभाव में राष्ट्रीय चेतना और मेधा दोनों का विकास असम्भव है। इसलिए देश की सभी प्रमुख भाषाओं के प्रयोग और प्रचलन की पूरी सुविधा हर स्तर पर होनी चाहिए। इसके बाद प्रश्न रह जाता है सम्पर्क भाषा का। यह स्थान हिन्दी को देना अनिवार्य हो जाता है। एक तो इसलिए कि संख्या का तर्क उसके पक्ष में है, और लोकतंत्र में संख्या के तर्क की अवहेलना की नहीं जा सकती। दूसरे इसलिए कि हिन्दी सम्पर्क भाषा के रूप में ही विकसित और प्रचलित हुई है। आदर का यह स्थान उसे भारतीय पुनर्जागरण के सभी नेताओं ने दिया और दिलाया था। यही वजह है कि आज हिन्दी का क्षेत्र इतना फैला हुआ है कि उसके एक छोर पर ऐसी भाषाएँ बोलने वाले हैं जो बंगला के निकट पड़ती हैं,

---

* 24 दिसम्बर 1967

तो दूसरे छोर पर ऐसी भाषाएँ बोलने वाले जो गुजराती से मिलती-जुलती हैं। भारतीय पुनर्जागरण ने राष्ट्र की एकता के लिए जो महत्त्वपूर्ण कार्य किया था वह अंग्रेजीपरस्त नौकरशाही की खातिर चौपट किया जा रहा है। हिन्दी साम्राज्यवाद की बात भी इसी नौकरशाही ने चलाई है। हिन्दी को अंग्रेजी की तरह शासकों की भाषा का स्थान दिए जाने की आशंकाप्रद कल्पना इसी की देन है। सच्चा भारतीय नागरिक हिन्दी को और अन्य भारतीय भाषाओं को अंग्रेजी का स्थान देने की माँग नहीं कर रहा है। देश में इन भाषाओं का अपना जो स्थान है उसे मान्यता देने का आग्रह कर रहा है। यह सही है कि राजभाषा के सवाल से रोटी-रोजी का सवाल भी जुड़ा हुआ है। लेकिन कोई वजह नहीं कि सरकारी नौकरियों में विभिन्न राज्यों के समुचित प्रतिनिधित्व की व्यवस्था न की जा सके।

भारतीय भाषाओं की, और खास कर हिन्दी की, दरिद्रता और असमर्थता का प्रश्न भी अक्सर उठाया जाता है। अगर अंग्रेजी के हिमायती इससे वास्तव में चिन्तित है और सच्चे दिल से यह मानते हैं कि अंग्रेजी के अभाव में आधुनिक और प्रगतिशील राष्ट्र का निर्माण असम्भव है तो उन्हें सारे देश में अंग्रेजी के प्रसार के लिए कोई विराट योजना शुरू करनी चाहिए थी—देश की हर पाठशाला को 'फ्रैंक एन्थोनी पब्लिक स्कूल' का और देश के हर नागरिक को 'आटोबाइग्राफी आफ अन अननोन इंडियन' के अंग्रेज-परस्त लेखक नीरद चौधरी का रूप दे देना चाहिए था। लेकिन सच्चाई यह है कि अंग्रेजी के हिमायती देश की आधुनिकता और एकता के लिए उतने व्यग्र नहीं हैं जितने कि शासक और शासित का भेद बनाए रखने के लिए। इस बुनियादी बात को छिपाने के लिए ही वे तरह-तरह के गौण प्रश्नों को उठा कर एक सीधे-सादे सवाल को उलझाते रहे हैं। भारतीय भाषाओं को उन्होंने दूसरे दर्जे की भाषाओं का स्थान दिया है, अनुवाद की भाषा माना है, और एक पूरी की पूरी पीढ़ी को बाबू अंग्रेजी के वजन पर बाबू हिन्दी, बाबू तमिल आदि विकसित और प्रचलित करने में खपा दिया है। वोट लेने के लिए और जन-साधारण को सन्तुष्ट करने के लिए उन्होंने यदा-कदा भारतीय भाषाओं का गुणगान भी किया है, उनकी विपन्नता पर चिन्ता व्यक्त की है और उन के विकास के लिए अनुदान और पुरस्कार दिए हैं। हिन्दी को भारत माता की बिन्दी घोषित करके उन्होंने हमारी भाषा का प्रतीक-पूजन किया है और उसकी वन्दना-अर्चना के लिए ऐसे सरकारी मठ स्थापित किए हैं जिन्होंने भाषा के विकास के नाम पर भाषा के उपयोग को टाले रखा है। यह हर्ष का विषय है कि हिन्दी के सम्मान्य नेता अब इस ढोंग को समझने लगे हैं। जिन्होंने राजभाषा विधेयक के विरोध में सरकारी मान-सम्मान ठुकराया है हम उनका स्वागत करते हैं। हम सभी हिन्दी भाषी लोगों से यह अनुरोध करते हैं कि वे बुजुर्गों के दिखाए हुए इस रास्ते पर चलें और हिन्दी का परलोक सुधारने वाली सरकारी योजनाओं से अपना सम्बन्ध तोड़ कर हिन्दी का इहलोक सुधारे जाने का नैतिक और राजनैतिक आग्रह दृढ़ता से करें।

साहित्य में नायब तहसीलदारी

हमारे एक मित्र का तकिया कलाम है, 'हम तो तुम्हें राष्ट्रपति बनाने की सोच रहे थे मगर तुम वही नायब तहसीलदारी वाली बातें करने लगे।' इस फिकरे का इस्तेमाल उन्हें अक्सर करना पड़ता है क्योंकि नायब तहसीलदारी वाली बातें हमारे देश के कस्बा-मन में खूब ही फूलती-फलती हैं। कभी-कभी ऐसा प्रतीत होता है कि हिन्दी भाषी प्रदेश इस मामले में देश के अन्य भागों से कुछ ज्यादा ही सौभाग्यशाली है। पिछले दिनों हिन्दी-आन्दोलन के सिलसिले में इस तरह की कई बातें सुनने को मिलीं। कौन सरकार से डरता है, कौन हिन्दी के मामले में सौदा-समझौता कर रहा है, किसने राजयकीय अलंकरण स्वेच्छा से नहीं बल्कि आतंकित हो कर लौटाया—सर्वत्र इस की चर्चा सुनाई दी। अगर इस चर्चा से कुछ सिद्ध हुआ तो यही कि हिन्दी-आन्दोलन के बुजुर्ग नेताओं में भी आपसी सद्भाव की खासी कमी है और हिन्दी-संसार से तमाम ऊपरी श्रद्धालु भंगिमाओं के बावजूद श्रद्धा का सर्वथा लोप होता जा रहा है। फिर नए राजभाषा विधेयक के बारे में विचार-विमर्श करने के लिए आयोजित एक लेखक-गोष्ठी में छींटा-कशी और हो-हल्लड़ का हमने ऐसा अद्भुत दृश्य प्रस्तुत होते देखा कि जिससे बड़े-बड़ों की तबीयत साफ हो गई। इस शोर-शराबे से अगर कुछ सिद्ध हुआ तो यही कि राजभाषा-विधेयक में संशोधन करने के विषय में लेखकगण एकमत हैं, लेकिन विरोध प्रकट करने के तरीके के बारे में उनमें कई जबर्दस्त लेकिन बहुत अस्पष्ट मतभेद हैं। यह भी कि उन्हें एक-दूसरे की नीयत साफ नहीं मालूम होती।

हिन्दी लेखकों के सम्मेलनों में ऐसी ऊल-जलूल नाटकीयता देखने का अवसर हमें पहले भी प्राप्त हुआ है। कुछ महीने पहले लेखकों की प्रधानमन्त्री और उप प्रधानमन्त्री के यहाँ जो गोष्ठियाँ हुई थीं वे भी फ्री-स्टाइल कुश्तियों की सगी हो कर रह गई थीं। गोष्ठियों में जो लफ्जी मारा-मारी हुई, वह गोष्ठियों से बाहर निकल कर भी जारी रही। लुत्फ की बात यह है कि लेखकों के सम्मेलन में क्या हुआ, इस बारे में भी सम्मिलित लेखक सहमत होते नजर नहीं आते। कलकत्ते में कहानी के सम्बन्ध में जो 'ऐतिहासिक' गोष्ठी हुई थी, उसमें सम्मिलित सभी प्रमुख कहानीकारों ने यहाँ-वहाँ गोष्ठी-विवरण प्रकाशित कराया था और हर विवरण से यही सिद्ध हुआ

था कि सम्मेलन में एक कहानीकार ने कुछ काम की बातें कहीं, बाकी सब ने निरी बकवास की। कुल मिलाकर यह कि कोई भी बात हो, कुछ भी अवसर हो, यही प्रकट और प्रमाणित होता है कि हिन्दी-लेखकों में तीव्र मतभेद है। पीढ़ी-पीढ़ी में संघर्ष हो रहा है और हर पीढ़ी के सदस्य आपस में भी मार-काट मचाए हुए हैं। एक ओर यह तूफान और दूसरी ओर रचना के क्षेत्र में मलूकदासी ठहराव। ठहराव भी इतना कि उसका पार पाने के लिए सम्पादकों को कुछ इस तरह की बातें सोचनी और सुझानी पड़ रही हैं कि इधर एक अर्से से कहानी की चर्चा नहीं हुई, क्यों न इस वर्ष कहानियों का कोई विशिष्ट आयोजन किया जाए? कविताओं के बारे में इधर बहस ठण्डी पड़ी हुई है, क्यों न लगे हाथ एक काव्य-वर्ष आयोजित कर डाला जाए? आन्दोलनों और आयोजनों की चाबुक मार-मार कर किसी तरह साहित्य को आगे बढ़ाया जा रहा है।

इन आयोजनों और आन्दोलनों का कोई स्पष्ट नैतिक, राजनीतिक या सामाजिक सन्दर्भ नहीं है। तमाम लफ्फाजी के बावजूद यह प्रकट नहीं हो पाता कि किस गुट, किस पीढ़ी और किस व्यक्ति की मान्यताएँ क्या हैं और उसकी अपनी रचनाएँ इन मान्यताओं पर खरी उतरती हैं तो कैसे? आन्दोलन जितने बढ़ते गए हैं, उतना ही यह भ्रम भी बढ़ता गया है कि आन्दोलन की मुहर ही किसी रचना को श्रेष्ठ बनाती है, श्रेष्ठ साहित्य के कोई स्वतन्त्र या निरपेक्ष मान-दण्ड नहीं हैं। गरज यह कि निहायत ही गोलमाल किस्म का चिन्तन और दर्शन झाड़ कर आप लचर-से लचर कृति को महत्त्वपूर्ण मान और मनवा सकते हैं। नई-पुरानी, आधुनिक-परम्परागत, बौद्धिक-भावुक, साठ से पहले की साठ के बाद की जैसे विभाजन कर के आप ऐसा घटाटोप पैदा कर सकते हैं, जिसमें अच्छे और बुरे, खरे और खोटे की तमीज कर पाना असम्भव हो जाए। और जहाँ यह आलम हो, वहाँ आप अपने को खरा और दूसरे को खोटा आसानी से करार दे सकते हैं। हमारा यह सुझाव है कि अगर 1968 में कोई विशिष्ट आयोजन ही किया जाना है, तो उसके अन्तर्गत हम साहित्य के निरपेक्ष मानदण्डों की फिर से प्रतिष्ठा कर के उस द्वेषपूर्ण और मूल्यविहीन वातावरण को दूर करें, जिसमें बड़े-से-बड़े साहित्य और साहित्यिक के बारे में ओछी-से-ओछी बात कही जाती है और उसके सही होने की गुंजाइश भी काफी रहती है!

विवाद के लिए संवाद

कभी-कभी ऐसा महसूस होता है कि हिन्दी साहित्य हमेशा किसी नए फिकरे की तलाश में रहता है ताकि कुछ दिन उस फिकरे के सहारे नएपन का भ्रम पैदा किया जा सके, जड़ता में आन्दोलन का आभास दिया जा सके। 'संवाद' सबसे नया, इसलिए सब से ज्यादा चरचैत फिकरा है। साहित्य और कला के ज्यादातर समसामयिक फिकरों की तरह इसका हल्ला अधुनातन के देश अमेरिका से शुरू हुआ, जहाँ समाजशास्त्रियों और मनोवैज्ञानिकों ने 'द क्रेडुलिटी गैप' (आस्था की खाई) और 'द जैनेरेशन गैप' (पीढ़ियों की खाई) पाटने के लिए 'डायलाग' (संवाद) की आवश्यकता पर जोर दिया।

हिन्दी साहित्य में 'संवाद' की प्रतिष्ठा कराने से पहले 'आस्थाओं और पीढ़ियों' की खाई की प्रतिष्ठा कराना आवश्यक था। यह काम काफी आसानी से हो गया। इसलिए कि जब सारी आस्था 'स्वार्थ' और 'आत्म-प्रचार' में केन्द्रित हो गई, तब 'आस्थाओं' के मध्य खाइयाँ ही खाइयाँ नज़र आने लगीं। पीढ़ियों की खाई वाला मामला भी आसानी से सुलझ गया क्योंकि शोशेबाजी की खातिर एक दशक बराबर एक पीढ़ी का सिद्धान्त सब ने मान लिया। इस सिद्धान्त में सुविधा यह थी कि इसे 'चीन के आक्रमण' या 'नेहरू जी की मृत्यु' जैसी किसी घटना से जोड़ कर चाहे जब उचित ठहरा दिया जा सकता था और 'साहित्य का इन सब बातों से क्या लेना-देना है—वय और साहित्य का कोई सम्बन्ध नहीं होता' कहकर चाहे जब अनुचित भी घोषित कर दिया जा सकता था। बहरहाल जब लगभग एक ही स्थिति में पड़े हुए लगभग एक ही स्तर और प्रकार का लेखन करने वालों में 'खाइयाँ' पैदा हो गईं तो 'संवाद' का सवाल उठाया जा सका। हिन्दी साहित्य के अन्य फिकरों की तरह इसकी भी बहुत दुर्गति हुई। जैसे नई कहानी के सिलसिले में यह तय कर पाना मुश्किल हुआ था कि 'नई कहानी' के असली हकदार कौन हैं, वैस ही अब यह तय करना मुश्किल हो रहा है कि 'संवाद' कौन चाहता है और कौन उससे कतरा रहा है—और यह भी कि 'संवाद' का विषय अगर कुछ है तो क्या है?

'संवाद' के अन्तर्गत सभी पक्षों की ओर से ज्यादातर ऐसी बातें कही जा रही हैं जिन में कोई भेद कर सकना कठिन है। इन्हें कुल मिला कर ' समझदारी की

बातें' कहा जा सकता है। ऐसी बातें जिनसे किसी घोर अतिवादी को ही आपत्ति हो सकती है और स्थिति यह है कि 'अतिवादी' कोई नहीं है। सभी 'समझदार' हैं। अब अगर 'समझदार' लोग इस संवाद में एक दूसरे की 'समझदारी' की बातों को नासमझी का नमूना मानते हों तो निष्पक्ष श्रोता को इसी नतीजे पर पहुँचना पड़ता है कि इन समझदारों का स्वार्थ इनकी समझ से बड़ा है। शायद इसीलिए इन संवादों द्वारा कुछ विचित्र समीकरण सामने आते हैं। मसलन 'क' का कहना है कि 'ख' और 'ग' ही सारी गड़बड़ के लिए जिम्मेदार हैं और 'ख' यह सम्मान 'क' और 'ग' को देना चाहते हैं और 'ग' अंगुली उठाते हैं 'क' और 'ख' की ओर, बीजगणित के अनुसार यह सिद्ध होता है कि 'क', 'ख' और 'ग' तीनों की दृष्टि या कृति में कहीं कोई समानता होनी चाहिए, तभी उन्हें एक दूसरे के स्थान पर रखा जा सक रहा होगा। लेकिन ये तो वट-वृक्ष-गणित की बातें हैं!

इस तरह का संवाद, जिसे वितण्डावाद कहना ज्यादा ठीक होगा, उन लोगों को अवश्य रोचक मालूम हो सकता है जिन्हें पड़ोसनों के झगड़े रोचक मालूम होते हैं। तथाकथित आधुनिक हिन्दी लेखक इस वितंडावाद के प्रति जो उत्साह और कुतूहल प्रदर्शित कर रहा है वह उसके पड़ोसन-पुराण-प्रेम का परिचय देता है (काश यह उत्साह, यह कुतूहल उसके ऊबे और उबाने वाले साहित्य को भी जानदार बना पाता!) और हम मानते हैं कि एक व्यक्ति के नाते उसे इस तरह लड़ने-झगड़ने और दाँव-पेंच करने की पूरी छूट है। हमारा निवेदन इतना ही है कि ऐसी व्यक्तिगत लड़ाइयों को साहित्यिक संवादों का नकाब पहनाने का कष्ट न किया जाए। अव्वल तो संवाद, यानी विचारों और दृष्टि, के आदान-प्रदान का सर्जनात्मक साहित्य के स्तर पर कोई महत्त्व हो ही नहीं सकता, आलोचनात्मक स्तर पर कुछ महत्त्व अवश्य हो सकता है मगर वह भी तब जब कि सब को समान रूप से प्रभावित करने वाले संकट का कोई तीव्र बोध हो और उस संकट के प्रति कुछ भिन्न दृष्टिकोण स्पष्ट रूप से उभर चुके हों। महज समझदारी की बातों से, या एक दूसरे की पोल खोलने वाली बातों से मानदण्डों के स्तर पर भी कोई उपलब्धि हो नहीं सकती। जो संवाद करना चाहते हैं वे पहले आत्मालाप कर देखें, यह समझें कि लोकप्रतिभा निर्माण और आत्म-प्रचार को साहित्यिक गरिमा प्रदान कर के उन्होंने दूसरों को और दूसरों से भी ज्यादा खुद अपने को कितना गुमराह किया है।

किस्सा लिखें और किस्सागोई से परहेज करें

प्रेमचन्द-कथा-विशेषांक के लिए हमने 'संक्रमणशील परिस्थितियाँ और विभाजित व्यक्तित्व' के विषय में लेखकों से वक्तव्य सहित कहानियाँ भेजने के लिए कहा था। ये कहानियाँ दो आलोचकों और एक लेखक को इस अनुरोध के साथ दी गईं कि इनमें से श्रेष्ठ कहानी का चुनाव कर दीजिए और श्रेष्ठता के सम्बन्ध में अपनी मान्यता स्पष्ट करते हुए एक टिप्पणी भी लिख दीजिए। सारी कहानियाँ पाठकों के एक प्रतिनिधि को भी पढ़ाई गईं और उसकी भी राय माँगी गई। एक चुनी हुई कहानी और पाठक की टिप्पणी हम प्रेमचन्द अंक में छाप चुके थे। अब इस अंक में दो और कहानियाँ तथा तीनों निर्णायकों की विस्तृत टिप्पणियाँ प्रकाशित की जा रही हैं। हम चाहते थे कि इस आयोजन से लेखक, पाठक और आलोचक का एक दूसरे से सामना हो, कुछ मानक स्थापित हो सकें, खरे और खोटे की कोई साफ पहचान तय हो सके। हमें आशा है कि हमारे अन्य लेखक, पाठक और आलोचक इस विचार-विनिमय में सम्मिलित हो कर हमारे लक्ष्य की सिद्धि में योगदान करेंगे।

इस बहस में तीन सवाल खास तौर से उभरते नज़र आते हैं। पहला है 'साहित्यिकता' या 'आधुनिकता' का। भारतीय सन्दर्भ में 'आधुनिकता' की नियति की चर्चा हम पहले कई बार कर चुके हैं। हम इस विचित्र स्थिति की ओर भी ध्यान दिला चुके हैं कि हर कोई अपने तक की आधुनिकता को आधुनिकता बताता है और उससे आगे की आधुनिकता को पश्चिम की भौंड़ी नकल ठहराता है। यह भी कि आधुनिकता-विरोध के नाम पर जिस 'भारतीयता' की दुहाई दी जाती है उसकी भी कोई सर्वसम्मत परिभाषा नहीं है। कुल मिलाकर यह कि हिन्दी के मैदान में अंग्रेजी, फ्रांसीसी, संस्कृत, उर्दू, बंगला, ब्रजभाषा और अवधी की लड़ाइयाँ लड़ी जा रही हैं। जो भी हिन्दी लिख रहा है वह हिन्दी पर बड़ा अहसान कर रहा है। शायद वह अपने देश और अपनी भाषा की कोई स्वतन्त्र हस्ती ही नहीं मानता। हिन्दी साहित्य में आधुनिकता और आधुनिकता-विरोध दोनों किस हद तक मध्यदेश की हीन भावना से जुड़े हुए हैं, यह प्रश्न काफी विचारणीय है।

'साहित्यिकता' के सवाल की भी कुछ चर्चा होनी चाहिए। क्या वजह है कि हिन्दी साहित्य में लोकप्रिय को अनिवार्य रूप से असाहित्यिक माना जाता रहा है?

क्या वजह है कि हिन्दी में जो भी लिखता है वह कुछ आरम्भिक रचनाओं में अपने कड़वे-मीठे अनुभव सीधी-सच्ची भाषा में व्यक्त करने के बाद लेखक की जगह दार्शनिक बन जाना जरूरी समझता है? क्यों नए-पुराने सभी लेखकों को शास्त्रीयता और शास्त्रार्थ से बहुत ज्यादा मोह है? क्यों नई पीढ़ी भी सन्त्रास और अकेलेपन जैसे टोटकों की चर्चा उसी अन्दाज में कर रही है जिस अन्दाज में कभी अलंकारों की चर्चा होती थी? साहित्यिक एक विचित्र या विशिष्ट व्यक्ति है ऐसा मानते रहने की छायावादी परम्परा आखिर कब खत्म होगी?

यह 'साहित्यिकता' वाला पहलू खासा गौर-तलब है। पहले कहानी इससे थोड़ी अछूती थी। फिर शायद उसे कविता के सामने कुछ हीनभावाना महसूस हुई कि वह भी फौरन अकहानी में बदल गई। पुराने लेखक 'विकास की मंजिलें' तय करते हुए, बल्कि फलाँगते हुए सीधे फ्रांसीसी प्रतिकथावाद में पहुँच गए। यह उनका 'घोर दुर्भाग्य है' कि पाठकवर्ग में नई चेतना का उतनी तेजी से विकास नहीं हुआ। इसीलिए पाठकों को अक्सर शिकायत रहती है कि वे पहले जितनी अच्छी कहानियाँ नहीं लिख रहे हैं। नए लेखक तो खैर 'विकास की मंजिलें' तय हो चुकने के बाद ही लेखक बने हैं, इसलिए वे अकहानी लिखने के लिए 'अभिशप्त' हैं। अगर अकहानी नहीं लिखेंगे तो उन्हें 'आधुनिक' या 'बौद्धिक' नहीं समझा जाएगा। वे साहित्यिक होने की जगह 'लद्दू लेखक' बन जाएँगे। इस प्रसंग में यह भी विचारणीय है कि साहित्यिकता की ऐसी मट्टी पलीद कराने में; बहुत ही साधारण बुद्धि वाले लोगों के बौद्धिक व्यायाम को गहन और गरिमापूर्ण पांडित्य का दर्जा दिलाने में हमारे साहित्य के कर्णधारों का यानी आलोचकों, अध्यापकों और सम्पादकों का कितना हाथ रहा है? कहीं बौद्धिकता और आधुनिकता की इतनी ज्यादा चर्चा इसीलिए तो नहीं है कि हर कोई यह जानता है कि वह न बौद्धिक है और न आधुनिक?

यही लगभग ढोंग के स्तर की 'साहित्यिकता' किस्सा लिखने वालों को किस्सागोई से सख्त परहेज करना सिखा रही है। 'किस्सागोई' को अछूत कन्या का दर्जा दिया जा चुका है। पाठकों को इससे मोह हो तो सम्पादक और प्रकाशक बंगदेश से इसका आयात कर सकते हैं। यह प्रसंग छिड़ने पर अक्सर बंगला के लोकप्रिय लेखकों को हिन्दी के फुटपाथी साहित्य के लेखकों के समक्ष रख दिया जाता है। क्या इस आग्रह में भी कहीं थोड़ी हीन भावना नहीं झलकती? यह भी विचारणीय है कि जब हर कहीं लेखन के तीन स्तर हैं—साहित्यिक, लोकप्रिय और घटिया, तब हमारे यहाँ दो ही स्तर क्यों हैं? क्या ऐसे बहुत-से लेखक, जो स्वभावतः लोकप्रिय स्तर का ही लेखन कर सकते थे, साहित्यिक गेरुआ पहन कर सिद्ध कहलाने के चक्कर में

फँस गए? क्या इसीलिए अक्सर उनका लेखन न लोकप्रिय बन पाता है और न साहित्यिक? और इन सवालों से ही जुड़ा हुआ एक और सवाल यह है कि साहित्यिक, आधुनिक, बौद्धिक—उसे चाहें जो कह लीजिए—कोई भी कहानी गल्प के मुख्य गुण से, कुछ गढ़ सकने की क्षमता से कैसे मुक्त मानी जा सकती है? इसे मिथक-निर्माण कहिए या किस्सागोई कहिए, इसे इनवेंटिवनेस कहिए या सिम्बोलाइजिंग कहिए इसके बगैर कोई कहानी, कहानी कैसे बनती है? जिन काफ्का और कामू की इतनी कसमें खाई जाती हैं क्या वे किस्सागो नहीं हैं? क्या दोस्तोयवस्की किस्सागो नहीं हैं? क्या ग्राहम ग्रीन, होर्जे लुई बोर्जे, गुंटर ग्रास, साल बैलो और नाबाकोव जैसे आज के पश्चिमी लेखक किस्सागो नहीं हैं? क्या उन्होंने कहानी अच्छी तरह कह सकना, पाठक को अपनी दुनिया छोड़ कर कहानी की दुनिया में चले आने के लिए बाध्य करना अनावश्यक माना है? तो क्या वजह है कि हिन्दी कहानी पहले तो पश्चिम की दुहाई देने की गलती करे, फिर पश्चिम के कुछ ऐसे ही लेखकों और आन्दोलनों की चर्चा करे जो जनसाधारण के जीवन से आवश्यकता से अधिक कटे रहे, और इन लेखकों और आन्दोलन की मनमानी व्याख्या कर के तथा इनके बौद्धिक-स्तर को प्राप्त करने की जरा भी चेष्टा किए बगैर इनसे भी अधिक गूढ़ता की दावेदार बने। हम समझते हैं कि इस दावेदारी की जाँच होनी चाहिए और गद्य-गीत तथा कहानी में कुछ तमीज अब की जानी चाहिए।

नए जमाने की हवा ही हवा

विदेश से भारत लौटने पर और भारत के किसी बड़े शहर से अपने गाँव या कस्बे जाने पर लोगों को अनुभूति एक-सी होती है। उन्हें काफी कुछ तो पहले जैसा लगता है लेकिन साथ ही फैशन के स्तर पर आधुनिकता के आगमन की कई निशानियाँ भी नजर आती हैं। ऐसा महसूस होता है कि बिल्कुल पहले की तरह सोचने, रहने और काम करने वाले व्यक्तियों ने आधुनिकता पहन या ओढ़ ली है। हाल ही में एक साहब लन्दन में कई वर्ष रहने के बाद नई दिल्ली आए तो उन्हें लन्दन के 'स्विगिंग-सीन' के कुछ प्रतिबिम्ब यहाँ भी देख कर आश्चर्य हुआ—"अच्छा, तो नए जमाने की यह हवा भी यहाँ लग गई है।" जब वह गए थे तब नई दिल्ली में रेस्तरां और नाइट क्लब तो थे मगर 'डिस्कोथीक' (ऐसे रेस्तरां जहाँ डिस्क यानी रिकार्ड बजते रहते हैं और उनकी धुन पर नाचता हुआ हर जोड़ा हल्की रोशनी में अपने को नितान्त दुकेला मानने की हिम्मत कर सकता है) यहाँ प्रकट नहीं हुए थे। दुकानें यहाँ सभी तरह की थीं लेकिन 'बुतिक' (युवावर्ग के लिए नए फैशन के कपड़े वगैरह बेचने वाली दुकान) का नाम नहीं सुना गया था। अब नई दिल्ली में 'डिस्कोथीक' और 'बुतिक' दोनों नज़र आने लगे हैं।

इसी तरह साहित्य में ऐंटी-पोयट्री (अकविता) और ऐंटी-स्टोरी (अकहानी) की चर्चा भी उन्हें 'नए जमाने की हवा' के यहाँ भी पहुँच जाने की निशानी लगी। जब वह विदेश गए थे तब हिन्दी साहित्य सोवियत संघ में निर्मित 'सामाजिक यथार्थवाद' से उबर कर यूरोप में निर्मित 'इलियट काफ्कावाद' में कदम रख रहा था। अब लौटे तो देखा कि वह कई सीढ़ियाँ लाँघ कर फ्रांस में निर्मित और अमेरिका में चर्चित 'ऐंटी-वाद' में जा पहुँचा है। इस विस्मयकारी प्रगति से उन्हें 'सन्तोष' होना चाहिए था लेकिन उनका कहना था कि ऐसी प्रगति से तो पिछड़ापन भला। लन्दन के बाद नई दिल्ली देखना कुछ वैसा ही है जैसा किसी देखी हुई फिल्म का कोई घिसा-पिटा प्रिंट देखना।

जो बात इन साहब ने लन्दन से नई दिल्ली लौटने पर कही वही बात कई लोग न्यूयार्क से लन्दन लौटने पर कह चुके हैं। सच तो यह है कि जमाना इतनी तेजी से बदल रहा है कि पिछड़े हुए देशों के लिए आगे बढ़े हुए देशों के बराबर आ सकना

दिन-प्रति-दिन कठिनतर होता जा रहा है। आगे बढ़े हुए देश मशीनों की सभ्यता को भी पीछे छोड़ कर एक ऐसी सभ्यता में प्रवेश कर रहे हैं जिसमें हर काम संगणकों की मदद से किया जाएगा। ये अग्रणी देश पुराने औद्योगिक देशों को कितना पीछे छोड़ गए हैं इस बात का अनुमान इसी से किया जा सकता है कि अमेरिका में प्रति व्यक्ति उत्पादनशीलता ब्रिटेन से 80 प्रतिशत ज्यादा हो चुकी है। भारत जैसे देशों की, जो अभी औद्योगिक सभ्यता में भी कदम पूरी तरह रख नहीं पाए हैं, इस दौड़ में कोई गिनती ही नहीं है। यह तथ्य खुद ही खासा चिन्ताप्रद है, मगर परेशानी कुछ और यों बढ़ जाती है कि हम इस स्थिति से कोई खास परेशान नहीं मालूम होते। फ्रांस और ब्रिटेन जैसे उन्नत औद्योगिक देश भी नई सभ्यता की चुनौती को तीव्रता से अनुभव कर रहे हैं और वहाँ औद्योगिक व्यवस्था का पिछड़ापन दूर कर के उत्तर-औद्योगिक देशों के समकक्ष आने के उपायों के विषय में वाद-विवाद और विचार-विमर्श होता रहा है। पिछले दिनों वहाँ सबसे अधिक चर्चा फ्रांसीसी पत्रकार ज्यां जाक सेर्वा श्रीवर की पुस्तक 'ल देफी अमेरिकें' (अमेरिकी चुनौती) की हुई जिसमें कहा गया है कि अगर फ्रांस ने उत्तर-औद्योगिक सभ्यता के लिए अपना विकास राष्ट्रीय प्रतिभा के सहारे नहीं किया तो वह सांस्कृतिक और आर्थिक दृष्टि से एक पिछलग्गू देश, एक उपनिवेश हो कर रह जाएगा।

हमारी यह हालत है कि हम औद्योगिक सभ्यता में प्रवेश पाने के लिए ही राष्ट्रीय प्रतिभा का विकास नहीं कर पाए हैं। तो भी हम निश्चिन्त और संतुष्ट हैं। हम आश्वस्त हैं कि प्रतिभा का आयात किया जाता रह सकेगा। हम शायद यह भी मानते हैं कि आधुनिक उपकरणों और विधाओं का उपयोग करने मात्र से हम आधुनिक हो जाएँगे। अपना और समाज का कोई नया संस्कार करना उसके लिए अनावश्यक होगा। उन्नत देशों में औद्योगिक सभ्यता की प्रतिष्ठा का जो लम्बा और संघर्षपूर्ण इतिहास है वह हमारे यहाँ मात्र इसी से चुटकियों में पूरा हुआ मान लिया जाएगा कि हमने पश्चिमी पोथियों में उसे बाँच लिया है! इस निश्चिन्त दृष्टिकोण के खतरनाक नतीजों का कुछ पूर्वाभास इधर मिलने लगा है। हमारे वैज्ञानिक और सांस्कृतिक कार्य-कलाप का देश और देशवासियों से सीधा सम्बन्ध टूटता जा रहा है। हमारी वैज्ञानिक और सांस्कृतिक प्रतिभा देश में रह कर विदेशी प्रतिभा की बहुत ही लचर-सी नकल करते रहने के लिए या विदेशों में जाकर ऐसा काम करने के लिए अभिशप्त मालूम होने लगी है जिसे विदेशी प्रतिभा दूसरे या तीसरे दर्जे का काम मानती हो। यह द्रष्टव्य है कि अग्रणी देशों में भारत जैसे देशों के लोग औद्योगिक व्यवस्था के मामूली काम-काज चलाते रहने के लिए नियुक्त किए जा रहे हैं। उल्लेखनीय है कि ब्रिटेन के सरकारी अस्पतालों में नुस्खे लिखने वाले डॉक्टर अब

भारत और पाकिस्तान के ही नज़र आते हैं। सैकेंड बल्कि थर्ड हैंड सभ्यता का देश बनने की इस नियति से पार पाने के लिए परम्परा की दुहाई देना या अतीत की अर्चना में जुट जाना बेकार सिद्ध होगा। जरूरत है, राष्ट्र के सच्चे पुनर्जागरण की। जरूरत है यह समझने कि पुनर्जागरण के नाम पर 'परम्परा और प्रगति के समन्वय' के नुस्खे काम नहीं दे सकते। सच्चा पुनर्जागरण तो अपनी परिस्थितियों के अनुसार अपने ही ढंग से प्रगति कर दिखाने का नाम है। जब तक वह नहीं होगा हम नए जमाने की हवा के देश में फैलने की चर्चा खुश या नाराज हो कर करते रहेंगे और अन्त में यही पाएँगे कि यह नए जमाने की हवा नहीं, हवा ही हवा थी।

रंग लाएगी हमारी रंगशाला एक दिन

केन्द्र सरकार ने राजधानी में 46 लाख रुपया और लालफीताशाही के आठ भरपूर वर्ष लगा कर एक खुली रंगशाला बनवा डाली है। रवीन्द्र शतवार्षिकी के उपलक्ष्य में, मात्र आठ वर्ष देर से, भारत की यह भव्यतम खुली रंगशाला बना चुकने के बाद अब सरकार सांस्कृतिक कार्यकर्त्ताओं और अधिकारियों को एक समिति यह बताने के लिए बना रही है कि इस रंगशाला का किया क्या जाए? कुछ लोग आयोजना के आधारभूत सिद्धान्तों के अनुसार इस प्रश्न को बेतुका ठहरा रहे हैं। उनका कहना है कि सरकार को रंगशाला का प्रयोजन पहले निश्चित करना चाहिए था। दफ्तरशाही के सामने इस तरह की कोरी सिद्धान्त-चर्चा करना सरासर ज्यादती है। आख़िर रवीन्द्र-शतवार्षिकी के बजट की रकम खर्च की जानी थी कि नहीं? और सरकार को क्या पता था कि रवीन्द्र के जन्म के सौ वर्ष बाद भी भारत की राजधानी में 9,000 दर्शकों के लिए बनी हुई रंगशाला का उपयोग भी एक समस्या का रूप ले लेगा!

कुछ लोगों को रंगशाला के उपयोग का प्रश्न इस लिए बेतुका मालूम हो रहा है कि रंगशाला में उनके अनुसार रंग-कर्म के अतिरिक्त और हो क्या सकता है? रंगशाला बन गई है तो उसमें ड्रामे खेलिए, नृत्य और संगीत के आयोजन कीजिए, इसमें परेशानी वाली बात क्या है? मगर परेशानी है। पहली तो यह कि रंगशाला एक ऐसी सुरम्य स्थली में बनाई गई है जो जितनी सुरम्य है, उतनी ही दुर्गम्य है! यों सरकार को विश्वास है कि आगे चल कर वहाँ तक जाने-आने की अच्छी व्यवस्था कराई जा सकेगी। यह बात अलग है कि ऐसी व्यवस्था होने पर भी दर्शक जुटा सकना कठिन ही रहे। राजधानी के केन्द्र में जो रंगशालाएँ बनी हुई हैं वे भी दर्शकों के अभाव की समस्या का अब तक समाधान नहीं कर पाई हैं। एक परेशानी इस रंगशाला के 'खुली हवा में' यानी बगैर छत के बनाए जाने के कारण हो रही है। ऐसी खुली रंगशाला का गर्मियों, सर्दियों और बरसात में उपयोग हो सकना कठिन है। यहाँ तो शरदोत्सव और वसन्तोत्सव ही हो सकेंगे। और सबसे बड़ी परेशानी यह है कि रंगशाला के लिए रंग-कर्म और रंग-कर्मी कहाँ हैं? वही मुट्ठी भर लोग सरकारी संस्कृति के आखिर कितने मोर्चे एक साथ सँभालेंगे?

कुछ लोग यह भी पूछते हैं कि जब न नाटक हों, न नाटक खेलने या देखने वाले तब रंगशालाएँ बनाने में क्या तुक है? शायद सरकार इसका जवाब यों देना चाहे कि रंगशालाएँ होंगी तो रंग-कर्म की प्रेरणा मिलेगी। और प्रेरणा न भी मिले तो कम से कम यह कहने को तो होगा कि हमारे यहाँ रंगशालाएँ हैं, इसलिए हमारी गणना सुसंस्कृत देशों में होनी चाहिए। यह तर्क वास्तव में अकाट्य है। रवीन्द्र रंगशाला ('भारत की भव्यतम खुली रंगशाला', 'एशिया की प्रमुख रंगशालाओं में से एक', 'अपने ढंग की पहली रंगशाला जिसमें 9,000 दर्शक बैठ सकते हैं') एक जोरदार 'स्टेटस-सिम्बल' (प्रतिष्ठा-प्रतीक) है। जब हर क्षेत्र में हम केवल ऐसे प्रतीकों की तलाश करते रहे हैं तब संस्कृति के क्षेत्र में भी ऐसा क्यों न करें? बल्कि सच तो यह है कि संस्कृति के क्षेत्र में भी स्वाधीन भारत ने अब तक ऐसे प्रतीक ही जुटाए हैं। एक प्रतीक और सही! गौर से देखने पर हमारे सांस्कृतिक उत्थान का यह प्रतीक शायद हमारे सांस्कृतिक ठहराव का प्रतीक नज़र आने लगे, लेकिन गौर से देखता कौन है? हम कह सकते हैं कि रंगशाला बन गई है और आप देखते रहिए 'रंग लाएगी हमारी रंगशाला एक दिन।' बाद में भले ही 'जंग खाएगी' वाला मामला हो!

इस विचित्र स्थिति के लिए केवल दफ्तरशाहों को दोषी ठहराकर छुट्टी कर लेना बहुत आसान है। लेकिन हम समझते हैं कि देश का सारा तथाकथित बौद्धिक और संस्कारी वर्ग इस प्रतीक-स्थापन और पूजन में किसी न किसी रूप में योग देता रहा है। सांस्कृतिक कार्यकलाप के अधिकतर नेता आज इस दफ्तरशाही संस्कृति से सक्रिय रूप में सम्बद्ध हैं। जो नहीं हैं वे भी सरकारी अफसरों की तरह यह मानते हैं कि संस्कृति ऊपर से थोपी या ओढ़ी जा सकती है। वे समझते हैं कि संस्कृत होने का मतलब है अपने देश के आम लोगों से कुछ अलग दिख सकना। उनकी रचना पश्चिम की जितनी ही नई संस्कृति का अनुकरण और अनुवाद करेगी उतने ही वे अपने को अधिक सुसंस्कृत कह सकेंगे। अगर संस्कृति के क्षेत्र में हमारे अग्रणी रचनाकार एक के बाद एक हवाई आन्दोलन छेड़ सकते हैं, हवाई विवाद चला सकते हैं, तो दफ्तरशाही ने खुली हवा में किसी हवाई उद्देश्य से रंगशाला बना कर ऐसा क्या बड़ा कसूर कर दिया। जो लोग साहित्य, कला और संस्कृति के अगुआ बने हुए हैं वे अपने को भीतर से टटोल कर देखें। क्या उनके लिए तथाकथित संस्कृति का सारा मूल्य एक ओछे दर्प से ज्यादा कुछ है? क्या वे इस दर्प के सहारे विशिष्ट हस्तियों के वर्ग में शामिल होने की हर चन्द कोशिश नहीं करते हैं? क्या वे खुद दफ्तरशाह बन जाने या दफ्तरशाहों के मित्र कहलाने या दफ्तरशाही की दया से अतिरिक्त सुख-सुविधाएँ पाने के लिए लालायित नहीं रहे हैं? क्या दफ्तरशाही के

विरोध में उनका स्वर उठाना भी अक्सर दफ्तरशाही के पास तक पहुँच पाने का साधन नहीं रहा है?

कस्बे से जो भी सिद्ध और संस्कृत बनने राजधानी आता है वह कुछ ही दिनों में इस सिद्धि और संस्कृति की असलियत पहचान जाता है। और यह पहचान उसका मोहभंग शायद ही कभी करती हो, उल्टे मोह कुछ बढ़ा ही देती है कि देखो अनुवाद की इस हवाई संस्कृति में कितना आसान है सिद्ध हो जाना। और यह बोध साहित्यिक-सांस्कृतिक भीड़ में एक चेहरा और जोड़ देता है। यह चेहरा फिर आप सभी महत्त्वपूर्ण चित्र-प्रदर्शनियों में देख सकते हैं, यह आपको रंगशालाओं में भी नज़र आ सकता है जिनमें दर्शकों से ज्यादा संख्या कार्यकर्त्ताओं की होती है, नेशनल स्कूल आफ ड्रामा का कोई भी प्रोग्राम यह 'मिस' नहीं करता, रवीन्द्र-भवन के हर गलियारे से इसे भली-भाँति परिचित पाएँगे, साहित्यिकों के हर विरोध-पत्र में इसके हस्ताक्षर आप पाएँगे। और शीघ्र ही यह किसी बड़े ओहदे पर या बाहर जाने वाले विशिष्ट प्रतिनिधिमण्डल में नजर आएगा। हमारा खयाल है कि सरकार कुछ और पुरस्कार और प्रेरणा की व्यवस्था कर डाले तो संस्कृति भक्तों की भीड़ इतनी तो बढ़ ही जाएगी कि सांस्कृतिक अधिकारियों, राजनयिक प्रतिनिधियों के बैठ जाने के बाद जो आठ-साढ़े आठ हजार स्थान रवीन्द्र रंगशाला में बचें वे भरे जा सकें। अगर यह सम्भव न हो तो सरकार रवीन्द्र रंगशाला को बेच कर 46 लाख रुपये के ढोलक-मंजीरे मोहल्ले-मोहल्ले बँटवा सकती है। उससे शायद जनता को अधिक ठोस सांस्कृतिक आनन्द मिले!

नेहरू की विरासत

नेहरू के बाद कौन और क्या का सवाल आशंकित स्वरों में उठाने वालों को स्वयं नेहरू जी ने भारत और भारतीय लोकतन्त्र की पायेदारी के बारे में आश्वस्त किया था। नेहरू-जयन्ती के मौके पर हम चाहें तो यह सोच कर खुश हो सकते हैं कि हममें और हमारे देश तथा लोकतन्त्र में नेहरू जी की वह आस्था निराधार नहीं थी। नेहरू के बाद भी देश की गाड़ी, तमाम भीतरी और बाहरी संकटों के बावजूद चल ही रही है। लेकिन अगर हम सचाई से आँखें न चुराएँ तो पिछले वाक्य में संशोधन कर के 'देश की गाड़ी जैसे-तैसे चल ही रही है' कहना जरूरी मालूम होगा। हम जब नेहरू के जमाने के भारत की आज के भारत से तुलना करने बैठते हैं तो हमें यही लगता है कि हम रोज कुआँ खोदने और पानी भरने वाली स्थिति में जा पहुँचे हैं। प्रेरणाप्रद इतिहास-बोध की जगह एक मायूस रोजमर्रापन ने ले ली है। नेहरू के व्यक्तित्व और नेतृत्व में ताजगी और तरुणाई थी। उसकी बातों में इस ऐतिहासिक देश के समसामयिक महत्त्व का बोध था। वह इस बूढ़े देश का जवान नेता था और उसके रहते हम अपने हजारों वर्ष के इतिहास को एक भारी बोझ नहीं, बड़े काम का अनुभव मान सके थे। हम विश्वास कर सके थे कि आजादी के साथ हमें एक नई जिन्दगी मिली है और हमारे इतिहास का एक नया दौर शुरू हुआ है।

आज हमें ऐसा कोई भरम नहीं है। हम अपनी ही नज़रों में पूरी तरह महत्त्वहीन और नगण्य हो चुके हैं। हमारे नेताओं को देश और विदेश के अहम सवालों के बारे में अव्वल तो अब कुछ कहना ही नहीं होता और अगर होता भी है तो किसी सरकारी अफसर के अन्दाज में और किसी सरकारी रिपोर्ट की जबान में। सामाजिक, आर्थिक और राजनीतिक क्षेत्रों में कोई ठोस कार्रवाई नहीं हो रही है। चारों ओर इस कदर ठहराव है कि अगर दल-बदल के प्रहसन और दैवी-विपत्तियों के प्रकोप न होते रहते तो शायद हमारे अखबारों के लिए कोई भी देसी समाचार जुटा पाना मुश्किल हो जाता। छोटी-से-छोटी बात में कोई सार्थक पहल करने में हमारे नेतागण लखनवी तकल्लुफ बरत रहे हैं। 'पहले आप, पहले आप' की यह राजनीति हर मसले को इस मेज से उस मेज तक घुमा-फिरा कर दाखिल दफ्तर किए दे रही है। जिन 'बलबलों' का नेहरू जी अक्सर जिक्र किया करते थे उनका आज कहीं नामनिशान नहीं है।

जिस वातावरण में 'हराम की सो आराम की' मान लिया गया हो उसमें 'आराम हराम है' का नारा कोई माने नहीं रखता।

विडम्बना यह है कि देश के भ्रम के टूटने का ऐलान खुद नेहरू जी को चीन के आक्रमण के बाद अपने भाषण में करना पड़ा था। वह एक स्वप्नद्रष्टा के स्वप्नभंग की सूचना देने वाला भाषण था। स्वप्नभंग होना अपने में कोई बड़ी भयंकर बात नहीं है। अगर स्वप्नभंग का मतलब हो यथार्थबोध और यथार्थ का बोध हमें अपनी कमजोरियों को पुरअसर तरीकों से दूर करने की प्रेरणा दे तो स्वप्नभंग राष्ट्र के लिए लाभप्रद सिद्ध हो सकता है। लेकिन हमारे देश में ऐसा कुछ नहीं हुआ। हम नेहरू के स्वप्नों की आलोचना धड़ल्ले से कर सके लेकिन खुद मियां फजीहत ही बने रहे। हमने अपने बड़प्पन की शेखी भुला दी यह तो अच्छा ही हुआ लेकिन साथ ही घटियापन से सन्तुष्ट रहना भी सीख लिया। नेहरू जी के शासन और नीतियों की तमाम कमजोरियों का निर्वाह वर्त्तमान नेतृत्व बखूबी कर रहा है लेकिन भारत को आज की दुनिया का महत्त्वपूर्ण राष्ट्र बनाने के नेहरू जी के स्वप्न और संकल्प से उसका कोई सरोकार नहीं है। गाँधी जी और नेहरू जी की परम्पराओं का, जो किसी हद तक परस्परविरोधी भी है, हम अनमने ढंग से रस्मी तौर पर पालन किए चले जा रहे हैं। उन्हें सार्थक और सफल बनाना हमें अभीष्ट नहीं है। हमारा यथार्थबोध शायद हमें यही सिखा पाया है कि हम अभी टोनों-टोटकों के युग में ही हैं। कुछ महान नेताओं का नाम-जाप करते रह कर हम आराम से घटियापन के घाट पर भक्तों की भीड़ जमा करते रह सकते हैं।

स्वदेशी की संस्कृति

जो लोग गाँधी का सिक्का चलाना चाहते हैं मगर गाँधी का सिक्का जमाने से जिन्हें काफी परहेज है ऐसे गाँधीवादी शायद ही यह सवाल उठाएँ कि गाँधीवाद का इतना शोर और गाँधीवादियों की इतनी भरमार होने के बावजूद चिन्तन और संस्कृति के क्षेत्र में गाँधी जी की विचारधारा की कोई गहरी छाप क्यों नहीं पड़ी? क्यों गाँधीवाद इस महत्त्वपूर्ण क्षेत्र में एक निहायत ही हवाई और किताबी मानवतावाद का पर्याय मान लिया गया? क्यों गाँधी जी को पश्चिम के कट्टरपंथी, आदर्शवादी 'प्यूरिटन' सुधारक के रूप में ग्रहण कर के संस्कृति के क्षेत्र में गाँधीवाद की गलत व्याख्या की गई?

सबसे पहले हमें यह देखना और समझना होगा कि 'सविनय अवज्ञा' और 'स्वदेशी' गाँधीवाद के मूल मन्त्र हैं। संस्कृति के क्षेत्र में 'सविनय अवज्ञा' का अर्थ है पश्चिम की विराट सांस्कृतिक उपलब्धियों और गतिविधियों से आतंकित न होना। इन उपलब्धियों और गतिविधियों से मुँह फेर लेना सुविधावाद हो सकता है, गाँधीवाद नहीं। इन उपलब्धियों और गतिविधियों का अनुवाद करने में ही आनन्दित रहना उसी सुविधावाद का एक बदला हुआ तथाकथित 'आधुनिक' रूप हो सकता है। असली गाँधीवाद इस विराट पाश्चात्य संस्कृति से आँखें मिलाने और उसके वैभव के सामने भी अपना कमजोर सीना ताने खड़े रहने के लिए हमारा आह्वान करता है। यह बात कुछ लोगों को बचकानी, कुछ को बेमानी और कुछ को 'प्रतिक्रियावादी' लग सकती है मगर जड़ की बात है यही। 'स्वदेशी' का मूलमन्त्र इसी बात को कुछ और आगे ले जाता है। घर की रूखी-सूखी को बाहर की चिकनी-चुपड़ी से बेहतर मानने का यह रोटी-रहस्यवाद हमारे लिए स्वाभिमान और स्वावलम्बन दोनों का रास्ता खोल देता है।

'सविनय अवज्ञा' और 'स्वदेशी' का मूलमन्त्र देश को राष्ट्र का रूप देने में और इस प्रकार चिन्तन और संस्कृति की राष्ट्रीय परम्परा का ठोस आधार प्रस्तुत करने में भी सहायक हो सकता था। इसके अभाव में राष्ट्र खोटे परम्परा-प्रेम और खोटी आधुनिकता के दुराग्रहों के कारण कई सांस्कृतिक जातियों में बँट सकता था। स्वाधीन भारत में इस खतरे को हम तेजी से साकार होता हुआ देख रहे हैं। पढ़े-लिखे प्रगतिशीलों की एक संस्कृति है तो 'पिछड़े' अनपढ़ों की दूसरी।

विडम्बना यह है कि 'पिछड़े' भारत में बैठे-बैठे हम संस्कृति, विज्ञान और चिन्तन के क्षेत्र में पश्चिमी प्रतिमानों के अनुसार जो कुछ भी करेंगे वह या तो दूसरे-तीसरे दर्जे का हो कर रहेगा या हमारी परिस्थितियों में अनुपयोगी ही ठहरेगा। यही वजह है कि स्वाधीन भारत इन क्षेत्रों में कोई महत्त्वपूर्ण योगदान कर नहीं पाया है। अगर चन्द लोगों ने उल्लेखनीय काम किया भी है तो पश्चिमी देशों के अनुसन्धान केन्द्रों और प्रयोगशालाओं में रह कर ही किया है और उसका जो भी महत्त्व है, पश्चिमी देशों के लिए ही है।

सांस्कृतिक अनुवाद के इस दौर के बाद एक ऐसा दौर शुरू होने की पूरी आशंका है जिसमें प्रभावी संस्कृति अपने अनुवाद 'तैयार माल' की शक्ल में खुद ही निर्यात करने लगेगी। हमारे नेतागण इसमें 'कम खर्च में ज्यादा अच्छा माल मिलने' की सुविधा देखने-दिखाने लगेंगे। गाँधीवाद हमें इन खतरों से आगाह करता है। अपने परिवेश में रहने की उसकी शर्त हमें अपना परिवेश सुधारने के लिए प्रेरित करती है और हमारे चिन्तन को परिवेश से जोड़ कर परिवेश सुधारने के असम्भव काम को सम्भव बना डालती है। बात कुछ अजीब मालूम हो सकती है मगर सच है—गाँधी-जैसे चिन्तकों का यह 'प्रतिक्रियावादी' लगने वाला स्वदेशी प्रेम ही वह वातावरण तैयार करता है जिसमें राष्ट्रीय प्रतिभा का विकास होता है और राष्ट्र में वास्तविक युग प्रवर्त्तन का सूत्रपात होता है। बगैर गाँधीवाद के हम देश का आधुनिकीकरण भले ही कर लें, देश की आत्मा को आधुनिक हरिगज नहीं बना सकते।

दरिद्रनारायण और महालक्ष्मी

गाँधी जी समर्थ और सत्तावान पुरुष थे लेकिन सामर्थ्य और सत्ता के वैभव से उन्हें कभी कोई लगाव नहीं रहा। बड़ा आदमी होने की नुमाइशी निशानियों से घिरे रहने का उन्हें कोई शौक नहीं था। उनकी तो हमेशा यही कोशिश रही कि रहन-सहन के मामले में उनमें और देश के गरीब से गरीब आदमी में कोई फर्क न हो। उन्होंने दरिद्रनारायण की सेवा का मन्त्र दिया। गरीबों के देश में इस मन्त्र का स्वागत होना चाहिए था। मगर ऐसा हुआ नहीं। इस का एक मनोवैज्ञानिक कारण शायद यह रहा हो कि सर्वथा भाग्यवादी वातावरण में गरीबी पैसा कमाने की प्रेरणा तो नहीं देती मगर पैसे की पूजा करना जरूर सिखा देती है। उस के रहते 'बाप बड़ा न भैया, सब से बड़ा रुपैया' आप्तवचन की गरिमा पा जाता है। ऐसे में दरिद्रनारायण की सेवा-भक्ति की बात कुछ बेतुकी-सी मालूम हुई होगी। गाँधी जी के सामने शायद ही किसी ने ऐसा कहा हो, और गाँधी जी के उठ जाने के बाद भी शायद ही कोई उनके इस मूलमन्त्र को खुलमखुल्ला बेतुका ठहरा सका हो। बहुत सोचने पर भी इस तरह की कुल एक उक्ति याद आती है। कुछ वर्ष पहले किन्हीं महानुभाव ने सादे रहन-सहन की माँग के सन्दर्भ में यह कहा था कि अपनी हैसियत से कम खर्च कर के रहना व्यर्थ का ढोंग ही हो सकता है। इस विषय में औरों का चुप रहना आदर्शप्रियता का नमूना माना जाए या साहसहीनता का? व्यवहार में तो लगभग सभी क्षेत्रों और पन्थों का नेतृवर्ग बड़े होने को रईसी करने का पर्याय मानता रहा है।

गाँधी जी के सादे जीवन के कुछ प्रतीक महज बिल्लों या वर्दियों वाले स्तर पर अपनाए गए हैं—शायद 'व्यर्थ के ढोंग' का आग्रह रख लेने के लिए। लेकिन सादगी को कुल मिला कर बेवकूफी का ही दर्जा दिया गया है। विपन्न परिवेश में उपभोग का यह जीवन-दर्शन अन्ततः सत्ता के भोग का ही रूप ले सकता था। यही हमारे यहाँ हुआ भी है। इसके चलते नेता और जनता के बीच की खाई दिनोंदिन बढ़ती ही चली गई है। देश गरीब है, देश के लिए दौलत पैदा करने का कहीं-कहीं कोई उत्साह नहीं है, लेकिन रईसी ही सबसे बड़ी चीज मानी जा रही है। गरीबी के बीच ऐसी रईसी सब तो कर नहीं सकते, लिहाजा जिसे जहाँ कोई सत्ता मिली हो वह वहाँ जितनी हो सके, जितने दिन हो सके, रईसी कर गुजरे! और जो रईसी कर रहा हो

उसका गरीब जनता के नाम पर विरोध कर के नेतृत्व और ऐश्वर्य के अधिकारी बन जाइए। यह वह दृष्टिकोण है जो हमारे देश में पश्चिम की 'उपभोग की संस्कृति' का एक नवीन संस्करण कर रहा है—'खसोट की संस्कृति।'

खसोट की इस संस्कृति में हमारे सामन्ती अतीत का 'परिवार-प्रान्त-जाति-पोषणवाद' और हमारे (सर्वथा कल्पित) पाश्चात्य परिवेश की 'गला-काट-प्रतियोगिता' दोनों का अद्भुत सम्मिश्रण है। इसमें दरिद्रता की कमजोरियों और नवधनाढ्यता की सीनाजोरियाँ दोनों के लिए खूब खुल कर खेलने का मौका है। गाँधी जी ने इस दोहरे पिछड़ेपन के खतरों को ध्यान में रखते हुए ही सादा जीवन बिताने और दरिद्रनारायण की सेवा में जुट जाने की बात जोर दे कर कही थी। वह चाहते थे कि विभिन्न क्षेत्रों में देश को दिशा देने वाले कार्यकर्त्ता आम लोगों के बीच रहें, अपने देश की असलियत को पहचानें। देश के साधनों और देश की आवश्यकताओं को ध्यान में रखते हुए सभी क्षेत्रों में ऐसे आयोजन करें जिनसे जन-जीवन का स्तर सुधरे और राष्ट्रीय प्रतिभा का विकास हो। वह नहीं चाहते थे कि उपभोग ही चरम जीवन-दर्शन बने, वह यह भी नहीं चाहते थे कि देश दरिद्र और पिछड़ा हुआ ही रह जाए, देश में सर्वत्र भाग्यवाद का ही बोलबाला रहे। वह एक ऐसा समन्वय चाहते थे जिससे देशवासी ज्यादा कर्मठ, ज्यादा कुशल, ज्यादा खुशहाल और ज्यादा सादगीपसन्द बन सकें। उनकी जरूरतें कम से कम हों और उन्हें खुद ही पूरा कर लेने के लिए वह ज्यादा से ज्यादा मेहनत करें।

सम्भव है कि यह चिन्तन आर्थिक क्षेत्र में आसानी से साकार न हो सकता हो। लेकिन जिन्होंने मार्क्स और कींस की बहस में बीस बरस गुजार कर कुछ भी सिद्ध नहीं किया उन्होंने कभी तो यह सोचा होता कि जो सुविधावाद आसान रास्तों की तलाश करता रहता है वही आगे चल कर मुश्किलों में डालता है। क्या वजह है कि गाँधी जी की चिन्तन-परम्परा को आगे बढ़ाने की और उसके अनुसार देश की समस्याओं के समाधान ढूँढ़ने की कोई कोशिश नहीं की गई? क्यों राजनीति, अर्थव्यवस्था, साहित्य, विज्ञान और संस्कृति के क्षेत्रों में पश्चिमी देशों की बहसों को दुहराने और वहाँ की पिष्टोक्तियों को नए सिरे से पीसने में सारा ध्यान लगाया गया? उस भारतीय नौजवान के लिए आपके पास क्या जवाब है जो यह कहता है कि मुझे विदेश जाने के लिए पासपोर्ट दे दो, क्योंकि जिस खुशहाली की खातिर यहाँ इतनी खसोट मची हुई है उससे ज्यादा खुशहाली तो वहाँ आम लोगों को तीस-चालीस वर्ष पहले ही मिल चुकी थी। गाँधी जी के सौवें वर्ष में महालक्ष्मी का उत्सव मनाते समय हमें इन सवालों पर गौर करना होगा।

बस खानापुरी ही जरूरी है

दिन भर समाचारों की सेवा में जुटे रहने के बाद वह पत्रकार साँझढले बस से घर लौट रहा था। समाचारपत्र का सायंकालीन संस्करण उसके हाथ में था। शराबबन्दी का सवाल गाँधी के सौवें वर्ष में देश की सबसे बड़ी राजनीतिक संस्था की सबसे बड़ी समिति के लिए सबसे महत्त्वपूर्ण सवाल बना हुआ था। 'तुम्हारी भी रही, हमारी भी रही' वाले अन्दाज में नेतागण सारे वाद-विवाद के बाद पूर्ण नशाबन्दी को गाँधी के सौवें वर्ष की जगह एक सौ सातवें वर्ष पर टाल देने पर सहमत हुआ चाहते थे। पत्रकार की जेब में चार काकटेल पार्टियों के निमन्त्रण पड़े हुए थे। तभी ठसाठस भरी हुई बस में झटका लगने के कारण दो अदद भारी सवारियाँ उस पर आ गिरीं। उसने महसूस किया कि कौम को शराबबन्दी न होने के अलावा और भी कई गम हैं। मसलन 'दो या तीन बच्चे, बस' के पोस्टरों से सजी हुई इस नाटी पुरानी बस में भीड़-भाड़ की समस्या और इस भीड़-भाड़ में टिकट लेने की समस्या। कंडक्टर महोदय इस भीड़ में डी॰ टी॰ यू॰ की चल-सम्पत्ति पर अचल-सम्पत्ति के रूप में प्रतिष्ठित हो चुके थे। सफदरजंग हवाई अड्डे पर बस रुकी। चार सवारियाँ उतरीं। पहली दो के पास टिकट थे। बाद की दो जनाना सवारियाँ हाथ में पैसे निकाले टिकट लेने के लिए कंडक्टर को पुकार रही थीं। एक खरमिजाज ए॰ टी॰ आई॰ ने उन्हें झिड़की सुनाई, "अब टिकट माँग कर क्या होता है? मोबाइल कोर्ट खड़ा है, इसलिए बड़ी ईमानदार बनने की कोशिश कर रही हैं। चलो मजिस्ट्रेट साहेब के सामने।" उस पत्रकार ने और बस पर सवार बहुत-से अन्य लोगों ने विरोध किया कि कसूर कंडक्टर का है तो कंडक्टर साहेब सकपकाए और ए॰ टी॰ आई॰ साहेब गरमाए। उन्होंने ऐलान किया कि जिसको शहादत देनी हो नीचे आ जाएँ। बस की अन्य जनानी सवारियों ने मर्दों को लानत भेजी और कुछ मर्द बस से उतर गए। वे उतरे कि बस चलवा दी गई। इनको भी अब तक टिकट मिले नहीं थे। अब ए॰ टी॰ आई॰ साहेब का कहना था कि आप मोबाइल कोर्ट में बहैसियत मुजरिम ही तशरीफ ला सकते हैं।

बाद में अभियुक्तों ने बताया कि मैजिस्ट्रेट महोदय 'केवल कानूनी मुद्दे पर ही विचार करना चाहते थे।' बस से नीचे उतर चुकना और हाथ में टिकट न होना

कानूनन जुर्म ही ठहरता है। कोई टिकट लेना चाहता था या नहीं, इसका फैसला कानून नहीं कर सकता। बस में कितनी भीड़ थी कितनी नहीं इससे कानून को कोई मतलब नहीं है, क्योंकि भीड़ ज्यादा होने पर कानून बदल नहीं जाता, और कानून यह कहता है कि टिकट ले कर ही बस से उतरिए। इस प्रवचन के बाद मैजिस्ट्रेट महोदय ने किसी भी तरह की बहस को अदालत की शान के खिलाफ ठहरा दिया। जनानी सवारियों से यह संवाद सुन कर पहले तो जनता में बड़ा जोश जागा। लेकिन पुलिस के गुर्राने पर सारा जोश रफा-दफा हो गया। पत्रकार ने जुर्माने की रसीदों के नम्बर नोट कर के सन्तोष कर लिया। कुछ छात्रों ने यह कह कर सान्त्वना दे डाली कि इन डी॰ टी॰ यू॰ वालों की उन बसों में एक नहीं चलती जो यूनिवर्सिटी जाती-आती हैं। एक छात्र ने सगर्व घोष किया, 'हम तो रोजाना डब्ल्यू॰ टी॰ चलते हैं।' ए॰ टी॰ आई॰ ने फब्ती कसी, 'जनानी सवारियों का मामला है तो सभी नेता बने घूम रहे हैं!' जनानी सवारियों ने दुख व्यक्त किया, 'हमारे बेकार ही दस-दस रुपये चले गए इसका कोई गम नहीं लेकिन हमारी इज्जत गई....।' इस पर एक मनचले छात्र ने इज्जत और रुपये दोनों ले लिए जाने की घोर आपत्तिजनक स्थिति के विषय में एक घोर आपत्तिजनक फिकरा कसकर ठहाका मारा। यह पूर्णाहुति थी।

पत्रकार ने अपनी डायरी में दर्ज जुर्माने के नम्बर देखे—107 और 108। उर्दू में छपी हुई रसीदों में यही रोमन अंकों में लिखे होने के कारण उसके पल्ले पड़ सके थे। सहसा उसे ये नम्बर निहायत ही बेमानी मालूम होने लगे। वे किसी अनर्थ के नहीं राष्ट्रीय जीवन की रोजमर्रा की निरर्थकता के प्रतीक बन गए। एक नितान्त अक्षम परिवहन-सेवा अपने घाटे के लिए मुसाफिरों के घटियापन को जिम्मेदार समझती है। घटियापन को घेरने के लिए कानूनी व्यवस्था करवाती है। चाहे जिसे भी टिकट न लेने और फुटबोर्ड पर सवारी करने के अभियोग में दंडित करवा देती है और दंड देने वाला कानून इस परिवहन-सेवा की उस अक्षमता का विचार नहीं कर सकता है जिसके कारण कोई भी मुसाफिर किसी भी क्षण मुजरिम ठहर सकता है। फिर मुजरिम को कानून की महिमा समझा कर एक ऐसी लिपि में जुर्माने का रुक्का थमा दिया जाता है जिसे वह नहीं जानता। फिर सोडा-वाटरी जोश के बाद भीड़ 'मुजरिम' को ही कुछ और बेइज्जत कर के अपने उत्साह की असली दिशा का परिचय देती है। इस सारे चक्र से सिद्ध क्या होता है? हमारी न्यायप्रियता? लिखित कानून में हमारी अटूट आस्था? कानून भंग करने वालों को दंडित करने का हमारा दृढ़ विश्वास? कानून तोड़ कर फायदा उठाने की हमारी वृत्ति? कुछ भी नहीं। इससे कुछ सिद्ध होता है तो हमारी खानापुरी करते रहने की आदत। पत्रकार को सहसा

यह प्रतीति हुई कि रसीदों के नम्बर नोट करके उसने भी इसी राष्ट्रीय वृत्ति का परिचय दिया है। अब इन नम्बरों के सहारे आगे वह कोई कार्रवाई नहीं करेगा। और करेगा भी तो कई दफ्तरों में कई खाना-पूरियाँ होने का एक सिलसिला ही उससे सिद्ध होगा।

इस वृत्ति के लिए हम चाहें तो 'राष्ट्रीय चरित्र' को दोषी ठहरा सकते हैं। लेकिन 'राष्ट्रीय चरित्र' की बात करना भी इसी खाना-पूरी-वृत्ति का द्योतक है। सच तो यह है कि राष्ट्रीय चरित्र जैसी कोई चीज नहीं होती। जो देश आज संसार के सर्वोन्नत देश माने जा रहे हैं इस सदी के आरम्भ में उनके 'राष्ट्रीय चरित्र' के बारे में भी तमाम ऐसी-वैसी बातें सुनने में आती थीं। राष्ट्रीय मनःस्थिति की बात अलबत्ता हो सकती है। और इस मनःस्थिति के अच्छे-बुरे होने के लिए समूचा राष्ट्रीय तन्त्र जिम्मेदार होता है। और यह राष्ट्रीय तन्त्र हर नागरिक की राष्ट्रीय चेतना और प्रतिबद्धता के योग से बनता है। हम अपने सामन्ती संस्कारों का तमाम कचरा लादे हुए आधुनिकता की नैया खेना चाहते हैं। हम पुरानी और नई दोनों दुनियाओं के सुख एक साथ चाहते हैं और इसीलिए दोनों के दुख एक साथ भोगने के लिए अभिशप्त हैं। हमारे सार्वजनिक जीवन से सामन्ती गरिमा उठ चुकी है और लोकशाही गरिमा आ नहीं पाई है। यह गरिमाहीनता राष्ट्रीय मनःस्थिति के लिए गरीबी से भी ज्यादा भयंकर अभिशाप है। इसी के चलते दिल्ली परिवहन सेवा से ले कर गाँधी जन्म शताब्दी तक हमारा हर काम खाना-पूरी को समर्पित है; हमारा हर आयोजन निरर्थकता पर न्यौछावर है। जिन हस्तियों ने लोकशाही को दफ्तरशाही का दर्जा दिया है, राजनीति को बांकों की गिरोहबन्दी से ऊपर नहीं उठने दिया है और संस्कृति को जूठन बटोरने की प्रतियोगिता बना डाला है, उन्हें यह समझना होगा कि लोकतन्त्रात्मक गरिमा के अभाव में 'राष्ट्रीय चरित्र' के लिए उनका विलाप भी एक दिन 'राष्ट्र' के ही गायब हो जाने के कारण निरर्थक हो जाएगा।

बेतुका आक्रोश : बेढब राजनीति

हर कर्म के मूल में कहीं-न-कहीं यथास्थिति के प्रति कोई तीव्र असन्तोष होता ही है। इसलिए किसी भी संक्रमणशील देश में आक्रोश, परिवर्तन की राजनीति का लगभग अनिवार्य-सा अंग बन जाता है। लेकिन आक्रोश-आक्रोश में भी उतना ही फर्क है जितना कहावती फरिश्ते और जरख में। एक आक्रोश के मूल में किसी नई उपलब्धि की आकांक्षा होती है तो दूसरे के मूल में तुच्छ अहंकार। यह अहंकार हर तिल का ताड़ बनाता है और हर असली ताड़ को इत्मीनान ने अनदेखा कर जाता है। दुर्भाग्य से यही बेतुका आक्रोश आज हमारी सारी राजनीति पर छाता जा रहा है।

तमिलनाडु में इस आक्रोश ने राष्ट्रीय गान का विरोध किया—इस आधार पर कि वह हिन्दी में है। मामला रफा-दफा करने के लिए जो कुछ कहा गया वह भी ऊलजलूल के मंच से सम्बन्ध रखता था। क्रुद्ध जनता को बताया गया कि 'जन गण मन' रवि ठाकुर का रचा हुआ है, वह बंगला में है और बंगला तथा तमिल में बहुत स्नेह-सौहार्द रहा है। इसके आगे इतना और जोड़ दिया जाता तो बात और भी साफ हो जाती—'हिन्दी के राजभाषा बनाए जाने के विरोध में!' इसी तरह उत्तर प्रदेश के विधान सभा के कुछ नवनिर्वाचित सदस्यों ने हिन्दी में शपथ-ग्रहण करने से इनकार करके बात बिगाड़ने वाले आक्रोश का एक नमूना पेश किया। विभिन्न राजनीतिक दलों की ओर से चुने गए ये सदस्य एक ही धर्म-सम्प्रदाय के हैं। इनका आक्रोश अगर भाषा के मामले में साम्प्रदायिकता का पुट और बढ़ाकर उनके ही उद्देश्य के लिए अहितकारी सिद्ध हो तो कोई आश्चर्य नहीं। लेकिन बेढब राजनीति में सब चलता है। इसी प्रकार पिछले दिनों हमारे सहयोगी दैनिक में 'रामायण की विलायती आलोचना' शीर्षक से विलायती नजरिए पर व्यंग्य करने वाला एक लेख छपने पर कई पाठकों को जो आक्रोश हुआ वह भी एक चिन्ताप्रद स्थिति की ओर संकेत करता है। विलायती नजरिए पर किए गए व्यंग्य को रामायण पर व्यंग्य मान लिया जाना अपने में पर्याप्त दुखद था लेकिन जब साथ में यह प्रश्न भी उठाया गया कि बंकिमचन्द्र चटर्जी हैं कौन, तो दुखद आश्चर्य का कोई ठिकाना नहीं रह गया।

इसी तरह कांग्रेस के तथाकथित वामपंथी सदस्य भी आये दिन बेतुके आक्रोश के नमूने पेश करते रहते हैं। अगर इन्हें कांग्रेस से इतनी ही नाराजी है तो कांग्रेस

से हट जाना इनके लिए उचित है। इनके आक्रोश और प्रति-आक्रोश के जबानी जमा-खर्च से यथास्थितिवाद में कोई अन्तर नहीं आता और न ये स्वयं इस यथास्थिति से लाभान्वित होने से पीछे रहना चाहते हैं। इसी तरह पश्चिम बंगाल में कुछ वामपन्थियों को मार्क्सवादी कम्युनिस्टों की मिली-जुली सरकार भी पर्याप्त वामपन्थी नहीं मालूम हो रही है और वे अराजकता फैलाने पर आमादा जान पड़ते हैं। इनका आक्रोश अगर अन्ततः पूर्वी भारत और पूर्वी पाकिस्तान दोनों के लिए बहुत महँगा साबित हो तो कोई आश्चर्य नहीं।

बेतुका आक्रोश कुछ जोड़ता नहीं, घटाता ही घटाता चला जाता है। वह हर क्षेत्र को सम्पूर्ण देश की सत्ता से और हर गुट को सम्पूर्ण दल और समुचित सत्ता से और हर नेता को सम्पूर्ण दल और समुचित की सत्ता से अलग करता जा रहा है। उसके चुनाव में हर कहीं प्रतिपक्ष के बारे में आवश्यकता से अधिक शंकालु, स्वार्थ के प्रति आवश्यकता से अधिक सचेत और अधिकारों के विषय में आवश्यकता से अधिक दुराग्रही मनोवृत्ति पनप रही है जो समाजशास्त्र के अनुसार अल्पसंख्यक होने की और विज्ञान के अनुसार हीनभावना की द्योतक मानी जाती है। बेतुके आक्रोश से अपनी समग्रता को अभिहित करके हम खुद अपने को दिन-ब-दिन कुछ छोटा बनाते जा रहे हैं।

हिन्दू धर्म और भारतीय समाज

पुरी के शंकराचार्य ने छुआछूत को हिन्दू धर्म का आधारभूत सिद्धान्त बताकर हमारे नेताओं और बौद्धिकों को अपनी-अपनी उदारता और प्रगतिशीलता का परिचय देने का सुअवसर प्रदान किया है। कुछ ने लोकतन्त्र, धर्मनिरपेक्षता, समता, मानवीयता आदि-आदि की दुहाई देकर इस वक्तव्य का घोर विरोध किया है। जिनकी धर्म-शास्त्र में थोड़ी-बहुत गति है उन्हीं ने जगद्गुरु के वक्तव्य को शास्त्र विरुद्ध ठहराने के लिए प्राचीन ग्रन्थों में से तमाम तरह के उद्धरण जुटाये हैं। किसी भी प्राचीन धर्म में इस तरह के शास्त्रार्थ की काफी गुंजाइश रहती है। अलग-अलग ग्रन्थों में और कभी तो एक ही ग्रन्थ के अलग-अलग भाष्यकारों में परस्पर विरुद्ध उक्तियाँ मिल सकती हैं। सवाल यह है कि हिन्दू समाज का औसत सदस्य अपने धर्म की किस तरह व्याख्या करता है? उसकी मान्यताएँ क्या हैं?

क्या यह सही नहीं है कि आज भी हमारे घरों-परिवारों में जो लोग धार्मिक वृत्ति वाले समझे जाते हैं वे आचार-विचार को ही धर्म का प्रमुख अंग मानते हैं? छुआछूत हमारे आचार-विचार की इसी रूढ़ि की एक कड़ी है। आज भी शहरों तक में अगले जमाने के कई लोग इसका पूरा विचार करते हैं। गाँवों की तो खैर बात ही छोड़िये। संहिताबद्ध आचार-विचार और कर्मकाण्ड से किसी भी धर्म को बिल्कुल अलग कर सकना यों भी एक मुश्किल काम है। और जिस समाज में धर्म एक अर्से तक इन्हीं दो मुद्दों तक सीमित होकर रह गया हो, उसमें तो यह असम्भवप्रायः है।

क्या वर्ण-व्यवस्था, कर्म-फल सिद्धान्त, पुनर्जन्मवाद, अस्पृश्यता, गो-पूजन आदि हमारे धर्म के अविभाज्य अंग हैं? हम धर्म-निरपेक्षता के नाम पर या आधुनिकता के नाम पर या फुर्सत न होने के कारण या संस्कृत न जानने के कारण या पैसे की कमी के कारण कर्मकाण्ड और आचार-विचार के कुछ पहलुओं को नजरअन्दाज कर देने को तैयार रहे हैं और रहते हैं। लेकिन क्या हम यह दावा कर सकते हैं कि हमने अपने धर्म के आडम्बर को बींधकर उसकी आत्मा को पा लिया है? हम 'लोकतन्त्र की राजनीति' की खातिर किसी भी रूढ़ि को हथियार के रूप में इस्तेमाल करने से नहीं चूकते। इन हथियारों का इस्तेमाल किया जाना ही यह बताता है कि हम रूढ़ियों को ऊपरी तौर से नकारते हुए भी भीतर-ही-भीतर जनमानस के लिए उनका महत्त्व पहचानते हैं। यही नहीं, हम उस महत्त्व को और

भी बढ़ाना चाहते हैं और उससे राजनीतिक लाभ उठाना चाहते हैं।

जगद्गुरु का वक्तव्य लोकतन्त्र-विरुद्ध हो सकता है, मगर वह पाखण्डपूर्ण नहीं है। उनका कहना है कि मैं हरिजन की सेवा करने को सहर्ष प्रस्तुत हूँ लेकिन लौटकर मैं स्नान अवश्य करूँगा। इसे सामन्ती दृष्टिकोण का परिचायक माना जा सकता है। लेकिन सामन्ती दृष्टिकोण क्या हमारे समाज में लोकतन्त्रात्मक संविधान के बावजूद सर्वत्र व्याप्त नहीं है? हम उसे दूर करने के लिए क्या कर रहे हैं? हम उससे कितने परेशान हैं? जो विभिन्न चुनाव-क्षेत्रों से अपने उम्मीदवारों का चुनाव जातिगत आधार पर करते हों, वे वर्ण-व्यवस्था के विरोधी आखिर किस अर्थ में माने जा सकते हैं? जो मैला उठाने के काम के लिए एक जाति-विशेष को अभिशप्त मानते हों, वे छुआछूत न मानें तो भी रूढ़िग्रस्त ही कहे जायेंगे। जिन्हें अछूतों की आर्थिक-सामाजिक समस्या से कोई आध्यात्मिक क्रष्ट न होता हो वे मात्र इसी से आधुनिक और उदार नहीं कहलाए जा सकते कि वे अछूत का स्पर्श करने के बाद नहाना जरूरी नहीं समझते। संविधान में कोई व्यवस्था करके या किन्हीं दो-चार धार्मिक रूढ़ियों को सार्वजनिक भाषण में अमान्य ठहरा कर ही समाज को बदला नहीं जा सकता। हरिजनों के उद्धार के नाम पर अब तक हम कुछ सिद्ध कर पाये हैं तो अस्पृश्य बनाम सवर्ण की राजनीति और चन्द साधन-सम्पन्न हरिजनों की उत्तरोत्तर समृद्धि। गाँधीवादी कार्यक्रम के अनुसार हरिजनों और सवर्णों के एकीकरण का सपना अब भी सपना ही बना हुआ है।

जगद्गुरु का वक्तव्य हमें अपने नैतिक और राजनीतिक पाखण्ड का विचार करने के लिए बाध्य करता है। हमें यह सोचना-समझना होगा कि आखिर हिन्दू-धर्म क्या है? हम उसे किस रूप में ग्रहण कर रहे हैं? और अपने जीवन और अपने समाज में उसकी अभिव्यक्ति किस रूप में कर रहे हैं? सबसे आसान और सबसे बड़ा पाखण्ड है जीवन और समाज में उसके महत्त्व को अस्वीकार कर देना। समाज में उसके महत्त्व को अस्वीकार कर देना है। धर्म-निरपेक्षता औा आधुनिकता के नाम पर यह नुस्खा आजमाया भी जाता रहा है। लेकिन इतिहास से और जनमानस के संस्कार से इतनी आसानी से छुट्टी नहीं मिल सकती। जो समझते हैं कि ऐसा अस्वीकार सम्भव है वे वास्तव में स्वयं भी इस अर्थ में रूढ़िग्रस्त हैं कि तन्तर-मन्तर में उनकी आस्था है। धर्म-निरपेक्षता का जाप करके वे मानो समाज की सारी समस्याओं से मुक्ति पा जायेंगे।

इस देश और समाज में वास्तविक परिवर्तन वही कर सकेंगे जो भारतीय मानस की सभी अच्छाइयों-बुराइयों का सहानुभूति से विचार करके उनके आधार पर प्रगति का कोई ठोस आयोजन प्रस्तुत करेंगे। इस आयोजन के लिए यह समझना आवश्यक होगा कि इस देश के बहुसंख्यकों का धर्म और जीवन-दर्शन क्या है? इस जीवन-दर्शन के किस पक्ष को लेकर यह समाज और देश आगे बढ़ सकता है? मौका

देखकर रूढ़ियों का समर्थन या विरोध करते रहने से धर्म, राजनीति का अंग भले ही बन जाये, मनुष्य और समाज की प्रगति का प्रेरणा-स्रोत नहीं बन सकता। हम समझते हैं कि जगद्गुरु के वक्तव्य के संवैधानिक पहलू से कहीं ज्यादा महत्त्वपूर्ण प्रश्न धर्म और समाज के सम्बन्ध का है। हमें अपने धर्म और दर्शन को मात्र श्रद्धा-भक्ति का नहीं, कर्म का विषय बनाना होगा। उसके भीतर पैठकर, वर्तमान सन्दर्भ में उसकी सीमा और शक्ति दोनों को पहचान कर ही हम देश और समाज का सुधार कर सकेंगे।

आवश्यकता है एक राष्ट्रपति की

एक ऐसे राष्ट्रपति की, जो मात्र शोभार्थ न हो। एक ऐसे दलपति को, जो विभिन्न राजनीतिक दलों की डफलियों को एक राग और लय में बाँध सके। एक ऐसे सेनापति की, जो दुश्मनों के इरादों को उनके भ्रू-विक्षेप से ही भाँपकर उन्हें मसल दे। एक ऐसे लोकपति की, जिसमें जनमानस का सच्चा प्रतिबिम्ब झलकता हो। एक ऐसे करुणापति की, जो देश के दुख-दर्द से विह्वल हो सके। एक ऐसे विधानपति की, जो हमारे संविधान की व्याख्या लोकहित में कर सके। एक ऐसे मानवपति मनु की, जिसमें राष्ट्र का पति होने की पूर्ण क्षमता विद्यमान हो।

1972 का चुनाव आ रहा है। उस समय केन्द्र में कौन-सा राजनीतिक दल शक्ति-सम्पन्न होगा, कहा नहीं जा सकता। कांग्रेस की वर्त्तमान स्थिति भी तब रह पायेगी या नहीं, कौन जाने! आज उसके धनी-धोरी भी यह दावा नहीं कर सकते। उन्हें भी द्विविधा है। पंचमेल सरकार का चित्र ही 72 के क्षितिज पर उभरता नजर आ रहा है। तब क्या होगा! उस महौल में कौन होगा राष्ट्र की डगमगाती नैया का खेवैया? किन सबल हाथों में पतवार होगी? कौन विपरीत दिशागामी राजनीतिक दलों की रास को कस कर देश के हित में संचालित कर सकेगा?

बदलते समय के परिप्रेक्ष्य में राष्ट्र की सत्ता कार्यतः एवं व्यवहारतः राष्ट्रपति के हाथों में ही रहेगी। अब तक तो आपत्कालीन स्थिति में ही राष्ट्रपति के हस्तक्षेप का प्रश्न उठता रहा है। वैसे राष्ट्रपति के अधिकार का प्रश्न एक बार और उठ चुका है। वह जिस तरह उठा था, उसी तरह दब भी गया। उस समय राष्ट्रपति थे राष्ट्ररत्न डॉ. राजेन्द्रप्रसाद और प्रधानमन्त्री थे लोकनायक पण्डित जवाहरलाल नेहरू। उस समय देश एक दल के शासन के अन्तर्गत था। देश में उतनी अशान्ति नहीं थी। तब केन्द्र में और प्रान्तों में कांग्रेस का पर्याप्त बहुमत था। उस समय लोकसभा में कांग्रेस के 371 सदस्य थे। वह और समय था। अब और है। इस समय लोकसभा में कांग्रेस के 283 सदस्य हैं। कल कुछ और स्थिति हो सकती है। अब हमें राष्ट्रपति की कल्पना कल के परिप्रेक्ष्य में करनी चाहिए।

राष्ट्रपति के अधिकार की थोड़ी चर्चा इस सन्दर्भ में समीचीन होगी। संविधान की वैज्ञानिक मीमांसा तो विवादास्पद हो सकती है, लेकिन उससे परे हटकर भी उस पर विचार तो किया ही जा सकता है। अधिकार के प्रश्न पर हमें अपने राष्ट्रपति

की स्थिति क्या ब्रिटेन के राजा की तरह की समझनी चाहिए? ब्रिटेन का राजा या रानी अपने मन्त्रिमण्डल के परामर्श से ही कुछ कर सकते हैं। शासन मन्त्रियों का होता है। नाम अवश्य नाममात्र के सम्पूर्ण अधिकार सम्पन्न राजा का होता है। एक दूसरी स्थिति आती है अमेरिकी राष्ट्रपति की। ब्रिटेन के राजा और अमेरिका के राष्ट्रपति के अधिकारों का प्रश्न हमारे सम्मुख विचारणीय इसलिए हो उठता है, क्योंकि हमारा संविधान मूलतः ब्रिटेन और अमेरिकी संविधान की कतरन है। अमेरिका का राष्ट्रपति सम्पूर्ण अधिकारों का एकमात्र स्वामी होता है। वह अपने मन्त्रियों की सलाह माने या न माने, यह उसकी अपनी मर्जी होती है। वह सच्चे अर्थों में राष्ट्रपति और देश का नियन्ता होता है। हमारा राष्ट्रपति न तो ब्रिटेन की तरह का राजा है, क्योंकि भारत गणराज्य है और न अमेरिकी राष्ट्रपति की तरह वह सामान्य परिस्थितियों में अपने अधिकारों का उपयोग कर सकता है। हमें क्या अपने राष्ट्रपति की स्थिति इन दोनों के बीच की समझनी चाहिए? आगामी चुनाव के सन्दर्भ में राष्ट्रपति के अधिकारों में संशोधन की पर्याप्त सम्भावनाएँ उभरती नजर आ रही हैं।

इधर लोकसभा के सदस्यों का ध्यान एक नवीन सम्भवना की ओर गया है। वह यह है कि यदि मरण या त्यागपत्र के कारण राष्ट्रपति न रहे और नये राष्ट्रपति के चुनाव तक स्थानापन्न या कार्यकारी उपराष्ट्रपति की मृत्यु अथवा किसी अन्य कारण से स्थान रिक्त हो जाये तब क्या होगा? ऐसी आसन्न स्थिति के सम्बन्ध में प्रधानमन्त्री ने शीघ्र ही एक विधेयक रखने का आश्वासन दिया है।

राष्ट्रपति के चुनाव को लेकर राजनीतिक क्षेत्रों में एक हंगामा-सा हो रहा है। कांग्रेसी क्षेत्रों में वर्तमान कार्यवाहक राष्ट्रपति के इस वक्तव्य से और भी सरगर्मी बढ़ गयी है कि उन्हें यदि राष्ट्रपति नहीं बनाया गया तो वह उपराष्ट्रपति रहना भी पसन्द नहीं करेंगे। उन्होंने अपना मन्तव्य प्रधानमन्त्री को बता भी दिया है। साथ ही कांग्रेस के हाई कमाण्ड को भी उन्होंने अपने भावी रुख से अवगत करा दिया है। कांग्रेस अध्यक्ष श्री एस. निजलिंगप्पा भी इस सम्बन्ध में मौन हैं। दक्षिण-पंथी नेताओं ने भी अभी कोई निर्णय नहीं लिया है। श्री जगजीवन राम को लेकर कई तरह की अटकलबाजियाँ चल रही हैं। गिरि इस बात से खिन्न हैं कि राष्ट्रपति के चुनाव को लेकर अब तक की परम्परा का पालन न कर, उसे बदलने का उपक्रम हो रहा है। पाटिल की जीत से कांग्रेस-क्षेत्र में नई सम्भावनाएँ उभर सकती हैं। यह स्थिति तो कांग्रेस के भीतर की है। अन्य राजनीतिक दलों में भी भावी राष्ट्रपति को लेकर विचार-विनिमय बड़ी तीव्रता से चल रहा है।

इसमें कोई सन्देह नहीं कि राष्ट्रपति के चुनाव की कमान अब भी कांग्रेस के हाथ में ही है। उसके लिए अपने मन का राष्ट्रपति चुनाव ले जाना अधिक सम्भव है। नया राष्ट्रपति आगामी 5 वर्षों के लिए चुना जायेगा। अर्थात 1972 के चुनाव

के बाद भी वह दो वर्षों तक राष्ट्रपति बना रहेगा। यहाँ विचारणीय प्रश्न यह है कि यदि आगामी चुनाव में कांग्रेस का बहुमत केन्द्र में स्थापित न हो सका तो मिलीजुली सरकार के साथ राष्ट्रपति का सम्बन्ध कैसा रहेगा? यदि संघर्ष चला तो देश के लिए एक नये दुर्भाग्य का श्रीगणेश होगा। उलझनें केवल केन्द्र में ही नहीं होंगी। राज्यों की विभिन्न समस्याएँ भी इसके साथ नत्थी रहेंगी। हमारा गणतन्त्रीय संविधान संघरूप का है। शासन का अधिकार राज्यों के हाथ में होते हुए भी वह केन्द्र से भी चोली-दामन की तरह सम्बध है। राज्य केन्द्र के सहायता पर निर्भर है। उनकी चोटी केन्द्र के बलिष्ठ हाथों में हमेशा फँसी रहती है। अब भी अ-कांग्रेसी राज्यों और केन्द्र के बीच अधिकार के प्रश्न को लेकर खींचतान चलती रहती है। इसमें कोई सन्देह नहीं कि केन्द्र का शक्तिशाली होना अन्तरराष्ट्रीय और सामरिक दृष्टि से महत्त्वपूर्ण है। भावी स्थितियों में केन्द्र और विशेष कर राष्ट्रपति का महत्त्व बहुत बढ़ जाता है। भारत के लिए यह अशोभनीय होगा कि वह अपनी घरेलू समस्याओं और झगड़ों को ही समेटता रहे और उसके शत्रु अपनी सड़कें और सीमा बढ़ाते रहें।

इन सम्भावनाओं और स्थितियों में हमें राष्ट्रपति का चुनाव करना है। कौन है वह मनु राष्ट्रपति, जिसके पास जाकर हम प्रणत भाव से एक बार फिर से यह कह सकें कि "भगवन, आओ हमारा उद्धार करो और हमारे लोकतंत्र को रक्षित रखो!"

नकारात्मक प्रक्रियाएँ और हीन आत्मनिरीक्षण

कहते हैं कि संसार भर में भारत ही ऐसा देश है, जहाँ विद्यार्थी कम प्रतिशत अंक पाकर भी हड़ताल कर माँग करते हैं कि उन्हें उत्तीर्ण या 'पास' घोषित किया जाए। सम्भवतः भारत ही ऐसा अकेला देश है, जहाँ घटिया चीजें पैदा की जाती हैं, जहाँ किसी प्रकार का व्यावसायिक मानदण्ड नहीं है। वस्तुओं की अच्छाई या श्रेष्ठता की परख के लिए कोई व्यवस्था नहीं है। यह भी कहा जाता है कि यह हमारा ही देश है जहाँ न तो अच्छे कारीगर या कर्मचारी को पुरस्कार दिया जाता है और न घटिया या बुरे कार्यकर्त्ता को किसी प्रकार का दण्ड दिया जाता है। इसका नतीजा होता है कि बुरा अधिक बुरा हो जाता है और कर्मठ, मेहनती और निपुण कर्मचारी या कारीगर मन मार कर बैठ जाता है। दूसरे शब्दों में कहा जाए तो हमारे देश में गुण और गुणी की कीमत घट रही है और कामचोर परन्तु चलते-पुर्जे की पूछ बढ़ रही है।

हो सकता है कि उक्त विवरण में यद्यपि कइयों को कुछ अतिशयोक्ति नजर आए, तथापि हमारे देश की स्थिति एवं दुरवस्था पर पिछले दिनों संयुक्त राष्ट्रीय आर्थिक वैज्ञानिक सांस्कृतिक संस्थान यूनेस्को ने एक अध्ययन में कुछ निष्कर्ष प्रस्तुत किये हैं, जो यदि सही हैं तो वे हमें राष्ट्र की दुरवस्था पर चिन्ता एवं आत्म-निरीक्षण करने के लिए विवश करते हैं। इस अध्ययन का पहला निष्कर्ष तो यह है कि हमें बचपन से ही परिवारों में किसी भी प्रकार का निर्णय करने का अवसर नहीं मिलता। यह काम नहीं करो, यह मत खाओ, उनसे नहीं मिलो आदि नकारात्मक प्रक्रियाओं द्वारा हमारा जीवन संचालित होता है, इसका फल है कि हम सामान्य जीवन में, राजनीति या किसी भी क्षेत्र में कोई पहल करने या किसी भी प्रकार का निर्णय करने में असमर्थ हैं। हमारी इसी राष्ट्रीय सामाजिक अक्षमता या कमजोरी का फल है कि प्रशासन एवं सामान्य व्यवहार में कोई भी निर्णय जिम्मेदार अधिकारी नहीं लेना चाहता, वह उस पर दूसरों की भी सहमति और सलाह लेना अनिवार्य समझता है।

इस प्रकार हम जहाँ किसी भी प्रकार की जिम्मेदारी से बचना चाहते हैं, वहाँ हम किसी भी भूल या कमी को स्वीकार करने के स्थान पर उस कमी या भूल के लिए दूसरों को जिम्मेदार बताते हैं। यूनेस्को के अध्ययन के इस दूसरे निष्कर्ष के अनुसार यह हमारे राष्ट्रीय चरित्र का अंग बन गया है कि कोई भी हिम्मत से अपनी

भूल मानने के लिए तैयार ही नहीं है। हाँ, यदि कोई उपलब्धि हो तो श्रेय लेने के लिए हरेक तैयार है, परन्तु कमी या भूल के लिए दूसरों को जिम्मेदार ठहराना हमारा राष्ट्रीय दुर्गुण बन गया है। इस अध्ययन के परिणामस्वरूप हमारा तीसरा राष्ट्रीय दुर्गुण यह है कि साधनों, मर्यादाओं एवं लक्ष्यों में हमारी कोई आस्था नहीं है, हम में जातीय कबीली या समूहगत हित की भावना अधिक प्रबल है। सम्भवतः यही कारण है कि राष्ट्रीय हितों, मर्यादाओं एवं महान लक्ष्यों के स्थान पर हम समूहों, जातियों, संगठित स्वार्थों के प्रति अधिक वफादार हैं। यह दुरवस्था ही सम्भवतः अपने अपराधों या भूलों के अपराधी को अपने कृत्य के प्रति सोचने के लिए विवश नहीं करती। जनता भले और बुरे दोनों को समान रूप से झेल लेती है। वह बुरों को भी क्षमा देना और भूलना सीख जाती है।

हो सकता है कि कई प्रेक्षकों को यूनेस्को द्वारा प्रस्तुत इस मूल्यांकन में निर्दिष्ट राष्ट्रीय या सामाजिक बुराइयों की बात कुछ अतिशयोक्तिपूर्ण लगे, परन्तु राष्ट्रीय एवं सामाजिक क्षेत्रों की गम्भीरता से परीक्षा करने पर उनमें निहित सत्य एवं तथ्यों से इनकार नहीं किया जा सकता। आज समाज में गुणी और गुण का मान नहीं है, आज स्वार्थ एवं जातिवाद को प्रश्रय मिल रहा है, हम इस कड़वी सच्चाई से भी इनकार नहीं कर सकते कि जीवन में सद्गुणों, मान्यताओं एवं आस्थाओं का मूल्य न रहने से आज हम राजनीति और जीवन के हर क्षेत्र में किंकर्त्तव्यविमूढ़ हैं। हम बाएँ चलने की हिम्मत नहीं कर सकते, दाएँ का रास्ता भी ठुकराने की शक्ति नहीं है। दोनों की अच्छाइयों को लेकर मध्यम मार्ग पर चलने का विवेक भी हम में नहीं है। इसी का फल है कि हम फैसले करने में संकोच करते हैं, स्थिति से विवश होकर कोई घोषणा करते भी हैं तो दूसरे क्या कहेंगे, इसलिए लीपापोती करते हैं। 'मीठा-मीठा गप्प, कड़वा-कड़वा थू' करना हमारा जीवन-दर्शन बन गया है। अच्छाइयाँ हमारी हैं, भूलें सब दूसरों की, यह जीवन-दर्शन जितनी जल्दी छोड़कर हम अपने पैरों पर खड़े हो सकें, अपने दिमाग और अपने सामर्थ्य से अपने वर्तमान और भविष्य का निर्णय कर उसे कार्यान्वित कर सकें, इसी मार्ग पर चलकर शायद हमारा उद्धार सम्भव है, अन्यथा हमारे सामाजिक और राष्ट्रीय दूषण हमें ले डूबेंगे।

अराजक वृत्ति बनाम संशयात्मिका कुंठा

अहमदाबाद में दंगे हुए, अब अपेक्षाकृत वहाँ शान्ति है। निश्चय ही यह शान्ति सरकारी तामझाम के बल पर कायम हुई है। लोगों के मनों में अब भी आग जल रही है। अब भी आशंका है—अभी भी संशय है। दंगों के मूल में जाने का भरसक प्रयत्न हो रहा है। केन्द्रीय गृहमन्त्री श्री चव्हाण शीघ्र ही गुजरात में हुए दंगों की जाँच के लिए आयोग-गठन पर विचार कर रहे हैं। नियमानुसार न्यायिक जाँच एक दिन उच्च न्यायालय के किसी नामी-गरामी न्यायाधीश द्वारा सम्पन्न हो जाएगी और उसकी सिफारिशें रघुवरदयाल आयोग की सिफारिशों की तरह गुजरात राज्य में अमल में लाने के लिए भेज दी जाएँगी।

प्रश्न उठता है कि सरकारी तन्त्र और आयोग की सिफारिशें इन दंगों को रोकने में कहाँ तक समर्थ सिद्ध होती हैं? तो उसका उत्तर बड़ा निराशाजनक होगा। ये दंगे और साम्प्रदायिक तनाव तो धूप और पानी में अकड़ी हुई उस खाट की तरह हैं, जो एक तरफ दबाने से दूसरी तरफ उठ खड़ी होती हैं। हाल ही में असम के प्रदर्शनों के कारण प्रधानमन्त्री को वहाँ की यात्रा स्थगित करनी पड़ी। तेलंगाना और चण्डीगढ़ का प्रश्न अभी अधर में झूल रहा है। पश्चिम बंगाल में जान-माल की रक्षा के लिए हाय-तौबा मची हुई है। स्थायी हल कहीं नजर नहीं आता। प्रश्नों को अस्थायी तौर पर दबा कर रखने की जो सरकारी नीति-रीति रही है, वही इन तनावों के मूल में है।

इधर कुछ धाकड़ नेताओं को गुजरात के दंगों में विदेशी प्रेरणा की गन्ध मिली है। विदेशों पर अपनी अकर्मण्यता का बोझ लाद कर किसी समस्या पर धूल डालने या लोगों की आँखों में धूल झोंकने का जो एक नया फैशन चला है, वह बड़ा चमत्कारी है। प्रश्न उठता है कि जब ये शत्रु आपके देश में घुस कर अपना ताना-बाना फैला रहे थे, तब हमारे पहरेदार क्या कर रहे थे? 1965 के पाकिस्तानी आक्रमण के समय भी इन घुसपैठियों का चक्र बड़ा व्यापक था और इनकी रहस्य और जासूसी से भरी कहानियाँ बड़े चाव से सुनाई गई थीं। हम इन विदेशी तत्त्वों के अस्तित्व और फूट डालने की वृत्ति में जरा भी अविश्वास नहीं कर रहे हैं, बल्कि हमारा कहना तो यह है कि हमारी आँखें इतनी बड़ी और दूरदर्शी होनी चाहिए कि

सीमान्त पर उठती हुई जरा-सी हरकत भी उनसे चूक न पाए! लेकिन ऐसा हो कहाँ पाता है? सीमा पर हम ऊँघते रहते हैं और जब हमें कहीं कोई गड़बड़ी नज़र आती है तब हमारी संशयात्मा कुछ न कुछ सूँघ कर बड़बड़ाने लगती है। यह क्या बात हुई कि गुजरात के दंगों में विदेशी तत्त्वों का हाथ था? अब उसकी जाँच का स्वर नेताई लहजे में बुलन्द किया जा रहा है। यदि विदेशी तत्त्व था तो क्या वे विदेशी जासूस इतने मूर्ख हैं कि आपके लिए कोई प्रमाण अपनी पकड़ के लिए छोड़ जाएँगे या यदि छोड़ भी गए हों तो आप उनका क्या बिगाड़ लेंगे? हमारी आँखें तो उन दरारों पर होनी चाहिए जहाँ से हमारे देश के दुश्मन दिन दहाड़े घुस कर हमारी गृहस्थी में एक बड़ा-सा छिद्र करके बड़े आराम से वापस चले जाते हैं। हिन्दू-मुसलमान का प्रश्न इस देश में बड़ा सनातन है। मुसलमान हमारे देश में आक्रामक बन कर आए और यहीं बस कर हमारे पड़ोसी बन गए। ब्रिटिश राज में जब भी दंगे हुए, तब 'डिवाइड एण्ड रूल' की बात कही गई और यह सोच कर हम निश्चिन्त थे कि जब ये बन्दरबाँट कराने वाले परदेशी चले जाएँगे, तब हम गले मिल लेंगे। लेकिन हुआ यह कि उन परदेशी लुटेरों ने भी जाते-जाते यहाँ का बँटवारा करा दिया और एक ऐसी विषगाँठ बो गए जो हमेशा हमारे मनों को कड़ुआहट से भरे रखती है। अब पाकिस्तान हिन्दुस्तान के मुसलमानों का इतना बड़ा हमदर्द बन बैठा, जितना वह पाकिस्तानी नागरिकों का नहीं है। उसे यहाँ की गतिविधि का पूरा ब्यौरा मिलता रहता है। कूटनीतिक दृष्टि से वह सफल है और हम असफल। इस तरह की स्थिति किसी भी स्वाभिमानी राष्ट्र के लिए कितनी अपमानजनक है, इसकी कल्पना बड़ी सहज है। हमारी अदूरदर्शिता का एक प्रमाण रवात का इस्लामी शिखर सम्मलेन है, जहाँ के कूचे से हम बेआबरू करके निकाले गए। सम्भव है कांग्रेस की कार्यकारिणी और साधारण सभा में इस शिखर सम्मेलन को लेकर चख-चख हो और राजनीतिक तूतू-मैंमैं के बाद सब कुछ यथावत हो जाए।

हम इस देश में जिस तरह का जीवन जी रहे हैं, उसे निरापद और अभय जीवन नहीं कहा जा सकता। हमारा दैनन्दिन जीवन भी अराजक तत्त्वों से परे नहीं है। हम इन तत्त्वों को तरह दे कर जी रहे हैं, यह एक अलग बात है। उसकी लपेट में आ जाना कोई असम्भव नहीं है। अपने को बचा कर जीने में जीवन तो हम जी लेते हैं, किन्तु अराजक तत्त्वों को इससे बढ़ावा ही मिलता है। किसी भी स्वतन्त्र देश के नागरिक के जीवन में इस तरह का संशय सरकार के प्रति एक अनिष्ठा का भाव ही पैदा करता है और व्यक्ति अपना नियन्ता स्वयं हो उठता है। यदि ध्यान से इन दंगों और तनावों का मनोवैज्ञानिक अध्ययन किया जाए तो इसके मूल में असुरक्षा, आशंका और संशय की भावना ही अपनी कुण्डली मारे बैठी मिलेगी।

जहाँ एक तरफ हम असुरक्षा, आशंका और संशय की मनोवृत्ति से पीड़ित हैं, वहाँ दूसरी तरफ हमारी आर्थिक विपन्नता भी हमारी कुण्ठाओं को उग्र बनाने में पीछे नहीं है। अराजक तत्त्वों की जननी बेकारी होती है। जब एक नवजवान उस रास्ते पर चल निकलता है, तब उसकी वापसी के सारे दरवाजे बन्द हो जाते हैं और वह एक अभिशाप की तरह देश के जन-जीवन पर छा जाता है। दंगों की न्यायिक जाँच के हम विरोधी नहीं हैं। वह हो और अवश्य हो, लेकिन साथ ही सरकार को एक ऐसे आयोग की नियुक्ति भी करनी चाहिए जो इस बात का पता लगाए कि एक भारतीय नागरिक के दैनन्दिन जीवन में असुरक्षा, आशंका और संशय की भावना क्यों बद्धमूल होती जा रही है और इस बद्धमूलता की जड़ में नौकरशाही और राजनीतिक गुरुडम कितना खाद-पानी डाल रहा है। जब तक हमारे मनों पर इस संशयात्मिका कुण्ठा की छाया रहेगी, तब तक देश की अराजकता तुष्ट नहीं हो सकती।

हयादार नीति : बेहया राजनीति

सतह की साधना में जड़ की बात को बिसरा बैठना इंसान की जानी-मानी और बहुत पुरानी कमजोरी है। हर देश और हर काल में औपचारिक अनुष्ठान की महत्ता और पिष्टोक्तियों की पवित्रता के प्रति लोग थोड़े-बहुत आसक्त रहे हैं। लेकिन जहाँ ऐसी आसक्ति रही है वहाँ इस आसक्ति के खतरों के प्रति सजगता भी देखी जा सकी है। दुर्भाग्य से हमारे समाज में लक्ष्य-सिद्धि को भावावेश या श्रद्धा-आडम्बर में खो बैठने की प्रवृत्ति कुछ ज्यादा ही सक्रिय रही है और इसके चलते प्रतिष्ठित ढोंग ही प्रतिदान का पर्याय बन गया है। तन्तर-मन्तर और जादू-जन्तर वाले अपने संस्कारों के नए-नए संस्करण निकाल कर ही हम 'आधुनिक' बनते आए हैं। इन संस्कारों में अर्थ को न पूज कर शब्द को पूजने वाले दफ्तरशाही संस्कारों के जुड़ जाने से सतहीपन का करेला नीम चढ़ गया है। आजादी मिलने से पहले हम अपनी इस कमजोरी के प्रति कुछ सजग थे। इसे दूर करने के लिए तब कई आन्दोलन हुए, कई संगठन बने। लेकिन आजादी मिलने के बाद हमारे देखते-देखते वे सब स्वयं इस रोग के शिकार हो चले। आत्म-सुधार और समाज-सुधार के संकल्प को हमने कितनी जल्दी और कितनी खूबी से एक अनावश्यक किन्तु अनिवार्य-सी औपचारिकता का दर्जा दे डाला है इसका प्रमाण गाँधी-शताब्दी के आयोजन प्रस्तुत करते रहे हैं। जो गाँधी निस्सार सत्ता-प्रतिष्ठान का सबसे बड़ा विरोधी था वही हमारे हाथों आज स्वयं निस्सार सत्ता-प्रतिष्ठान का अंग बन चला है। उसका सिक्का चलाने के उत्साह में हम उसका सिक्का जमाने के मामले में उदासीन हो गए! अनुदान से गाँधी-स्मृति चलाने वाले संस्थान, करोड़ों की लागत से देश-विदेश में गाँधी का प्रचार करने के अनुष्ठान और गाँधी के आदर्शों में आस्था रखने के सार्वजनिक संकल्प के सरकारी मसविदे—एक कर्मठ व्यक्ति की स्मृति में फाइल-शास्त्र के अनुसार कर्मकाण्ड! पितृपक्ष में एक सरकारी खाना-पूरी। गाँधी को श्रद्धांजलि अर्पित करने में सभी दलों के नेताओं ने बहुत उत्साह दिखाया। गाँधी के स्वप्न के प्रति निष्ठा व्यक्त की गई और उस स्वप्न को भंग करने वाली प्रवृत्तियों की निन्दा में सख्त बातें कही गईं। गाँधी के स्वप्न को भंग करने में सब से आगे वे रहे हैं जिन्हें सत्ता की राजनीति भंग करने में हिचक हुई है। अब वही गाँधी के स्वप्न-भंग पर छाती कूटें तो इसे एक

तमाशा ही कहा जाएगा। खान अब्दुल गफ्फार खां ने बगैर कोई थिएटरी मुद्रा दिखाए तत्त्व की बातें कहीं। उन्होंने इस बात पर आश्चर्य व्यक्त किया कि जो अपने देश में गाँधी के आदर्शों को साकार करने में असमर्थ रहे हैं वे गाँधी के आदर्शों के प्रचार के नाम पर शताब्दी आयोजन के खाते से विदेश यात्रा का खर्च निकाल रहे हैं। उन्होंने गाँधी के देश में बढ़ती हुई हिंसा और द्वेष की भावना को खेदजनक बताया और इस सिलसिले में तीन दिन तक उपवास रखने की घोषणा की। लेकिन इस घोषणा को भी हम एक तमाशा बना कर रहे। पिष्टोक्तियों में सोचने-समझने के आदी दिमागों ने इसे साम्प्रदायिक हिंसा के विरुद्ध उपवास की संज्ञा दे डाली। यही नहीं, उन्होंने उपवास के बारे में ऐसा उत्साह दिखाया मानो इससे सारा साम्प्रदायिक संकट फौरन दूर हो गया हो, सारे देशवासी नए सिरे से गाँधीवादी बन चले हों। यह उपवास आदर्शहीन, हिंसात्मक सत्तामद के मुँह पर एक गाँधीवादी तमाचा था। लेकिन इसे भी बहुत खूबसूरती से औपचारिक अनुष्ठान का एक अंग बना लिया गया।

अहमदाबाद के दंगों के बाद साम्प्रदायिकता-उन्मूलन का जो अनुष्ठान नए सिरे से शुरू हुआ था वह खान अब्दुल गफ्फार खां के इस उपवास को भी अपनी लपेट में ले लेने में सफल हुआ। यह अनुष्ठान विधिवत जारी है। साम्प्रदायिकता के सन्दर्भ में हर दल और हर नेता वही सब कह रहा है जो ऐसे दंगे होने पर उसके द्वारा पहले कहा जा चुका था। आयोग भी शायद वही कुछ कहेगा जो पिछले आयोग इस सिलसिले में कह चुके हैं। साम्प्रदायिकता का प्रसार रोकने के लिए वही कानूनी उपाय नए सिरे से सोचे-सुझाए जाएँगे जो पहले सोचे-सुझाए जा चुके हैं। हर कोई नेक बात कहेगा, नेक सलाह देगा मगर इस तमाम नेकी के बावजूद बदी बदस्तूर बनी रहेगी। इसका अर्थ यही हो सकता है कि नेकी में कहीं कोई पेंच है। ध्यान से देखने पर मालूम होगा कि हमारे यहाँ विभिन्न विचारधाराओं के नेता कथनी के स्तर पर सभी उच्च मानवीय आदर्शों पर अधिकार बनाए रखना चाहते हैं। हया का यही तकाजा है। लेकिन करनी के स्तर पर वे ये स्वीकार करने को बाध्य हैं कि राजनीति निहायत ही बेहया पेशा है। कथनी के स्तर पर नैतिक और करनी के स्तर पर राजनीतिक व्यक्ति का सम्बोधन कर-कर के देश का दोहरा नुकसान किया जाता रहा है। इसकी कृपा से धार्मिकता घटी है पर साम्प्रदायिकता बढ़ी है, प्रगति की योजनाओं के सीने पर प्रान्तीयता उग सकी है, आधुनिक लोकतन्त्र के सहारे जातिवाद पनप सका है। हर क्षेत्र में सत्य के सम्पूर्ण और सार्वजनिक साक्षात्कार से बचने की प्रवृत्ति तेजी से विकसित हो रही है। गाँधी जी के लिए आदमी की नैतिक और राजनीतिक दो अलग हस्तियाँ नहीं थीं। नैतिक आदमी ही राजनीतिक था। इसी आस्था के सहारे वे साधारण व्यक्तियों से भी असाधारण त्याग करवा

हमारी सारी राजनीति अपने तमाम ऊँचे आदर्शों के बावजूद ओछेपन को समर्पित रही है। कांग्रेसी बिहार से ले कर कम्युनिस्ट केरल तक आज उसका एक ही रंग है, एक ही ढंग है। वह व्यक्ति और समाज की अच्छाइयों को प्रेरित करने में जितनी असमर्थ है व्यक्ति और समाज की बुराइयों को उकसाने को उतनी ही कटिबद्ध है। इसी के प्रभाव से देश में चारों ओर बेतुकी हिंसा फैलती जा रही है। वह किसी भी मसले को साफ-साफ सामने रखने और उसके बारे में दो-टूक बात कहने से घबराती है। जहाँ तक हो सके वह देश और समाज की समस्याओं के बारे में बात ही नहीं करना चाहती। वह सर्वथा आत्म-लिप्त है और इस लिप्सा से जब कभी उसे फुर्सत मिलती है तब वह देश और दुनिया के मामलों के बारे में कुछ रटी-रटाई, पिटी-पिटाई बातें दुहरा देती है। सार्वजनिक आदर्शवादिता और निजी व्यावहारिकता के इस मायाजाल से जब तक मुक्ति नहीं होती तब तक देश और समाज की कोई भी समस्या न सही-सही निरूपित होगी और न उसका कभी कोई समाधान हो सकेगा।

बिखरती हुई परिधि

इधर समाचार-पत्रों में खान अब्दुल गफ्फार खां के वक्तव्य और देश के विभिन्न भागों से प्राप्त संवाद पर ऐसा महसूस हुआ मानो हमारे नेतागण सीमान्त गाँधी के लगाए हुए अभियोगों को सही प्रमाणित करने के लिए विशेष यत्न कर रहे हों। स्वाधीन भारत में पहले भी ऐसे अवसर आए हैं जब स्थिति बेकाबू होती नजर आई है लेकिन हर बार वे शंकालु व्यक्ति गलत साबित हुए जो देश का बेड़ा गर्क होने की भविष्यवाणी करने लगे। आज भी बिखराव इतने विकाराल रूप में प्रस्तुत है कि अराजकता अवश्यम्भावी प्रतीत होती है। सम्भव है कि यह अन्देशा भी निराधार सिद्ध हो। हमारी यथास्थितिप्रियता बंटाढार होने से ऐन पहले अराजकता पर अंकुश लगा दे और हमें बदस्तूर घिसटते चलने का और मौका दिला दे। अन्तरराष्ट्रीय राजनीति का सत्ता-सन्तुलन भी इधर कई वर्षों से यथास्थिति के पक्ष में रहा है। अगर एक ताकत के हित में कोई परिवर्तन होता दिखा है तो दूसरी ताकत उसे रोकने के लिए फौरन प्रस्तुत हो गई है और अब दोनों ही बड़ी ताकतें परिवर्तन करने-कराने के महँगे प्रयोगों से मुँह मोड़ने लगी हैं। यही वजह है कि तमाम ऐतिहासिक और सामाजिक तनावों के बावजूद यथास्थिति अल्पविकसित देशों की नियति बन चुकी है।

जहाँ यह सच है कि हमारा अपना ठहराव और अन्तरराष्ट्रीय शक्तियों का सन्तुलित तनाव कुल मिला कर यथास्थिति के पक्ष में है वहाँ इस बात से भी इनकार नहीं किया जा सकता कि हमारी यथास्थिति अराजकता के पिछले तमाम संकटों से बदतर हो कर निकली है। सच तो यह है कि हमारी स्वाधीनता का जन्म ही ऐसे संकट के परिवेश में हुआ। देश और समाज की राजनीतिक समस्याओं का नैतिक समाधान खोजने के लिए प्रतिबद्ध नेतृत्व ने उप-महाद्वीप का विभाजन यानी एक शुद्ध राजनीतिक समाधान स्वीकार किया। स्वाधीन भारत भारतीय उप-महाद्वीप के नैतिकता से प्रेरित स्वाधीनता आन्दोलन का उत्तराधिकारी था और उस नैतिकता के प्रति अनास्थावान मुस्लिम लीग उप-महाद्वीप का विभाजन करवा चुकी थी, इसलिए स्थिति 'यथा' का भ्रम बनाए रखते हुए भी बदतर हो चुकी थी।

इसके बाद स्वाधीन भारत में कश्मीर, तिब्बत, भाषावार राज्य, राजभाषा, क्षेत्रीय दल, मैक्मोहान-रेखा, विकास-आयोजना, कांग्रेसी-फूट, साम्प्रदायिकता और जातिवाद,

गैर-कांग्रेसवाद, राष्ट्रपति-चुनाव आदि को ले कर जो भी संकट पैदा हुए या कर दिए गए उनसे यथास्थिति का भ्रम बने रहने मगर हालात कुल मिलाकर काफी बिगड़ जाने का सिलसिला बदस्तूर चला आया है। हम यह कह सकते हैं कि हमारा 'ठहराव' हमारे नियतिवाद से जुड़ा हुआ है और हम यह मान कर चलते हैं कि गिरावट ही हमारी नियति है। हमारी 'यथास्थिति' यही है कि स्थिति का कुछ और विषम हो जाना हमें बहुत ज्यादा परेशान नहीं करता और खोखले नारे हमें सहारे के लिए पर्याप्त जान पड़ते हैं।

पिछले दिनों इस बात के संकेत मिले हैं कि 'यथास्थिति' को बदतर बनाने वाली सभी प्रवृत्तियाँ जोर पकड़ रही हैं। चण्डीगढ़ और तेलंगाना के सवाल वह संकट नए सिरे से सामने लाने वाले हैं जो राज्यों के भाषावार पुनर्गठन से पहले प्रस्तुत हुआ था। यह संकट आगे चल कर राज्यों के विभाजन के आन्दोलनों को जन्म दे सकता है। साम्प्रदायिक संकट ने अहमदाबाद के उपद्रव द्वारा विभाजन-युग की यादें ताजा कर दी हैं। अगर श्री जयप्रकाश नारायण जैसा जिम्मेदार नेता एक और विभाजन की आशंका से त्रस्त हो गया है तो स्थिति गम्भीर ही कही जाएगी। आरोप-प्रत्यारोप, सन्देह और सदाशयहीनता का वह क्रम अनाड़ी राजनीति इस क्षेत्र में आरम्भ कर रही है जो साम्प्रदायिक एकता के लिए घातक सिद्ध हो सकता है। जाति-जाति का सवाल, सवर्ण और हरिजन का सवाल, एक राज्य में बसे दूसरे राज्यों के लोगों का सवाल...ये सब भी हिंसक रूप में प्रस्तुत होते रहे हैं और सत्ता की राजनीति इन्हें भी बहुत प्रेम से पालती-पोसती आई है।

कांग्रेस की फूट एकता-प्रस्ताव के वाबजूद उसी बेढंगी रफ्तार से बढ़ती जा रही है। नया पेंच सिर्फ इतना है कि गृहमन्त्री चव्हाण अब प्रधानमंत्री के साथ हैं। मगर यह भी स्पष्ट है कि साथ होते हुए भी उन्हें साथी का दर्जा मिल नहीं पा रहा है। प्रधानमंत्री संगठन पर कब्जा करने के लिए मोर्चाबन्दी कर रही हैं और बची-खुची सिण्डिकेट उनके इस संकल्प को विफल बनाने के लिए कटिबद्ध है। ऐसा भी मालूम होता है कि प्रधानमंत्री की रणनीति में पहले केरल और पश्चिम बंगाल में तथा अनन्तर उत्तर प्रदेश जैसे कुछ कांग्रेसी राज्यों में सत्ता-परिवर्तन करा देना भी शामिल है। इसके लिए वह सभी भूतपूर्व कांग्रेसियों और काफी कांग्रेस-विरोधियों को फोड़ लेने की कोशिश करेंगी। इसमें सन्देह नहीं कि यह सफलता कांग्रेसी शासन और संगठन में उनकी स्थिति को बहुत मजबूत बना देगी। लेकिन यही सफलता अगर अराजकता को जन्म दे तो कोई आश्चर्य नहीं होगा। इस तरह से मजबूत बनने के बाद अगर प्रधानमंत्री मजबूती से कदम न उठा सकीं तो देश के कदम लड़खड़ा जाएँगे। कांग्रेस की फूट के समानान्तर अन्य दलों में भी फूट पड़ी हुई है। टूटे हुए

लोगों की जोड़-तोड़ केन्द्र को ले डूबेगी। आज भी चारों ओर नजर दौड़ाने पर किसी अंग्रेजी कविता की वह पंक्ति याद आ जाती है 'थिंग्स फाल अपार्ट, द सेंटर कैन नाट होल्ड...' (चीजें टूट कर गिर रही हैं, केन्द्र सँभालने में असमर्थ है) लेकिन जिस दिन केन्द्र ही बिखर जाएगा उस दिन इस धैर्य-धन्य धरा का क्या होगा? वह नेतृत्व कहाँ है जो राजनीतिक वोट को भुला कर राष्ट्रीय विवेक को सम्बोधित कर सके?

एकता किसलिए? विघटन किस आधार पर?

कांग्रेस-बचाओ अभियान का अब क्या करें? कांग्रेसी ही अगर कांग्रेस को नहीं बचाएँगे तो कौन बचाएगा? और कांग्रेस नहीं बची तो कांग्रेसी नेता-लोक की सत्ता का पत्ता साफ होने से कौन रोकेगा? घोरतम आदर्शहीनता के वातावरण में भी आत्म-रक्षा के आदर्श को भला कैसे भुलाया जा सकता है? इसलिए दौड़-धूप होती रही। इसमें सबसे आगे राज्य-स्तर के नेता हैं जिन्हें केन्द्र-स्तर के नेताओं के झगड़े में अपनी कुर्सी छिनती दिखती है। अगर केन्द्र में अपना सिपहसालार नहीं जीता तो न सिर्फ शत्रु सिपहसालार चोट पहुँचाने की कोशिश करेगा बल्कि अपना सिपहसालार भी यह कहने लगेगा कि केंद्र की गद्दी तो गई अब यह राज्य वाली गद्दी ही मुझे लौटा दो! तो आत्म-रक्षा का तकाजा है कि केन्द्र वालों को अपनी-अपनी जगह बनाए रखो। लेकिन दिक्कत यह है कि केन्द्र वाले एक-दूसरे को हटा कर ही अपनी जगह चैन से बैठ पाएँगे।

दिलचस्प बात यह है कि मुख्य संघर्ष दो ऐसे व्यक्तियों में है जो अपने वर्त्तमान पद पर पहुँचते समय एक-दूसरे के निकट माने गए थे—प्रधानमन्त्री और कांग्रेस-अध्यक्ष। इस झगड़े में 'कानूनी' नजरिए से पहल प्रधानमन्त्री ने की लेकिन यह किसी से छिपा हुआ नहीं है कि हटाने-धकियाने की योजनाएँ पहले स्वयं कांग्रेस-अध्यक्ष ने बनाईं। ध्रुवीकरण की आवश्यकता की चर्चा उन्होंने ही छेड़ी और राष्ट्रपति पद के लिए कांग्रेसी उम्मीदवार के चुनाव के समय एक आन्तरिक ध्रुवीकरण करा भी डाला। वह कांग्रेस के संसदीय मण्डल और कार्यकारिणी में प्रधानमन्त्री से असन्तुष्ट नेताओं के नेता बने और संगठन वालों के बहुमत का उन्होंने शासन के नेतृत्व के विरुद्ध प्रयोग करना चाहा। इस सारे आयोजन में उनकी तुरुप का सबसे बड़ा पत्ता श्री यशवन्तराव चव्हाण का समर्थन था। लेकिन प्रधानमंत्री ने अन्तरात्मा को जगा कर खेल 'नो-ट्रम्प' का बना दिया। तब से अब तक जो कुंछ हुआ है वह उतना ही शोभन या अशोभन कहा जा सकता है जितना कि सत्ता की राजनीति का कोई भी दाँव-पेंच। कांग्रेस-अध्यक्ष को हटाने की कोशिश खुलेआम डंके की चोट पर हो रही है और कांग्रेस-अध्यक्ष भी अब प्रधानमन्त्री को हटाने की खुली कोशिश के लिए कटिबद्ध मालूम होते हैं। फिर समझौते की बात क्यों? इसलिए कि कांग्रेस के संविधान का

पूरी तरह पालन करते हुए कांग्रेस-अध्यक्ष को तुरन्त हटाया जा नहीं सकता और उधर संसद में प्रधानमन्त्री के विरुद्ध बहुमत जुटा सकना फिलहाल बहुत ही मुश्किल नजर आता है। सिण्डीकेट प्रधानमन्त्री से कांग्रेस की सदस्यता न छीने और प्रधानमन्त्री अपनी अलग कांग्रेस महासमिति न बुलाएँ—इस आधार पर विघटन के स्थगन के समझौते की कोशिश की गई मगर कामयाब नहीं हो सकी। सिण्डीकेट ने बंगलौर से पहले की स्थिति फिर लाने की माँग की जो इण्डीकेट को मंजूर नहीं हुई। प्रधानमन्त्री ने कांग्रेस दल के मठाधीशों पर यथास्थितिवादी और समाजवाद-विरोधी होने का आरोप लगाया और यह संकेत दिया कि अगर सिण्डीकेट कांग्रेस को प्रधानमंत्री के सुपुर्द कर देने से कांग्रेस का विघटन कर देना बेहतर समझती है तो भी कोई हर्ज नहीं। प्रधानमन्त्री कांग्रेस से हटा दी जाएँ मगर कांग्रेस की शासन-सत्ता उनसे इतनी आसानी से छीनी नहीं जा सकती। वह विघटन में भी अपनी विजय देख रही हों तो कोई आश्चर्य नहीं।

प्रधानमंत्री ने यह सवाल उठाया था कि एकता किसलिए? उनका यह सवाल अपनी जगह बिल्कुल सही था। लेकिन विघटन के विषय में भी यह पूछा जा सकता है और पूछा जाना चाहिए कि इसका आधार क्या है? अव्वल तो दक्षिणपन्थ और वामपन्थ की बात ही किसी मध्यपन्थी दल के प्रसंग में बेतुकी मालूम होती है और फिर तथाकथित सिण्डीकेट और इण्डीकेट की मोर्चाबन्दी इस आधार पर हुई नहीं है। दोनों ही गुटों में तथाकथित 'वाम' और 'दक्षिण' पन्थी नेता ढूँढ़ निकाले जा सकते हैं और दोनों ही गुट एक-दूसरे को दरिद्रनारायण भंगिमा की बखिया उधेड़ने वाले कई सनसनीखेज तथ्य प्रकाश में ला सकते हैं। दूसरे शब्दों में दोनों ही कुल मिलाकर मध्यमार्गी और मध्यवर्गीय हैं। जहाँ तक लोकप्रतिभा और लोकप्रियता का सवाल है श्रीमती इन्दिरा गाँधी निश्चय ही सवा सेर ठहरती हैं। बैंक राष्ट्रीयकरण और राष्ट्रपति-चुनाव के दौर में उन्होंने जो हवा बाँधी थी वह अगर कांग्रेस द्वारा आँधी बनने दी जाती तो श्रीमती इंदिरा गाँधी और कांग्रेस दोनों की ही लोकप्रियता पराकाष्ठा पर पहुँच जाती। कांग्रेस की एक नई स्फुरित और स्फूर्तिप्रद छवि जन-मन में प्रतिष्ठित करने के लिए प्रधानमंत्री के नुस्खे नेहरू युग की कामराज-योजना से ज्यादा कारगर सिद्ध हो सकते थे और शायद अब भी हो जाएँ। इसके लिए कुछ प्रतीकात्मक कुर्बानियाँ देनी पड़तीं, कुछ लोगों को थोड़ा दबना-झुकना पड़ता। लेकिन आन्तरिक संघर्ष के जोर पकड़ जाने से हवा बँधने की जगह खराब हुई जा रही है। अब कांग्रेस एक रहे या दो टुकड़ों में बँट जाए वह चुनाव में पहले से अधिक शक्तिशाली होकर नहीं निकल सकती। यों मतदाताओं और विधायकों-संसद सदस्यों की अदालत में मौजूदा जिच के बावजूद पलड़ा श्रीमती इन्दिरा गाँधी का भारी रहेगा।

इस बात को कांग्रेस-अध्यक्ष श्री निजलिंगप्पा भी अच्छी तरह समझते हैं। उन्होंने काफी दुखी हो कर कहा है कि 'हम सब को शायद सत्ता ने भ्रष्ट कर दिया है।' वह जानते हैं कि मध्यवर्गीय राजनीति में सत्ता के जो भी नियम हैं वे सब उनकी हार को अवश्यम्भावी बना रहे हैं। इसीलिए उनपर ज्ञान-चक्षु खोल कर भ्रष्टता के दर्शन कराने वाला वैराग्य छा रहा है! मध्यवर्गीय राजनीति बुनियादी स्तर पर काम करने, प्राथमिकताएँ निश्चित करने, समस्याओं को असली रूप में प्रस्तुत करने और किसी भी सवाल पर दो-टूक फैसले करने से हर चन्दु कतराती है। आन्दोलनबाजी करना, शोर मचाना, आंतक फैलाना और वकालत छांटना यही उसे 'पालिटिक्स' के सफल हथकण्डे मालूम होते हैं। इस राजनीति की प्रतिष्ठा के लिए कांग्रेस या उसके वर्त्तमान सत्ताधारी ही जिम्मेदार नहीं हैं। अधूरी अंग्रेजियत और अधकचरी आधुनिकता से उपजी यह 'पालिटिक्स' देश के सभी राजनीतिक दलों पर समान रूप से हावी रही है। स्वाधीनता से पहले भी वकालत छाँटने वालों की कोई कमी नहीं थी और यही वजह है कि मुस्लिम लीग जैसी संस्था बुनियादी स्तर पर कोई काम किए बगैर ही सत्ता के हस्तान्तरण में बराबर की साझेदार बन सकी। गाँधी जी बुनियादी राजनीति के हिमायती थे लेकिन कांग्रेस ने उन्हें जितने उत्साह से अपनाया उनके कार्यक्रम को नहीं। स्वाधीनता से पहले आतंक-विश्वासी भी पर्याप्त थे और आज के वामपन्थी उनकी ही परम्परा का निर्वाह कर रहे हैं। वकालती या आतंकवादी राजनीति से बुनियादी स्थिति में क्रमिक या क्रान्तिकारी कैसा भी सुधार हो नहीं सकता। यही नहीं ऐसी राजनीति के वातावरण में हर तन्त्र का विफल होना अनिवार्य है। पाकिस्तान में इसके की कारण लोकतन्त्र, 'बुनियादी लोकतन्त्र' और सैनिक तानाशाही तीनों समान रूप से विफल सिद्ध हुए हैं। अगर हमारी राजनीति का यही रंग रहा तो एकीकरण, विघटन, ध्रुवीकरण, पुनर्गठन, लोकतन्त्र, समापन...हर विकल्प हमें अराजकता ही प्रदान करेगा। इस निर्णायक घड़ी में जोड़-तोड़ में लगे हुए कांग्रेसी और गैर-कांग्रेसी यह समझें कि बुनियादी राजनीति के सूत्र जोड़ कर और सत्ता की राजनीति का हवाई-किला तोड़ कर ही वे देश को बरबादी से बचा सकते हैं।

क्या कांग्रेस और कांग्रेस की संयुक्त सरकार बनेगी?

संसद के शीतकालीन सत्र में क्या होगा इसकी बानगी पहले दिन ही मिल गई। प्रधानमंत्री के कांग्रेसी और गैर-कांग्रेसी विरोधी सारा जोर, सारा ध्यान ऐसे मुद्दों पर केन्द्रित करते रहेंगे जो सरकार का हुलिया बिगाड़ सकते हों। बैठकों में कुछ वैसी ही हलचल आ जाएगी जैसी कभी संसोपा द्वारा संसदीय कार्य-विधि की खोज किए जाने पर आई थी। लेकिन प्रतिपक्ष के पूरी तरह एक न होने के कारण सरकार-विरोधी इस हंगामे में कोई खास दम रह नहीं जाएगा। यह स्पष्ट है कि जनसंघ और स्वतंत्र पार्टी के सदस्य ही सरकार के कांग्रेसी-विरोधियों का उत्साह से समर्थन करेंगे। उधर सरकार भी केवल दक्षिणपन्थी कम्युनिस्ट दल और द्रमुक के ही पूर्ण समर्थन के बारे में आश्वस्त रह सकती है। शेष प्रतिपक्ष दोचित्ता रहेगा लेकिन इसमें भी शक नहीं कि उसका चित्त सिण्डीकेट-स्वतंत्र-जनसंघ के साथ रह कर 'दक्षिणपन्थी' मान लिए जाने का खतरा मोल लेने की गवाही देगा नहीं। इसलिए मतविभाजन होने पर सरकार का पलड़ा उतना ही भारी रहेगा जितना रवात के मामले में रहा। अब लगभग निश्चित रूप से यह कहा जा सकता है कि वर्त्तमान सत्र में सरकार के हार जाने की कोई आशंका नहीं है।

यह भी तय है कि अब केन्द्र की राजनीति में भी दल-बदल और चलाचल का दौर शुरू हो गया है। इस सत्र में प्रधानमंत्री के विरोधी यह सिद्ध करने की पूरी कोशिश करेंगे कि सरकार केवल कम्युनिस्टों के समर्थन के सहारे चल रही है। उधर प्रधामंत्री यह प्रमाणित करना चाहेंगी कि उनके कांग्रेसी-विरोधी और स्वतंत्र पार्टी के सदस्य एक ही थैली के चट्टे-बट्टे हैं। ये दो कोशिशें दल-बदल करने कराने का रास्ता खोल देंगी। लेकिन जैसे राज्यों में दल-बदल कोई ध्रुवीकरण नहीं करा सका वैसे केन्द्र में भी उससे राजनीतिक स्थिति स्पष्ट नहीं होगी। मोल-तोल और सौदेबाजी की बन आएगी। इसके चलते यह सम्भव है कि सरकार-समर्थक कांग्रेस में प्रतिपक्ष के इतने सदस्य विधिवत आ मिलें कि कांग्रेस का फिर निर्णायक बहुमत हो जाए। लेकिन एक बार ऐसी या लगभग ऐसी स्थिति आ जाने के बाद सदस्यों के विपरीत

दिशा में टूटने का क्रम शुरू हो कर रहेगा। उसी क्रम में बजट-सत्र में कभी वर्त्तमान सरकार का पतन हो सकता है। फिलहाल कुछ संवैधानिक और कई राजनीतिक उलझनों के कारण कोई भी तुरन्त मध्यावधि चुनाव कराने के पक्ष में नहीं है। लेकिन सभी यह मान कर चल रहे हैं कि मध्यावधि चुनाव देर-सवेर होगा जरूर। उस चुनाव को ध्यान में रखते हुए संसद का एक राजनीतिक मंच के रूप में उपयोग किया जाता रहेगा। हर पक्ष अपनी लोक-प्रतिभा सुधारने और दूसरे की बिगाड़ने में व्यस्त हो जाएगा और यह व्यस्तता किसी को भी कोई ठोस काम कर सकने का मौका नहीं देगी। शासन और प्रशासन दोनों ही अनिश्चय और अराजकता की गिरफ्त में आते जाएँगे। आरोप-प्रत्यारोप का सिलसिला चल निकलेगा और उससे यही प्रमाणित होगा कि राजनीतिक सत्ता की कोठरी में सभी दलों और नेताओं के एक क्या अनेक काजर-रेख लग चुकी हैं। जनसाधारण में समूचे राजनीतिक तंत्र के प्रति अनास्था बढ़ती ही जाएगी।

प्रधानमंत्री के लिए यह जरूरी होगा कि 'सीधे जनता से सम्बन्ध स्थापित करें।' इस सिलसिले में वह 'कांग्रेस महासमिति' के दिल्ली-अधिवेशन में निश्चय ही कुछ 'क्रांतिकारी' घोषणाएँ करेंगी। इन घोषणाओं से रहन-सहन का स्तर उठे न उठे, अरमानों का स्तर जरूर उठ जाएगा। कोई आर्थिक चमत्कार तो इस अनिश्चय के दौर में होने से रहा इसलिए प्रधानमंत्री को 'आन्दोलनों' का सहारा अधिकाधिक लेना पड़ेगा। उनके विरोधी भी इसी हथियार को अपनाएँगे और संसद के भीतर-बाहर काफी गुल-गपाड़ा मचेगा। अनास्था और अराजकता का दौर धुर वामपन्थ या दक्षिणपन्थ किसी भी छोर पर देश को पटक सकता है। यह भी सम्भव है कि देश के अलग-अलग भागों में अतिवाद के परस्पर-विरुद्ध रूप प्रतिष्ठित हों।

इस भयंकर परिणति से बचने के लिए यह जरूरी है कि दोनों कांग्रेसें और प्रतिपक्ष के सभी दल 'रण-नीति' की चिंता छोड़ कर नीति की चिंता करें। अपने कार्यक्रम का वह स्पष्ट निरूपण करें और समान कार्यक्रमों के आधार पर तीन या चार दलों के अन्तर्गत नये सिरे से संगठित हो जाएँ। अगर वे ऐसा नहीं करेंगे तो कांग्रेस की तरह उनमें से हर-एक का विभाजन होगा और होता ही चला जाएगा। अंत में अखिल-भारत-स्तर का कोई दल ही नहीं रहेगा। अलग-अलग क्षेत्रों के अलग-अलग 'राष्ट्रीय' दल होंगे। दिक्कत यह है कि वर्त्तमान अखिल-भारत-दलों की कोई सार्वदेशिक नीति है ही नहीं। अगर लोकतंत्र और उदारता के परिप्रेक्ष्य में वह सचमुच किसी सार्वदेशिक नीति का प्रतिपादन और परिपालन करें तो उनमें कोई अन्तर ही नहीं रह जाए। यह उल्लेखनीय है कि इनमें से अधिकतर दल भूतपूर्व कांग्रेसियों के संगठन हैं। अगर कांग्रेस उनकी पसन्द के कार्यक्रम कुछ ज्यादा उत्साह

से अपना लें तो उनके कांग्रेस से अलग रहने में कोई तुक नहीं रह जाती। भूतपूर्व कांग्रेसियों को फिर अपनी कांग्रेस में लेने का अभियान प्रधानमंत्री निश्चय ही जोर-शोर से छेड़ेंगी। इस अभियान की सफलता पर ही मध्यावधि चुनाव के पहले और बाद की स्थिरता निर्भर करेगी। लेकिन प्रधानमंत्री के विरोधियों को उम्मीद है कि उस दशा में प्रधानमंत्री के कई वर्त्तमान समर्थक सत्ता का प्रसाद मिलने की उम्मीद कम होती देख सरकारी कांग्रेस के मन्दिर से बाहर निकल आएँगे। अगर प्रधानमंत्री कांग्रेस-संगठन पर विधिवत कब्जा कर लें, अपने वर्त्तमान समर्थकों को सन्तुष्ट रख सकें और प्रतिपक्ष के भूतपूर्व कांग्रेसियों को फिर कांग्रेसी बना लेने में सफल हो जाएँ तो निश्चय ही कई वर्षों तक उनकी स्थिति सुदृढ़ रह सकती है। प्रधानमंत्री की आश्वस्त मुख-मुद्रा से यह प्रतीत होता है कि उन्हें इस बात का पूरा भरोसा है। लेकिन उनके विरोधी यह मानते हैं कि राजनीति नून-तेल-लकड़ी के चक्कर में प्रधानमंत्री के भारतीय द गाल बन जाने के इरादे धरे ही रह जाएँगे। अगर तथाकथित सिण्डीकेट स्वतंत्र, जनसंघ और कुछ अन्य दलों के साथ मोर्चा बना ले तो वह भी मध्यावधि चुनाव के बाद सरकार बनाने की स्थिति में पहुँच सकती है। लेकिन ऐसा करके अपने कांग्रेसी स्वरूप को नष्ट करना उसे पसन्द नहीं होगा। इसलिए अगर मध्यावधि चुनाव कांग्रेस के दोनों ही पक्षों को कोई स्थायी सरकार बनाने में असमर्थ छोड़ जाए तो कोई आश्चर्य नहीं। तब शायद कांग्रेस और कांग्रेस ही मिल कर संयुक्त सरकार बनाएँ। सिण्डीकेट की रणनीति बहुत हद तक इसी सम्भावना पर आधारित है।

चुनाव-परिणाम : फिर इसके बाद...

भारतीय राजनीति ने, 71 के मध्यावधि चुनावों के साथ कांग्रेसवाद से कांग्रेसवाद तक की यात्रा बरास्ता गैर-कांग्रेसवाद पूरी कर ली है। मतदाता ने '67 के चुनाव में गैर-कांग्रेसवाद का साथ दिया था क्योंकि उसे महसूस हुआ था कि कांग्रेसी नेतृत्व पर बहुत ज्यादा चर्बी चढ़ गई है और उसके राज में थुलथुलापन भारतीय शासन और चिन्तन का प्रमुख गुण बन चला है। मतदाता को आशा थी कि गैर-कांग्रेसवाद की स्फूर्ति इस जड़ता को तोड़ने में सफल होगी। लेकिन गैर-कांग्रेसवाद भी कुल मिलाकर खासा कांग्रेसी सिद्ध हुआ और उसने जो भी हलचल पैदा की सो दल बदल से। दाँव-पेंच और उठा-पटक का सिलसिला कांग्रेस के भीतर शुरू से चलता आया था और कामराज योजना के साथ पराकाष्ठा के दौर में पहुँचा था। सहसा यह देखने में आया कि कांग्रेस के भीतर की यह उठा-पटक समूची भारतीय राजनीति पर हावी है। यही नहीं जो कुछ अब तक दबे-ढके, पर्दे के पीछे होता रहा था वह सहसा सरे आम डंके की चोट पर होने लगा।

प्रधानमन्त्री इन्दिरा गाँधी को कांग्रेस की भीतरी दाँव-पेंच की राजनीति ने ही सत्तावान बनाया था। जब '67 के चुनाव में गैर-कांग्रेसवाद की लहर ने कांग्रेस को हिला दिया तब इसी राजनीति ने अपने भविष्य की चिन्ता करते हुए इन्दिरा गाँधी को हटाने की बात सोची। इन्दिरा गाँधी सत्ता की इस लड़ाई में न सिर्फ विजयी रहीं बल्कि उसे सैद्धान्तिक रंग भी दे सकीं। इस सिलसिले में उन्होंने जो कदम उठाए वे उनके दो टूक फैसला कर सकने, जोखम उठाने और निडर होकर सारे सत्ता-तन्त्र को चुनौती दे सकने की धाक जमाने में सहायक हुए। शुरू से लेकर आखिर तक पहल उनके हाथ में रही। कांग्रेस की भीतरी राजनीति 'इन्दिरा हटाओ' और 'इन्दिरा बचाओ' की टक्कर में बदल गई और 'बचाओ' गुट हर परीक्षा में अधिक प्रभावी सिद्ध हुआ। विरोधी पार्टियों ने भी इसी हटाओ-बचाओ के आधार पर ध्रुवीकरण स्वीकार करके कांग्रेस की भीतरी लड़ाई से अपने को जोड़ लिया।

जिन गैर-कांग्रेसी दलों ने 'इन्दिरा हटाओ' कांग्रेस से गठजोड़ किया उन्हें उम्मीद थी कि '67 के कांग्रेस हटाओ की तरह '71 में 'इन्दिरा हटाओ' कारगर साबित होगा। जिन गैर-कांग्रेसी दलों ने 'इन्दिरा बचाओ' पक्ष का साथ दिया उन्हें उम्मीद

थी कि बचाने वाले बचने वाले से अधिक महत्त्वपूर्ण साबित होंगे। दोनों ही तरह के गैर-कांग्रेसी दल इस चुनाव के परिणाम से निराश हुए हैं। हमने अपने 10 जनवरी 1971 के अंक में लिखा था कि जो लोग कांग्रेस की भीतरी लड़ाई को ही समूची भारतीय राजनीति पर हावी होने दे रहे हैं वे कांग्रेस के भीतर इन्दिरा गाँधी की जीत को भारतीय राजनीति में नई कांग्रेस की जीत का रूप देने का प्रबन्ध कर रहे हैं। हमने यह भी कहा था कि मध्यपन्थविश्वासी देश में 'इन्दिरा हटाओ' का एकसूत्री कार्यक्रम 'इन्दिरा जिताओ' का सबसे बड़ा कारण बन सकता है।

चुनाव में हुआ भी यही। मतदाता ने एक ही झटके में राजनीतिक शतरंज की बिसात उलट दी। 'हटाओ' को एक सिरे से हटा दिया—कांग्रेस के बाहर ही नहीं, भीतर भी। पुरानी कांग्रेस गुजरात की स्थानिक पार्टी होकर रह गई और नई कांग्रेस को ऐसा बहुमत मिला कि नई कांग्रेस के नेता भी स्तब्ध होकर रह गए। इस बहुमत के सामने नई कांग्रेस के भीतर भी सत्ता का कोई खेल अब चल नहीं सकता। चुनाव परिणाम आने से ऐन पहले राजधानी में ऐसी अफवाह थी कि नई कांग्रेस को स्पष्ट बहुमत से कुछ ही कम या कुछ ही ज्यादा स्थान मिलने वाले हैं और उसके बाद 'हटाओ-बचाओ' का खेल एक नए और बेहद दिलचस्प दौर में पहुँचने वाला है। लेकिन मतदाता ने दिलचस्प खेलों के लिए कोई गुंजाइश नहीं छोड़ी है। वह जैसे हेडमास्टर के अभाव में ऊधम मचाती हुई भारतीय राजनीति से परेशान हो चुका था और उसने इन्दिरा गाँधी को 'भारत की एकमात्र आशा' बताने वाली नई कांग्रेस से कहा कि लो इस एकमात्र आशा को हम राजनीति में एकमात्र बनाए देते हैं, अब देखें वह क्या कर दिखाती है। इन्दिरा गाँधी गहरी सूझबूझ और समझ वाली राजनीतिज्ञ हैं, वह निश्चय ही अपनी सफलता की इस विराटता से मन के किसी कोने में काँप उठी होंगी।

इस चुनाव ने इन्दिरा गाँधी को राष्ट्रीय नेता ही नहीं बना दिया है बल्कि नेता और जनता के बीच का सारा राजनीतिक तन्त्र भी उखाड़ फेंका है। कहना चाहिए कि उस तन्त्र का उखड़ना और इन्दिरा गाँधी का निर्विवाद नेता के रूप में उभरना एक-दूसरे के पर्याय थे। इसी तन्त्र को चुनौती देती हुई वह चुनाव के मैदान में उतरी थीं, इसी तन्त्र के परम्परागत मानकों के अनुसार नई कांग्रेस की जीत सन्दिग्ध ठहरती थी। नई कांग्रेस के नेता भी जब हिसाब लगाने बैठते थे तो 230 स्थानों पर गाड़ी रुक जाती थी, भले ही सार्वजनिक रूप से उन्होंने 260 या 280 की बात कही हो। चुनाव अभियान में इन्दिरा गाँधी की हवा बँधने के बावजूद प्रेक्षकों का यह कहना था कि राजनीतिक संगठन के अभाव में यह हवा चुनाव परिणाम की दृष्टि से हवाई

सिद्ध होगी। बहुत हुआ तो स्पष्ट बहुमत के आस-पास का डौल बैठ जाएगा। लेकिन चुनाव परिणाम दो-तिहाई से ज्यादा बहुमत लेकर आया।

कुशल रणनीतिज्ञ इन्दिरा गाँधी ने '67 के गैर-कांग्रेसवादी जेहाद को, जिसका उद्देश्य कांग्रेसी सत्ताभोग और सत्ता-दलाली का विरोध करना था, अपने हाथ में लेकर विपक्ष को चक्कर में डाल दिया। कांग्रेस तोड़ने के अभियान में सबसे आगे निकलकर उन्होंने कांग्रेस को पहले से कहीं अधिक शक्तिशाली बना डाला। विपक्ष के सामने दो ही रास्ते रहे—उस तन्त्र का साथ दे जिसका नई कांग्रेस जनता के नाम पर विरोध कर रही है या नई कांग्रेस का पिछलग्गू बन जाए। दोनों ही पैंतरे गलत सिद्ध हो सकते थे और हुए भी। मतदाता ने समूचे राजनीतिक संगठन को धराशायी कर दिया। अब कांग्रेस के भीतर और बाहर वह पुरानी राजनीति चल ही नहीं सकती। गैर-कांग्रेसी दलों को नए सिरे से सैद्धान्तिक आधार पर संगठित होना पड़ेगा और नई कांग्रेस को उसी उत्साह से जमकर काम करना पड़ेगा जिस उत्साह से जनता ने उसे जमकर बहुमत दिया है। यह बहुमत संगठन-संरक्षण के पुराने नुस्खों या स्वाधीनता-संग्राम की पुरानी यादों के बूते पर मिला हुआ नेहरू-युगीन बहुमत नहीं है। यह आदेशात्मक बहुमत है। जनता ने कहा है कि मध्यपन्थ और लोकतन्त्र को बरकरार रखते हुए हमारी समस्याओं का समाधान करो। देश को नई दिशा और समाज को नई स्फूर्ति दो। आदेश के पालन में कोई भी चूक होने से यह बहुमतहवा हो जाएगा। श्रीमती इन्दिरा गाँधी को मतदाता ने स्वाधीन भारत के महानतम नेता के पद पर प्रतिष्ठित किया है तो इस विश्वास के साथ कि जिस महिमा से उन्हें मंडित किया जा रहा है उसी महिमा से वह अपने देश और समाज को भी मंडित करेंगी। नेता और जनता आमने-सामने हैं और नेता के पीछे, भले ही काफी फासले पर, एक ऐसी अराजकता की आशंका है जिसके मुकाबले में नक्सलवाद नौनिहालों का खेल मालूम देगा। प्रधानमन्त्री के लिए कठिन परीक्षा का दौर शुरू हो रहा है। करोड़ों मतदाताओं की तरह हम भी यह प्रार्थना और कामना करते हैं कि वह इस परीक्षा में सफल हों।

सत्ता की सार्थकता या सार्थकता की सत्ता

विफल लोकतन्त्र तानाशाही को जन्म देता है और विफल लोकतन्त्र से पैदा हुई तानाशाही विप्लव और विघटन की जननी सिद्ध होती है। इस बात का सबसे ताजा उदाहरण पाकिस्तान की राजनीति प्रस्तुत कर रही है। सारे पाकिस्तान-प्रकरण से यह भी प्रमाणित होता है कि ऐतिहासिक और आर्थिक नियति को नकारते हुए सौदे-समझौते की राजनीति जो निर्णय करती है वे न केवल गलत सिद्ध होते हैं बल्कि उनके कारण गलती-पर-गलती होती ही चली जाती है। बँटवारे का निर्णय ऐसा ही था।

पाकिस्तान का निर्माण कराने वाली मुस्लिम लीग नुस्खों-टोटकों की राजनीति पर ही आधारित थी, इसलिए मुस्लिम लीग का 'लोकतन्त्र' उखड़ने में ज्यादा समय नहीं लगा। भारत में शासन ग्रहण करने वाली कांग्रेस के पीछे लोकसत्ता थी इसलिए उसका लोकतन्त्र अपेक्षाकृत अधिक सफल हो सकता था और हुआ भी। यों हमारी नेता-बिरादरी ने भी सुविधा के समझौतों और सत्ता के सौदों की साधना में कोई कम उत्साह नहीं दिखाया। सच पूछिए तो विभाजन की स्वीकृति ही इस नए नजरिए की शुरुआत थी। भारतीय मतदाता ने '67 के चुनाव में गैर-कांग्रेसवाद को बढ़ावा दे कर और '71 के चुनाव में गैर-इन्दिरावाद को नामंजूर करके यह जताया कि उसे राजनीतिक सार्थकता की तलाश है, सत्ता के खेल से वह ऊब चुका है।

'67 के चुनाव से हमारी नेता-बिरादरी ने कोई सबक नहीं लिया और अब तक जो कुछ देखने-सुनने में आया है वह यही दर्शाता है कि शायद '71 के चुनाव से भी शायद वह कोई सबक न लें। यह सही है कि चुनाव के परिणाम इतने नाटकीय रहे कि प्रारम्भिक प्रतिक्रिया बहुत सन्तुलित नहीं हो सकती थी। यह स्वाभाविक है कि नई कांग्रेस खुशियाँ मनाने में और उसके विरोधी झुँझलाने में व्यस्त हों। लेकिन गाल बजाने और खम्भा नोचने के इस क्रम से यह पता चलता है कि मतदाता भले ही प्रौढ़ हो चला हो, नेता-बिरादरी का बचपन बरकरार है। उसके लिए राजनीति सत्ता की कभी सुखी, कभी दुखी करने वाली भ्रष्ट शतरंज है।

सत्तारूढ़ दल के रूप में नई कांग्रेस की जिम्मेदारी ज्यादा बड़ी है। उसे यह समझना होगा कि मतदाता ने उसे इस निर्देश के साथ सत्तावान बनाया है कि वह

मध्यमार्ग से भटके बगैर, लोकतन्त्र की लीक छोड़े बगैर गरीबी और भेदभाव हटाने का अपना वचन निबाहे। भारतीय मतदाता यह जानता है कि हमारा लोकतन्त्र आज जिस दौर से गुजर रहा है उसमें ऐसे नेतृत्व की आवश्यकता है जो मजबूत हो मगर जल्लाद नहीं, लचीला हो मगर सिद्धान्तहीन नहीं। उसने श्रीमती इन्दिरा गाँधी की नई कांग्रेस से ऐसे नेतृत्व की उम्मीद की है। मतदाता की कसौटी पर खरा उतरने के लिए यह आवश्यक है कि नई कांग्रेस अविभाजित कांग्रेस के पापों से अपने को भरसक परे रखे। उन्हें पचा कर उसे 'नई' कहलाने का कोई अधिकार नहीं रहेगा। नए मन्त्रिमंडल के निर्माण के सन्दर्भ में जो किस्से प्रचलित हुए वे रस्साकशी की राजनीति के स्वस्थ और मस्त होने का संकेत देते हैं। कई राज्यों में नई कांग्रेस के नेता सरकारें गिराने बनाने के मामले में जो उत्साह प्रदर्शित कर रहे हैं वह रफ्तार के बदस्तूर बेढंगी होने की खबर देता है।

नई कांग्रेस के लिए यह आवश्यक है कि वह इस प्रवृत्ति को पनपने ही न दे। तात्कालिक स्वार्थ की चिन्ता न करके उसे लोकतन्त्र को और अपनी लोकप्रतिमा को निष्कलंक रखने की चिन्ता करनी होगी। साथ ही उसे यह भी समझना होगा कि जनहितकारी शासन के लिए केवल जनहित का नारा ही काफी नहीं है। नया समाज महज नए सरकारी आदेशों से ही नहीं बन जाएगा। इसके लिए शासन को समाज से फिर सीधा नाता जोड़ना होगा और नई कांग्रेस के नेतृत्व को लोकप्रियता की हवा के बाद अब लोकमानस में अपनी जमीन, अपनी जड़ें खोजनी होंगी। दल के भीतर कठोरतम अनुशासन और दल से बाहर उदारतम सहमति उसकी राजनीति के लक्ष्य होने चाहिए। अगर वह अपने कामकाज से जनमानस को प्रेरित नहीं कर सकी तो उसका बहुमत भी लोकतन्त्र को सार्थक बनाने में असमर्थ सिद्ध होगा।

प्रतिपक्ष के दलों की भी यह जिम्मेदारी है कि वे लोकतन्त्र को सार्थक बनाने में सहायक हों। दूसरों को 'हटाओ' का रवैया छोड़कर उन्हें अब अपनी साख 'जमाओ' की नीति अपनानी होगी। इस नीति के अन्तर्गत पहली आवश्यकता इस बात की है कि हार को पुनर्विचार का अवसर माना जाए; शोर मचाने मीनमेख निकालने और सनसनीखेज आरोप लगाने का नहीं। पुरानी कांग्रेस के उसी रूप में बने रहने का अब कोई औचित्य नहीं जान पड़ता। उसे या तो अविभाजित कांग्रेस का झगड़ा विधिवत समाप्त कर देना चाहिए या फिर कांग्रेस के एकमात्र गैर-साम्यवादी विकल्प जनसंघ में विलीन हो जाना चाहिए। अगर पुरानी कांग्रेस, स्वतन्त्र और जनसंघ का बाकायदा एक दल अब भी बन जाए तो प्रतिपक्ष में उसकी भूमिका प्राणवान हो सकती है। समाजवादी और साम्यवादी कहलाने वाले दलों को भी सिद्धान्तों के आधार पर नई परिस्थिति की आवश्यकता के अनुसार हद से हद दो

दलों के अन्तर्गत संगठित होना चाहिए। छोटे-छोटे क्षेत्रीय और साम्प्रदायिक दलों के लिए अब कोई स्थान नहीं हो सकता। उन्हें अपनी पसन्द के किसी बड़े दल में मिल जाना होगा। हल्दी की गाँठ लेकर सत्ता के पंसारी बनने की राजनीति के जमाने लद गए। दल-दल और दल-बदल को जनता अब चलने नहीं देगी। अगर नई कांग्रेस और प्रतिपक्ष के दल मतदाता के आग्रह के अनुसार आचरण करें तो हमारा लोकतन्त्र शक्तिशाली बन सकता है और भारतीय उपमहाद्वीप के राजनीतिक इतिहास की इस नाजुक घड़ी में भारत की भूमिका सार्थक और निर्णायक हो सकती है।

यह निर्णय टालने का क्षण नहीं

बांग्ला देश के स्वाधीनता सेनानियों से ऐसे सब लोगों की सहानुभूति होगी जो भारतीय उपमहाद्वीप के हितचिन्तक हैं। भारतीय उपमहाद्वीप के विघटन से बने, भौगोलिक, ऐतिहासिक तथा सांस्कृतिक दृष्टि से बेतुके देश पाकिस्तान का विघटन उनकी दृष्टि में भारतीय उपमहाद्वीप के एक नए महासंघीय संगठन का शुभारम्भ हो सकता है। यों कुछ लोग पूर्वी पाकिस्तान के विद्रोह को भारत और भारतीय उपमहाद्वीप के लिए बेहद खतरनाक भी ठहराते हैं। वे इसमें भारत के विभिन्न क्षेत्रों में आम तौर से और पूर्वी क्षेत्रों में खास तौर से स्वाधीनता या स्वायत्तता की माँग उठने का खतरा देखते हैं। उनके अनुसार बांग्ला देश की स्थापना भारतीय महासंघ की नहीं, भारत और पाकिस्तान के पूर्वी क्षेत्रों को मिलाकर बनाए गए एक ऐसे देश की जननी सिद्ध होगी जो कम्युनिस्ट चीन की कठपुतली की तरह काम करेगा। बहरहाल, जहाँ तक भारत का प्रश्न है, वह स्वप्न सही हो या यह आशंका, उसकी भलाई अब मुजीबुर्रहमान के हाथ ज्यादा से ज्यादा मजबूत करने में ही है।

मुजीबुर्रहमान मध्यपन्थविश्वासी उदार नेता हैं। उनके व्यक्तित्व के प्रभाव से ही पूर्वी पाकिस्तान की राजनीति में पीकिंग-प्रेमी तत्त्व दबे। उन्होंने ही पूर्वी पाकिस्तान की पददलित जनता के आक्रोश को एक ऐसे लोकतन्त्रात्मक आन्दोलन का रूप दिया जो भारतीय उप-महाद्वीप के स्वाधीनता संघर्ष के स्वर्णिम अध्यायों की याद ताजा करा गया। चुनाव में भारी जीत से और सविनय अवज्ञा आन्दोलन की सफलता से जो उनका और उनके झण्डे के तले एकत्र हुए समूचे पूर्वी पाकिस्तान का प्राप्य था वह पाकिस्तान के सैनिक शासकों ने पाकिस्तानी राजनीति में पश्चिमी पाकिस्तान का प्रभुत्व कायम रखने के लिए छल-बल से उनसे छीन लिया। चुनाव के नतीजों के अनुसार पाकिस्तान में मुजीबुर्रहमान की अवामी लीग का शासन स्थापित होना चाहिए था। सिविल नाफरमानी की कामयाबी सैनिक शासकों पर यह जाहिर कर चुकी थी कि उपेक्षित पूर्व पाकिस्तान की उचित माँगें स्वीकार करनी ही होंगी। लेकिन जनरल याह्या खाँ ने मुजीबुर्रहमान से समझौते की बातचीत को पूर्व पाकिस्तान के दमन की सैनिक तैयारी के लिए आड़ बनाना बेहतर समझा। भ्रष्ट राजनीतिज्ञ भुट्टो और राष्ट्रपति याह्या खाँ इस मामले में मौसेरे भाई साबित हुए।

सवाल यह है कि क्या भुट्टो और याह्या खाँ पूर्व पाकिस्तान में युद्ध छिड़ने से पीकिंग का प्रभाव बढ़ने के खतरे से अवगत नहीं थे? इसका जवाब यही है कि उन्हें बाकायदा युद्ध छिड़ने की कोई सम्भावना नजर नहीं आई थी। अगर आती भी तो वे भारत की 'शत्रुता' के विषय में ही चितिन्त होते। पीकिंग के प्रसारवाद के बारे में निश्शंक रहते। भुट्टो की नजदीक तक ही देख सकनेवाली राजनीति भारत को सबसे बड़ा शत्रु और शत्रु के शत्रु चीन को सब से बड़ा मित्र मानती रही है। चीन अब तक बांग्ला देश के विषय में चुप है क्योंकि अगर यह लड़ाई बहुत लम्बी खिंचे तो उसके दोनों हाथों में लड्डू होंगे एवं पाकिस्तान के संघर्ष का नेतृत्व मुजीब से छीन कर किसी पीकिंगपन्थी छापामार नेता को दिया जा सकेगा और पश्चिम पाकिस्तान में अपने हाथों से भुट्टो को गद्दी दिलाई जा सकेगी। यहीं से पूर्व पाकिस्तान के छापामार संघर्ष को भारतीय उप-महाद्वीप के सारे पूर्वी क्षेत्र की 'मुक्ति' का रास्ता बनवाया जा सकेगा। तब भारत के पूर्व में विवाद के नाम पर उसका विरोध करनेवाले होंगे। पश्चिम में इस्लाम के नाम पर उसके खिलाफ बोलने वाले।

इस पेंच को ध्यान में रखते हुए भारत का हित इसी में है कि बांग्ला देश का मामला जल्दी से जल्दी निपटे और मुजीब के हक में निपटे। अब पाकिस्तान के सैनिक शासकों द्वारा अपनी मर्जी से या अन्तरराष्ट्रीय दबाव में मुजीब को सत्तावान बनाने से रहे। साथ ही बांग्ला देश पश्चिमी पाकिस्तान का वर्चस्व किसी भी रूप में स्वीकार करने से रहा। ऐसी हालत में नीति का पहला आग्रह यह है कि भारत फौरन मुजीब का मित्र और मददगार बने और मुजीब के संघर्ष को उस सपने से जोड़े जिसे भारतीय उपमहाद्वीप के स्वाधीनता सेनानियों ने देखा और दिखाया था। पीकिंग की कूटनीति और पाकिस्तानी शासकों की क्रूरता को ध्यान में रखते हुए भारत को यह समझना होगा कि इस मामले में उसकी हिचक बांग्ला देश के लिए ही नहीं, भारत के लिए भी घातक सिद्ध हो सकती है। दुनिया के दूसरे देशों की क्या राय है—यह जानने का इन्तजार न करके, दुनिया क्या कहेगी—इस अन्देशे से पतले न होकर भारत बांग्ला देश को मान्यता और मदद देने वाला पहला देश बने। यह सोचना व्यर्थ होगा कि पाकिस्तान के सैनिक शासक इसे शत्रुतापूर्ण कार्रवाई मानेंगे और स्थिति खासी नाजुक हो जाएगी। स्थिति हर हालत में अब नाजुक होने वाली है और पाकिस्तानी शासक भारत को सभी मामलों में आमतौर से और इस मामले में खास तौर से शत्रु मानकर चल रहे हैं।

बांग्ला देश के स्वाधीनता सेनानी निर्णायक विजय शीघ्र पा सकें, उनकी सरकार सारे पूर्व पाकिस्तान में नहीं तो उसके काफी बड़े भाग पर जल्दी से जल्दी विधिवत शासन करने लगे—यह भारतीय नीति का पहला लक्ष्य होना चाहिए। बांग्ला देश की

सरकार को मान्यता देने में प्रथम होना और उसे ज्यादा से ज्यादा देशों की मान्यता दिलवाना भी भारत की हित-रक्षा का तकाजा है। बांग्ला देश से फौजी सेंसर के कारण कोई भी प्रामाणिक समाचार नहीं मिल पा रहा है। अक्सर परस्पर-विरोधी बातें सुनने में आती हैं। लेकिन इतना स्पष्ट है कि बांग्ला देश की स्वयंसेवक सेनाएँ बड़ी-से-बड़ी कुर्बानी देकर भी कत्लेआम पर उतारू पाकिस्तानी सेनाओं की क्रूरता का डटकर मुकाबला कर रही हैं। पाकिस्तानी सेनाओं का प्रभाव कुछ बड़े शहरों और छावनियों तक सीमित रहा है और वहाँ से भी उनके पाँव उखड़ने लगे हैं। जब तक यह लेख छपकर आपके सामने आएगा, स्थिति अधिक स्पष्ट हो चुकी होगी। हमारी यही कामना है कि तब तक बांग्ला देश कोई निर्णायक विजय प्राप्त कर चुका हो और भारत सरकार उसे मान्यता देने का निर्णय ले चुकी हो।

इतिहास को रोकने में जुटा हुआ विरोधाभास

दूसरे विश्वयुद्ध के बाद की अन्तरराष्ट्रीय राजनीति एक विराट विरोधाभास को समर्पित रही है। दोनों महाशक्तियाँ अपने-अपने लिए प्रभाव-क्षेत्र-विस्तार की अट्ठारहवीं-उन्नीसवीं सदी वाली राजनीति का नया संस्करण राष्ट्र-हित में अनिवार्य ठहराती हैं। दूसरों के लिए उन्होंने औपचारिक स्तर पर 'विश्वबन्धुत्व' का और व्यावहारिक स्तर पर यथास्थिति का नुस्खा दिया है। दूसरे शब्दों में यह कि महाशक्तियों के 'राष्ट्रहित' की खातिर इतिहास हर कहीं रुका रहे। बल्कि सम्भव हो तो कुछ पीछे लौटता जाए। इतिहास को रोकने में जुटे हुए इस विरोधाभास ने पिछले कुछ दशकों में कई शक्तिहीन देशों को अपार और अमानवीय यन्त्रणा का शिकार स्वयं बनाया है अथवा बनने दिया है। एक ओर दोनों महाशक्तियाँ एक-दूसरे के मान्य भौगोलिक प्रभाव-क्षेत्र में सीधे हस्तक्षेप के लिए प्रस्तुत नहीं होतीं दूसरी ओर इन क्षेत्रों से बाहर के प्रदेशों के किसी भी संघर्ष को प्रभाव-क्षेत्र-विस्तार की अपनी नीति से जोड़ कर एक ऐसा मोड़ दे सकती हैं, और बहुत खुशी से देती रही हैं, जिससे गुजरने के बाद इतिहास को भयंकर रूप से खूनी और बेहिसाब खर्चीली 'यथास्थिति' के अतिरिक्त और कोई मंजिल ही न मिले। हंगरी और चेकोस्लोवाकिया के मामले में अमेरिका मौन साध लेता है, डोमिनिकन गणराज्य को अपने हाल पर छोड़ देने और क्यूबा से अपना तमाम तामझाम हटा लेने में रूस को कोई संकोच नहीं होता—लेकिन हिन्द-चीन और मध्यपूर्व में संघर्ष और तनातनी चलते ही रहने देने में दोनों 'शक्ति-सन्तुलन' के नाम पर बड़े जोश से योगदान करते रहे हैं।

यथास्थिति की यह अन्तरराष्ट्रीय राजनीति विरोधाभास से ही नहीं, एक विचित्र प्रकार की जड़ता और नपुंसकता से भी ग्रस्त है। जिसने भी इसकी फार्मूलाबाजी को धता बताई है, वह नफे में रहा। चीन तो इसकी ही जूती इसके सिर पर मारकर सोवियत संघ के साम्यवादी प्रभाव-क्षेत्र के पलीता लगाकर, देखते ही देखते खुद एक आधी-पौनी महाशक्ति का रूप धारण कर चुका है। चीन के महाशक्ति बिरादरी में घुस आने की इन कोशिशों से रूस और अमेरिका के शक्ति-सन्तुलन के सीधे समीकरण कुछ उलझ गए हैं लेकिन इस उलझन को भी किसी सुलझे हुए तरीके से दूर करना उन्होंने जरूरी नहीं समझा है। यथास्थिति का नुस्खा कुछ अतिरिक्त

उत्साह से अपनाकर काम चलाने की कोशिश की गई है। इस उद्देश्य की पूर्ति के लिए दोनों ने ही कुछ 'कुर्बानियाँ' की हैं यानी राष्ट्रहित की व्याख्या में थोड़ा संशोधन कर दिया है। वीएतनाम में रूस ने हथियार जरूर भेजे हैं, मगर अपने विशेषज्ञ, अपने विशिष्टतम अस्त्र नहीं। जब कि मध्यपूर्व में उसके बढ़िया से बढ़िया विमान, विमानभेदी प्रक्षेपास्त्र और ऊँचे ओहदे वाले सैनिक सलाहकार पहुँचे हुए हैं। इसी तरह भारतीय उप-महाद्वीप में चीन की दखलन्दाजी का 'मुकाबला' करने के लिए दोनों ही महाशक्तियों ने पहले की अपेक्षा अधिक तटस्थ रवैया अपनाया है। यानी उन्होंने भारत और पाकिस्तान से कहा है कि बच्चा लोग चुप बैठे रहो, जरा हमें चीन चाचा से निपटने दो। ताशकन्द समझौता इसी तेवर का एक नमूना था।

भारतीय उप-महाद्वीप में महाशक्तियों की विरोधाभासी राजनीति की विवेकहीनता शुरू से अपना रंग दिखाती और जमाती रही है। चुकती हुई महाशक्ति ब्रिटेन ने 'प्रभाव क्षेत्र' वाली पुरानी राजनीति के आग्रह के अनुसार विभाजन का नुस्खा अपनाया। इससे भारतीय उप-महाद्वीप कमजोर ही नहीं हुआ बल्कि उसके कमजोर होते ही चले जाने का रास्ता भी तैयार हुआ। दो धर्म दो राष्ट्र के सिद्धान्त के अनुसार हर दृष्टि से बेपेंदा और बेतुका देश पाकिस्तान बनाया गया और उसकी स्थापना के साथ ही यह अनिवार्य हो गया कि वह भारत को अपना सबसे बड़ा दुश्मन मानकर चले। सारी हिन्दू आबादी को इधर और सारी मुस्लिम आबादी को उधर भेज सकना एक असम्भव बात थी, फिर भी धर्म के नाम पर विभाजन किया गया। दंगों की भूमिका तैयार हुई। धर्म के नाम पर विभाजन करने में यह अनिवार्य परिणति निहित थी कि आगे चलकर प्रान्तीयता और जात-पाँत के आधार पर विभाजन करने वाली शक्तियाँ प्रबल हों। इस प्रकार एक विभाजन स्वाधीनता संघर्ष की सारी राष्ट्रवादी उपलब्धियों पर पानी फेर देने के लिए काफी था।

फिर साम्यवाद-विरोध के सैनिक आयोजनों के नाम पर अमेरिका ने पाकिस्तान को सैनिक शक्ति के रूप में पाला-पोसा। इसके जवाब में रूस ने शुरू में भारत को समर्थन देने तथा इसके बदले में उसकी गुट-निरपेक्षता को अपनी तरफ झुका लेने की नीति अपनाई। जब चीन ने रूसी प्रभाव से मुक्त होकर अपने स्वार्थ की खातिर अमेरिकापरस्त पाकिस्तान का दामन थाम लिया तब रूस ने भी पाकिस्तानी मैत्री को मूल्यवान मान लिया। उधर अमेरिका ने यह महसूस किया कि भारतीय उप-महाद्वीप के मामले में उसे रूस के साथ किसी हद तक मिलकर चलना चाहिए। चीन का मुकाबला करने का सबसे सरल उपाय यही होता कि भारतीय उप-महाद्वीप को दक्षिण और दक्षिण-पूर्व एशिया में अपनी ऐतिहासिक नियति स्वीकार करने के लिए एक महाशक्ति के रूप में उभरने का मौका दिया जाता। विभाजन अगर विधिवत समाप्त

नहीं भी किया जा सकता तो समान आर्थिक मंडी और सैन्य-सन्धि की व्यवस्था करके उसके कुपरिणाम समाप्त कराए जाते। लेकिन ऐसा करने की जगह महाशक्तियों ने भारत और पाकिस्तान को एक अनन्त तनाव में रहने के लिए बाध्य किया है, भले ही यह तनाव अन्ततः चीन के उद्देश्यों की पूर्त्ति में सहायक हो।

बांग्ला देश के घटनाक्रम ने विभाजन की बुनियादी भूल को सुधारने का मौका दिया है। अगर लोकतन्त्र के आग्रह के अनुसार मुजीब को पाकिस्तान का शासन ग्रहण करने का अवसर मिलता तो निश्चय ही भारत और पाकिस्तान को नजदीक लाने में और चीन के विरुद्ध संयुक्त करने में आसानी होती। लेकिन महाशक्तियों को पश्चिम पाकिस्तान के पीकिंग-प्रेमियों की ज्यादा चिन्ता रही। कुल मिलाकर उनका रवैया यह है कि देखें ऊँट किस करवट बैठता है? अगर भारत बांग्लादेश के नैतिक समर्थन से आगे की कोई बात करता तो वे झट शक्ति-सन्तुलन कम्प्यूटर पर हिसाब लगाने बैठ जातीं और बीच-बचाव के लिए प्रस्तुत होतीं। भारत 'शक्ति-सन्तुलन' को बिगाड़ नहीं रहा है इसलिए उनके कम्प्यूटरी दिमागों में कोई हलचल नहीं है और बांग्लादेश से पश्चिम पाकिस्तान का बलात्कार वे निर्विकार भाव से देख रही हैं। उनके लिए वियाफ्रा की बेपनाह पिटाई की तरह यह भी एक अफसोसनाक मगर न टाला जा सकने वाला हादसा है। इस हादसे से भारत और पाकिस्तान में तनाव कितना बढ़ेगा और चीन को आगे चलकर कामयाब दखलन्दाजी के लिए कितना बढ़िया अवसर मिलेगा, इसकी उन्हें कोई चिन्ता नहीं है। उन्हें भारतीय उप-महाद्वीप की शक्ति से कोई गरज नहीं, उन्हें जो भी वास्ता है भारतीय उप-महाद्वीप के दो देशों के शक्ति-सन्तुलन से है।

अखबार हमें खबरदार कर रहा है

सुबह—पहले अखबार की शक्ल में समस्याओं का संसार हमारे सामने साकार हो उठता है। अखबार का रोजमर्रापन हमें आश्वासन-सा देता हुआ मालूम होता है कि यह आए दिन का इतिहास है जो आया-गया हो जाएगा। कभी-कभी हम उसमें आने वाले जमाने के संकेत खोजते हैं, खबरों के झमेले में से कोई ऐसा नक्शा निकालने की कोशिश करते हैं जो कल के घटनाक्रम का पूर्वाभास दे सके। संवाददाताओं को ऐतिहासिक महत्त्व देने की इन कोशिशों से अक्सर भूल-चूक भी हो जाती है। हाल ही में भारतीय आम चुनाव के प्रसंग में ऐसी चूक का नमूना पेश हो चुका है। आज एशिया और भारतीय उप-महाद्वीप की खबरों में हमें भारत को कल की परेशानियों से खबरदार करता हुआ जो एक नक्शा उभरता हुआ नजर आ रहा है वह झूठा भी साबित हो सकता है—और हर भारतवासी यही कामना करेगा कि वह झूठा हो। लेकिन समाचारों पर सरसरी निगाह डालने वाला भी इस बात को देख सकता है कि एक खतरनाक तसवीर उभर जरूर रही है।

चीन ने 'टेबिल-टेनिस डिप्लोमेसी' शुरू कर दी है। विश्व टेबिल-टेनिस प्रतियोगिता में चीन ने एक लम्बे अन्तराल के बाद इस बार फिर भाग लिया। टोकियो में प्रतियोगिता जीतने के लिए अपने पुराने चैम्पियनी हाथ दिखाने के साथ-साथ चीन ने 'दिल जीतने और दोस्त बनाने' की ओर भी विशेष ध्यान दिया। टीम के साथ कई महत्त्वपूर्ण अधिकारी भी भेजे गए और प्रधानमन्त्री चाउ एन लाई ने खिलाड़ियों और अधिकारियों को हुक्म दिया कि राजनय को प्रतियोगिता में विजय पाने से बड़ा समझा जाए। अधिकारियों ने जापान सरकार से सांस्कृतिक विनिमय और व्यापार के कई समझौतों के सम्बन्ध में बातचीत की। इस मैत्री अभियान से जापान का विदेश विभाग चक्कर में पड़ गया। चैम्पियनशिप जीतने के बाद चीनी टीम ने अमेरिकी टीम को चीन चलने का न्यौता दे डाला और अमेरिकी राष्ट्रपति के आदेश पर यह स्वीकार कर लिया गया। इससे पहले माओ के पुराने मित्र अमेरिकी पत्रकार एडगर स्नो को चीन जाने की अनुमति मिली। लौटकर उन्होंने चाउ एन लाई से अपनी लम्बी बातचीत का ब्यौरा प्रकाशित कराया। स्नो के संवाद से यह ध्वनि निकलती है कि चीन अब आर्थिक और सैनिक दृष्टि से महाशक्तियों की बिरादरी

में विधिवत शामिल हुआ चाहता है और वह शीघ्र ही नए सिरे से राजनयिक अभियान छेड़ेगा। उधर एक फ्रांसीसी संवाददाता का कहना है कि विदेशमन्त्री चेन यी को अपने पद से हटा दिया गया है और किसी ऐसे व्यक्ति को यह जिम्मेदारी सौंपी जा रही है जो विश्व में चीन की प्रतिष्ठा बढ़ाने के लिए अधिक उत्साह से काम कर सके।

इन खबरों से यह स्पष्ट संकेत मिलता है कि चीन अब जापान और अमेरिका की ओर थोड़ा-सा दोस्ती का हाथ बढ़ाकर एशिया में रूस के प्रभाव को चुनौती देने की कोशिश करेगा। वीएतनाम में अमेरिका की बढ़ती हुई कठिनाइयों के परिप्रेक्ष्य में चीन की इस तरह की कोशिशों का अमेरिका अगर स्वागत करे तो कोई आश्चर्य नहीं होगा। यही चीन अपनी रणनीति की आवश्यकताओं के अनुसार पश्चिम पाकिस्तान के सैनिक शासकों का समर्थन कर रहा है और भुट्टो को अपना खास चेला बनाए हुए है। चीन हरगिज यह नहीं चाहेगा कि बांग्ला देश में मुजीब की सरकार बन जाए। ऐसी सरकार जो भारत से मित्र-सम्बन्ध स्थापित करना चाहेगी और जिसके बनने से पश्चिम पाकिस्तान भी देर-सवेर टूट-बिखर जाएगा। उस स्थिति में भारतीय उप-महाद्वीप एक शक्तिशाली महासंघ का रूप धारण करके दक्षिण और दक्षिण पूर्व एशिया में चीन को चुनौती दे सकेगा। चीन यह भी नहीं चाहेगा कि बांग्ला देश में संघर्ष चटपट समाप्त हो जाए। संघर्ष के लम्बे खिंच जाने पर इस बात की पूरी सम्भावना है कि बांग्ला देश के आन्दोलन का नेतृत्व वहाँ के पीकिंग समर्थक छापामारों के हाथ में चला जाए। दोनों महाशक्तियाँ बांग्ला देश का मामला सुलझाने में किसी भी प्रकार सहायता न करके चीन के मंसूबों के पूरे होने का रास्ता तैयार कर रही हैं।

श्रीलंका में चीन-समर्थकों ने गृहयुद्ध छेड़ दिया है। वहाँ श्रीमती भंडारनायक के नेतृत्व में वामपन्थियों की मिली-जुली सरकार सत्तारूढ़ है जिसने गरीबी हटाने और बेरोजगारी दूर करने का वचन दिया था। उसके सत्ता सम्हालने पर भी आर्थिक संकट दूर नहीं हुआ और हर पढ़ा-लिखा बेरोजगार नौजवान छापामार-आन्दोलन में योगदान करने लगा। चीन यह चाहेगा कि 'गरीबी हटाओ' के नारे पर सत्तारूढ़ हुई भारत सरकार भी अपने नारे को चरितार्थ करने में असफल रहे। उसके चिन्तन के अनुसार लोकतन्त्रविश्वासी मध्यमार्गी कोई भी दल मजबूत सरकार और आधारभूत सामाजिक परिवर्तन की व्यवस्था कर ही नहीं सकता। अगर नई भारत सरकार किसी तरह आत्मलिप्त राजनीति और भ्रष्ट दफ्तरशाही से मुक्त होकर देश की समस्याओं के वास्तविक समाधान की ओर अग्रसर हो भी जाए तो चीन निश्चय ही भारतीय

उप-महाद्वीप में युद्ध छिड़वाकर उसके आयोजन खटाई में डलवाएगा। श्रीलंका में चीन का काम बहुत हद तक बन गया है। पाकिस्तान कमजोर हो गया है और देर-सवेर उसके दोनों हिस्से चीन की जेब में स्वतः गिर जाएँगे। रहा भारत उसमें लोकतन्त्र को विफल कराना अब चीन का परम उद्देश्य होगा।

भारत ने अगर अपनी आर्थिक समस्याओं के समाधान के लिए तुरन्त कदम नहीं उठाए तो बढ़ती हुई आबादी और बेरोजगारी एक विस्फोटक स्थिति पैदा कर देगी। अगर उसने भारतीय उप-महाद्वीप की राजनीति में पहल अपने हाथ में नहीं रखी तो उसे आगे भी महाशक्तियों की बन्दर-बाँट का शिकार बनना पड़ेगा और इस बार महाशक्तियों में चीन भी शामिल होगा। श्रीलंका के पीकिंगपन्थियों ने उग्र सिंहलवाद और क्रान्तिकारिता की राजनीतिक खिचड़ी पका कर लोकप्रियता प्राप्त की है। भारत में भी किसी प्रान्त, क्षेत्र, जाति या सम्प्रदाय की भावनाओं में क्रान्तिकारिता जोड़कर चीन का प्रभाव 'पुण्य' कमाने की कोशिश करेगा। कुल मिलाकर आज का हर अखबार भारत की मध्यपन्थविश्वासी, लोकतन्त्रात्मक राजनीति को रोज चेतावनी दे रहा है—अपनी कमजोरियों से खबरदार हो, चीन से होशियार रह। अगर हमने यह चेतावनी नहीं सुनी और इस उप-महाद्वीप की समस्याओं के समाधान के लिए महाशक्तियों के और अपनी समस्याओं के समाधान के लिए टालू-चालू नारों के भरोसे बैठे रहे तो हम और हमारा उप-महाद्वीप चीन के चंगुल में फँसकर रह जाएगा।

वहाँ खून बहता रहा, हम आँसू बहाते रहे

बांग्ला देश से इधर अति-सहानुभूतिपूर्ण भारतीय समाचार-पत्रों को भी तीन-चार कालम की सुर्खी देकर छापने लायक कोई खबर नहीं मिल सकी है। यह स्पष्ट हो चला है कि बांग्ला देश के स्वाधीनता सेनानी अपने समस्त शौर्य के बावजूद लड़ाई का पहला दौर अब लगभग हार गए हैं। सच पूछिए तो इस दौर में उनकी जीत तभी हो सकती थी जब बाहर से उन्हें तुरन्त बड़े पैमाने पर सैनिक सहायता मिलती। बांग्ला देश का हर नागरिक आजादी पाने की खातिर मर मिटने के लिए तैयार था, आज भी है और कल भी निश्चय ही रहेगा। इस तरह की भावना स्वयं एक बड़े हथियार का काम करती है लेकिन केवल इसके बूते आधुनिक शस्त्रास्त्रों से लैस सेना को हराया नहीं जा सकता। यह सही है कि इस तरह की भावना से मुक्त व्यक्ति के हाथ में रखी बन्दूक पेशेवर सैनिक की तोप से बड़ी साबित हो सकती है। लेकिन उसके पास बन्दूक तक नहीं है तो वह तोप से मुकाबले में बस शहादत ही पा सकता है।

पश्चिम पाकिस्तान ने पूर्व पाकिस्तान को हमेशा एक उपनिवेश का दर्जा दिया और परम्परागत औपनिवेशिक नीति के अनुसार पूर्व पाकिस्तान के लोगों को सेना में बहुत कम संख्या में, और वह भी निचले ओहदों पर, रखा। मुक्ति फौज के लिए अस्त्र शिक्षा प्राप्त जो भी व्यक्ति सामने आए सो ईस्ट पाकिस्तान राइफल्स, होमगार्ड और पुलिस। लड़ाई शुरू होते ही पाकिस्तानी फौज ने इन संस्थाओं में नियुक्त बंगालियों की बड़े पैमाने पर गिरफ्तारी की और उनके हथियार छीन लिए। यही नहीं पाकिस्तानी फौज ने ऐसे सारे क्षेत्रों की नाकेबन्दी भी कर दी जिनमें घुसकर मुक्ति फौज वाले उसकी नाक में दम कर सकते थे। चटगाँव के आसपास की पहाड़ियों पर उसने लड़ाई शुरू होते ही घेरा डाल दिया और ढाका के हवाई अड्डे के आस-पास दूर-दूर तक स्वाधीनता-सेनानियों के लिए कोई अभय स्थली नहीं छोड़ी। भारत-बंगाल सीमा पर तैनात ईस्ट पाकिस्तान राइफल्स के दस्ते जरूर उसकी पहुँच से बाहर रहे और उन्होंने सीमावर्त्ती पाकिस्तानी छावनियों की अच्छी घेराबन्दी भी की। लेकिन पर्याप्त हथियार और गोलाबारूद न होने और स्वाधीनता संग्राम के संचालन के लिए कोई एक संगठन न बन पाने के कारण इस अभियान में बड़ी-से-बड़ी कुर्बानी देकर भी उन्हें कोई कामयाबी नहीं मिल सकी।

पाकिस्तानी सेना ने ढाका और चटगाँव में ऐसे सभी लोगों को चुन-चुन कर मारा जो स्वाधीनता संग्राम को सैनिक या राजनीतिक नेतृत्व प्रदान कर सकते थे। मोटे तौर पर यह कहा जा सकता है कि इंजीनियर, डाक्टर, वकील, प्रशासक, सेना या पुलिस का अफसर, छात्र कोई भी ऐसा पढ़ा-लिखा, सुयोग्य, बंगाली जीवित नहीं छोड़ा गया जो आज मुक्ति सेना के और कल स्वाधीन बंगाल के काम आ सकता। ढाका और चटगाँव में अपने कदम मजबूती से जमा लेने के बाद पाकिस्तानी सेना ने अपनी सीमावर्ती छावनियों को बड़े पैमाने पर रसद और कुमुक पहुँचाई। यह काम पूरा होने पर उसने सीमा तक जाने वाले सभी महत्त्वपूर्ण मार्गों और उन पर स्थित नगरों-कस्बों को अपने अधिकार में लेने का अभियान छेड़ा। पाकिस्तानी सेना चाहती है कि मानसून का जोर बढ़ने से पहले भारतीय सीमा पर नाकेबन्दी कर दे और सभी बड़े मार्गों पर अपना अधिकार जमा ले। इस अभियान में अमानुषिक अत्याचार के नए अकीर्त्तिमान स्थापित किए गए। सभी सुयोग्य व्यक्तियों को मार दिया गया, औरतों की इज्जत सरेआम सामूहिक रूप से लूटी गई और बस्तियाँ की बस्तियाँ जलाकर राख कर दी गईं। यही नहीं, खलिहानों, कारखानों, बैंकों और दुकानों को लूटा गया, तबाह किया गया। पूर्व पाकिस्तान की अर्थ-व्यवस्था के आधार को इस तरह चौपट करना स्वयं पश्चिम पाकिस्तान के हित में नहीं है लेकिन ऐसा प्रतीत होता है कि पश्चिम पाकिस्तान की सेना फिलहाल बंगाल को सदा-सदा के लिए कंगाल बनाना अपना परम उद्देश्य मानती है। बंगाल दाने-दाने के लिए मोहताज हो जाए और आइन्दा कभी सिर न उठा सके, बंगाल की आबादी का एक बड़ा हिस्सा शरणार्थी के रूप में सीमा पार चले जाने को और पश्चिम बंगाल पर भार बढ़ाने को मजबूर हो—यही पाकिस्तानी सेना का उद्देश्य है।

लड़ाई के इस पहले दौर में पाकिस्तानी सेना सफल हो रही है। मुक्ति फौज को अपनी कार्रवाई अब छापामारी तक सीमित कर देनी पड़ी है। सेना की इस आरम्भिक सफलता को किसी स्थायी राजनीतिक सफलता का रूप दे सकना पाकिस्तान के लिए असम्भव है और असम्भव ही रहेगा। राजनीतिक सफलता के अभाव में, जनता के संगठित विरोध के सामने देर-सवेर पाकिस्तानी सेना के पैर भी निश्चय ही उखड़ेंगे। लड़ाई का यह दूसरा और अपेक्षाकृत बहुत लम्बा दौर निश्चय ही बांग्ला देश को मुक्ति दिलाएगा। लेकिन तब तक बांग्ला देश का स्वाधीनता संग्राम किसी एक महाशक्ति के स्वार्थ या किन्हीं दो महाशक्तियों की सन्तुलन-क्रीड़ा से जुड़ चुका होगा। भारत तब शायद ही किसी गिनती में हो। भारत का हित इसी में था कि वह या तो इस मामले से कतई दिलचस्पी नहीं रखता था सीधे हस्तक्षेप करता। सदा की तरह हमने भावुकता की राजनीति की शरण ली। बांग्ला देश के

मामले में भावनाओं का उफान आने दिया गया। दो धर्म, दो राष्ट्र सिद्धान्त की समाप्ति की आशा जगाई गई। भारतीय उपमहाद्वीप के इतिहास में एक नया महत्त्वपूर्ण मोड़ आने की सम्भावना देखी-दिखाई गई मगर इसके लिए जो सीधी कार्रवाई आवश्यक थी वह की नहीं गई। इसमें किसी अन्य देश से पहल की उम्मीद करना बेकार था क्योंकि चीन और पाकिस्तान के सिवा और किसी की भी बांग्ला देश से सीधी दिलचस्पी हो नहीं सकती। इस मामले में अन्य देश जो कुछ भी करते या करेंगे भारत, पाकिस्तान या चीन के माध्यम से ही करेंगे। चीन का हित इसी में है कि संघर्ष लम्बा चले। इतना लम्बा कि आगे चलकर उसे भारतीय उपमहाद्वीप के समस्त पूर्वी क्षेत्र की 'मुक्ति' का आधार बनाया जा सके। हमारी निकम्मी भावुकता चीन के उद्देश्य की पूर्ति में सहायक हुई है। भारत और पाकिस्तान के बीच तनाव बढ़ा है और इस तनाव को कभी भी युद्ध का रूप दिलाया जा सकता है। यह भी तय है कि बांग्ला देश के मामले का शीघ्र निपटारा न होने से पाकिस्तान तो आर्थिक दृष्टि से बिल्कुल ही पिट जाएगा और भारत पर भी शरणार्थियों के रूप में काफी बोझ बढ़ेगा। उस स्थिति में भारतीय उपमहाद्वीप में महाशक्तियों का हस्तक्षेप बढ़ेगा और चीन भी अपनी गिनती महाशक्तियों की बिरादरी में करेगा। कोरी भावुकता भारत के लिए कुल मिलाकर सीधे सैनिक हस्तक्षेप से भी अधिक महँगी साबित हो सकती है।

हमारी भावुकता महज चन्दों और छन्दों में

भावुकता और भीड़शाही मानव और मानवीय समाज की सबसे बड़ी कमजोरियाँ हैं। दुर्भाग्य कि ज्ञान-विज्ञान की सारी प्रगति के बावजूद राजनीति में भीड़ की भावुकता का स्थान अन्यतम बना हुआ है। कुशल नेतृत्व इस भावुकता का देश और समाज के हित में उपयोग करना जानता है और अनाड़ी नेतृत्व अपने या अपने दल के किन्हीं तात्कालिक हितों के लिए भीड़ को वक्त-बेबक्त उकसाता रहता है और उसे काबू में रखने की या दिशा देने की कोई जरूरत नहीं समझता।

माओ ने चीनी भीड़ को बराबर उकसाया-भड़काया है लेकिन भीड़ के पागलपन को कभी अपने शासन पर हावी नहीं होने दिया है। शासन-सूत्र हमेशा लिन पियाओ और चाऊ एन लाई-जैसे लोगों के हाथ में रहे हैं जिनके लिए सफलता किसी भी सिद्धान्त से ज्यादा बड़ी है। दूसरे शब्दों में यह कहा जा सकता है कि चीन ने भावुकता का निहायत ही नपे-तुले, सोचे-समझे और यथार्थवादी ढंग से इस्तेमाल किया है। एक छोटा-सा उदाहरण लीजिए—चीन में आधुनिक डाक्टरों और डाक्टरी दवाओं की भारी कमी थी। लिहाजा जोर-शोर से यह प्रचार किया गया कि जो बात चीन की परम्परागत जड़ी-बूटी चिकित्सा पद्धति में है वह एलोपेथी की दवाओं में नहीं है। चीनी वैद्यों का ढोल पीटा गया और माओ ने ऐलानिया कहा कि जिस कैंसर रोग का इलाज पश्चिम के डाक्टर अरबों रुपए खर्च करके नहीं ढूँढ़ पाए हैं उसकी दवा चीनी वैद्य चुटकियों में खोज निकालेंगे। भावुकता का यह इस्तेमाल किसी भी दृष्टि से मानवीय नहीं था लेकिन इससे सीमित आर्थिक साधनों का एक हिस्सा आधुनिक दवाओं के निर्माण और आयात में लगा देने की जरूरत दूर हुई और आम जनता में चीनी परम्परा की महानता का प्रचार हो सका। इस तरीके का इस्तेमाल करके माओ ने चीन की अपार आबादी को हद से ज्यादा 'चीनी' यानी अन्य देशों के लिए अजनबी बना दिया है। इन अजनबियों के पास आधुनिक औद्योगिक व्यवस्था है, अस्त्रविद्या है और बड़ी से बड़ी कठिनाई को कठिनाई न मानने वाली मतान्धता है तथा उनके नेताओं को उल्लू सीधा करने वाली, धैर्यधन्य, यथार्थपरक कूटनीति में कमाल हासिल है इसलिए उन्नत देशों में चीन की चींटी फौज का आतंक है। चीन बड़ी तेजी से एशिया की एक महाशक्ति के रूप में मान्यता प्राप्त

करने की स्थिति में आता जा रहा है।

जापान ने इस सदी के आरम्भ में अपनी सामन्ती जमीन आधुनिक ज्ञान-विज्ञान की कलम लगाकर अपार सैनिक शक्ति अर्जित की। दूसरे विश्वयुद्ध में हार जाने के बाद जब उसके लिए सेनाएँ रखने का निषेध हो गया तब उसने सामन्ती बुनियाद पर खड़ी हुई वह सैनिक भावना आर्थिक चमत्कार के मोर्चे पर लगा दी। जापानी औद्योगिक व्यवस्था आधुनिकतम होते हुए भी भावनात्मक दृष्टि से शुद्ध सामन्ती है। स्वामिभक्ति का बोलबाला है और कोई भी मजदूर या प्रबन्धक एक कम्पनी को छोड़कर दूसरी कम्पनी में जाना अपनी शान के खिलाफ समझता है। किसी खास क्षेत्र के परिवारों का पीढ़ी-दर-पीढ़ी किसी खास कम्पनी से नाता चला आता है। वरिष्ठता के नियम का कठोरता से पालन किया जाता है और अगर किसी नए कर्मचारी को उसकी विशेष योग्यताओं के कारण अधिक वेतन पर नियुक्त करना अनिवार्य हो तो पुराने कर्मचारियों की तनखाह भी बढ़ा दी जाती है। कर्मचारियों के लिए कम्पनी एक सामन्ती सेना या परम्परागत संयुक्त परिवार की तरह होती है। अपने वेतन और बोनस का एक बड़ा भाग वे कम्पनी में ही लगाते चले जाते हैं। शिफ्ट शुरू होने पर जब वह कम्पनी का गीत गाते हैं तब उतने ही विह्वल हो जाते हैं जितने कि देशभक्त राष्ट्रगान सुनकर। इसी भावुकता के प्रताप से जापान ने आर्थिक उन्नति की दृष्टि से संसार में तीसरा स्थान प्राप्त कर लिया है। मौका मिलने पर उसके लिए बड़ी सैनिक शक्ति बन जाना बाएँ हाथ का खेल साबित होगा।

भारतीय उप-महाद्वीप के नेतृत्व ने भीड़ की भावुकता का जो अनाड़ी इस्तेमाल किया वह विभाजन का कारण बना। विभाजन के बाद दो बार कश्मीर के सम्बन्ध में लड़ाई हुई। भारतीय उप-महाद्वीप के कुछ हिस्से पर चीन ने कब्जा कर लिया और कुछ उसे पाकिस्तान से भारत-विरोध के नाम पर मिल गया। लेकिन फिर, पाकिस्तानी शासक जनता का क्षेत्रीय आधारों पर विभाजन रोक नहीं पाए। पूर्वी पाकिस्तान को तो इस सिलसिले में बाकायदा पश्चिम पाकिस्तान के उपनिवेश का दर्जा दे दिया गया। वहाँ जो विद्रोह शुरू हुआ तो उसे कुचलने का भावुक फैसला पाकिस्तान ने किया भले ही इससे उसका अस्तित्व ही संकट में पड़ सकता है। भारत की कविताएँ लिखने, सभाएँ करने और नैतिक समर्थन देने वाली भावुकता न तो तुरन्त हस्तक्षेप करके बांग्ला देश पर मुक्ति फौज का कब्जा करवा सकी और न पूरी तरह तटस्थ ही रह सकी। उसे रूस या अमेरिका की ओर से कोई पहल होने का इन्तजार रहा और अब भी है। उधर चीन की 'भावुकता' ने सारे सिद्धान्तों को ताक पर रखकर पश्चिम पाकिस्तान का समर्थन कर दिया है। स्पष्ट ही चीन की भावुकता

पश्चिम पाकिस्तान की ओर से भारत या बांग्ला देश के खिलाफ कोई सीधी सैनिक कार्रवाई नहीं करेगी। लेकिन पश्चिम पाकिस्तान को भारत के विरुद्ध सैनिक अभियान छेड़ने के लिए हरचन्द उकसाएगी जरूर।

पाकिस्तान के सैनिक शासकों ने 'पंजाबी' भावुकता की खातिर 'बंगाली' भावुकत: पर बाकायदा हमला बोलकर अपने को ऐसी स्थिति में डाल लिया है कि अपनी गद्दी और अपनी साख बचाने के लिए वे कुछ भी करने को तैयार हो सकते हैं। यह 'कुछ' बांग्ला देश में एक ऐसे नर-संहार के रूप में प्रकट हुआ जिसके बाद पूर्वी बंगाल के पाकिस्तान में चुपचाप पड़े रहने की कोई सम्भावना ही नहीं रह गई है। सैनिक शासकों का अभियान मुजीब के लोकतन्त्रात्मक दल के खिलाफ था, भारतीय 'भावुकता' भी इस दल के हित में तुरन्त हस्तक्षेप करने से चूक गई। अब बांग्ला देश में नेतृत्व माओ की माला जपने वाले छापामारों के हाथ में जाना लगभग अनिवार्य है। आगे चलकर पाकिस्तानी शासकों को भारत विरोधी भावुकता ज्यादा से ज्यादा भड़कानी होगी। इस सिलसिले में अगर वे भारत और बांग्ला देश की सीमा पर छिटपुट कार्रवाई करें और कश्मीर में बड़े पैमाने पर घुसपैठिए भेजें तो कोई आश्चर्य नहीं। पाकिस्तान तुरन्त बड़ी लड़ाई में उलझने की स्थिति में नहीं है। लेकिन चीन उसकी हौसला-अफजाई में कोई क़सर उठा नहीं रखेगा। अर्थ-व्यवस्थाओं पर बोझ पड़ने और कोई भी निर्णायक युद्ध न हो सकने से भारत और पाकिस्तान के भीतर बेचैनी बढ़ेगी। इस बेचैनी के दौर में चीन निश्चय ही भुट्टो या उसके किसी और चेले को गद्दी पर बिठवाकर पश्चिम पाकिस्तान को पूरी तरह अपने प्रभाव में ले लेगा। यह भी सम्भव है कि चीन पश्चिम पाकिस्तान के शासकों को किसी भारत-विरोधी समझौते के अन्तर्गत पूर्वी बंगाल में सत्ता मौलाना भाशानी या उनके किसी चेले को सौंप देने के लिए राजी कर ले। कुल मिलाकर चीन की 'भावुकता' इस समय भारत के दोनों बाजुओं पर पीकिंग-समर्थक सरकार बनाने को समर्पित है। श्रीलंका में भी वह 'गरीबी हटाओ' की विफल भावुकता को 'गरीबी हटाने का दम भरने वाली अमीर राजनीति को हटाओ' की छापामार भावुकता में बदलने में जुटा हुआ है। और हम? हमारी भावुकता छन्दों और चन्दों के धन्धों में जुटी हुई है।

साठ दिन की सनसनी और फिर वही सन्नाटा

इधर अमेरिका में गुजरे हुए जमाने की यादें जगाने का सिलसिला छिड़ा हुआ है। पुराने नाटक फिर से खेले जा रहे हैं। पुराने गीत फिर से गाए जा रहे हैं। पुराना फैशन फिर से अपनाया जा रहा है और पुराना फर्नीचर फिर से सजाया जा रहा है। 'नास्टेल्जिया बूम' की हर कहीं धूम है और अमेरिकी विद्वान यादों के इस यादगार जश्न का समाजशास्त्रीय और मनोवैज्ञानिक विश्लेषण करने में जुटे हुए हैं। मगर अमेरिकी उपन्यासकार-नाटककार गोर विडाल ने इस 'याद-वाद' को सम्प्रेषण के साधनों की ईजाद ठहराया है। उनका कहना है कि रेडियो, टेलीविजन, सिनेमा और पत्र-पत्रिकाएँ नित नया शोशा छोड़ने के लिए मजबूर हैं। लिहाजा 'हिप्पी', 'वीएतनाम युद्ध', 'वातावरण-दूषण', 'महिला मुक्ति आन्दोलन' जैसे चर्चित विषय चुक जाने पर सम्प्रेषण का संसार यादों से आबाद कर डाला गया है। चार-छह महीने बाद सम्प्रेषण के साधन याद करना भूल कर कोई नया शोशा छोड़ देंगे। गोया सारे हो-हल्ले के बावजूद कोई बुनियादी परिवर्तन नहीं होगा।

हम समझते हैं कि विडाल ने बात खरी कही है। चर्चा के विषय बनाकर चर्चा का विषय बनना सम्प्रेषण की विराट व्यवस्था की नियति है। लेकिन अगर इस नियति के दायरे में रहते हुए भी लोकतन्त्रात्मक आग्रह का पालन किया जाता है, विषय के अच्छे-बुरे सभी पहलुओं को सामने रखना जरूरी समझा जाता है तो हर विषय पर 'साठ दिन की सनसनी और फिर वही सन्नाटा' वाला यह क्रम देश और समाज के लिए बहुत ज्यादा महँगा नहीं पड़ता। पश्चिम के समृद्ध लोकतन्त्रात्मक देशों में यही स्थिति है। अमेरिका में रेडियो, टेलीविजन और पत्रिकाएँ, सनसनी की ही खातिर सही, सारी सच्चाई को सामने लाती हैं। विषय भले ही 'ईजाद' किया गया हो, उसे शुद्ध व्यावसायिक दृष्टि से ही उठाया गया हो लेकिन उस पर बहस खुली और पूरी होती है। इस प्रकार की बहस का जनमानस पर प्रभाव पड़ कर रहता है। उससे चाहे कोई क्रान्तिकारी परिवर्तन न हो, समूची व्यवस्था का थोड़ा परिमार्जन और संशोधन होकर रहता है। 'वातावरण के दूषण' या 'वीएतनाम युद्ध' जैसे सवालों पर वहाँ जो हो-हल्ला मचा अथवा मचाया गया वह कई प्रशासनिक और राजनीतिक कार्रवाइयों का प्रेरक बना।

एक और स्थिति यह हो सकती है कि सम्प्रेषण के साधनों का हर बहस को बन्द कर देने और देश तथा शासन का जयघोष करने के लिए उपयोग किया जाए। अगर शासकवर्ग स्वयं अपने प्रचार का शिकार न बने यानी निर्णय करते समय असलियत को ध्यान में रख सके और प्रचार के लिए ऐसा ही झूठ गढ़े जो देश और समाज का मनोबल बढ़ाने में सहायक हो तो यह स्थिति भी किसी मतलब की हो सकती है। मिसाल के लिए चीन को ले लीजिए जहाँ सम्प्रेषण के साधनों का इस्तेमाल चीन को संसार का महानतम देश और माओ को अवतारी पुरुष सिद्ध करने के लिए किया जाता रहा है। इस सिलसिले में संसार के अन्य देशों की बड़ी-से-बड़ी उपलब्धि नजरअन्दाज कर दी जाती है। चीन ने अपने देशवासियों को अमेरिका की चन्द्र-विजय का कोई समाचार नहीं दिया मगर अपने वैज्ञानिकों द्वारा एक उपग्रह छोड़े जाने का जिक्र उसने कुछ इस अन्दाज से किया मानो अन्तरिक्ष अभियान के क्षेत्र में यह चीन की ही नहीं, संसार की भी सबसे पहली सफलता हो। अगर चीनी शासक खुद ऐसा मान लेते हों तो यह उनकी भूल कहलाएगी लेकिन अगर वह राष्ट्र के हौसले बुलन्द रखने की खातिर जनता को ऐसा समझाए रखना चाहते हों तो इस झूठ को उनकी चतुराई में शुमार करना होगा। यह मानने का कोई कारण नहीं कि चीनी नेता असलियत से बेखबर हैं या रहना चाहते हैं। इधर एडगर स्नो जैसे विदेशी पत्रकारों से उनकी जो भेंट-वार्त्ताएँ प्रकाशित हुई हैं वे यह दर्शाती हैं कि देश-विदेश की स्थिति के सम्बन्ध में उनका मूल्यांकन यथार्थवादी है।

एक तीसरी स्थिति भी है—जिसमें शोशेबाजी के स्तर पर गम्भीर चर्चा छेड़ने के उत्साह में कोई कसर नहीं उठा रखी जाती लेकिन बहस हर विषय पर आधी-अधूरी ही की जाती है, जिसमें झूठ गढ़ी जाती है, मगर बगैर सोचे-समझे, जिसमें प्रचार का इस्तेमाल किसी छोटे और आए-गए उद्देश्य की पूर्ति के लिए किया जाता है। दूसरे शब्दों में यह वह स्थिति है जिसमें पहली दोनों स्थितियों के सारे खतरे मौजूद हैं लेकिन फायदा एक भी नहीं है। भारत और पाकिस्तान जैसे अधकचरी आधुनिकता वाले देशों में यही दोतरफा पिटवाने वाली दृष्टि अपनाई गई है। इसका सबसे ताजा नमूना बांग्ला देश के सन्दर्भ में मिला है। पाकिस्तानी अखबारों और रेडियो के अनुसार 'मुजीब के लिए सारी योजना भारत ने बनाई'। भारतीय अखबारों और रेडियो के अनुसार भारत को मुजीब के आन्दोलन से कोई वास्ता नहीं है। साथ ही भारत बांग्ला देश के मुक्ति संग्राम की सफलता की कामना करता है, उसे नैतिक समर्थन देता है और उसके शरणार्थियों का सिरदर्द उठाता है। पाकिस्तानी शासकों ने अपने भ्रामक चिन्तन के आधार पर ही बांग्ला देश को शुद्ध भारत और पाकिस्तान की भिड़न्त का मामला माना और मुजीब से कोई समझौता करने की बजाय मुजीब और

उसके आन्दोलन को कुचलने का रास्ता अपनाया। इस कार्रवाई से उसकी जबरदस्त आर्थिक हानि हुई है और आगे भी होगी। साथ ही बांग्ला देश में स्थिति के कभी भी उसके हित में सामान्य हो सकने की सम्भावना समाप्त हुई है। हमने बांग्ला देश को मान्यता देने की बात बड़े पैमाने पर चलने दी लेकिन मान्यता देने का साहस नहीं किया। मुजीब के आन्दोलन से हमारा कोई वास्ता नहीं है यह जताने के लिए हमने अनुकूल स्थल पर, अनुकूल समय में मुजीब के हित में कोई बड़ी कार्रवाई करने से अपने को रोका। लेकिन इसके बावजूद भारत-पाकिस्तान सम्बन्ध बिगड़े हैं और युद्ध का खतरा बढ़ा है। कुल मिलाकर इस सारे प्रकरण में पाकिस्तान और भारत ने अपने को ही छला है और इस छल से चीन की कूटनीति को ही बल मिला है।

बांग्ला देश भी अब 'साठ दिन की सनसनी' का नमूना होकर सार्वजनिक मंच से हटा चाहता है। संस्थाएँ प्रस्ताव पास कर चुकी हैं, दल वक्तव्य जारी कर चुके हैं, कवि पद्मा पद्यावली निकाल चुके हैं, सामाजिक कार्यकर्त्ता 'रिलीफ फण्ड' जमा कर चुके हैं। गरज यह कि समाचार की पूँछ पकड़कर सभी प्रमुख दल और व्यक्ति खुद थोड़े समय के लिए समाचार बन लिए हैं। अब कोई नया शोशा छोड़ना होगा। अब आत्मप्रचार किसी नई समस्या, किसी नए समाचार से जोड़ना होगा। कुछ न कुछ मिल ही जाएगा, जैसे अब तक मिलता आया है—तेलंगाना, शास्त्री जी की 'रहस्यमय मृत्यु', कांग्रेस का विघटन, 'गरीबी हटाओ', चुनाव में 'रहस्यमय' स्याही का उपयोग, नक्सलवाद...। इस बात का क्यों अफसोस करें कि हर बार की तरह इस बार भी बहस आधी-अधूरी रही, उससे कोई बुनियादी परिवर्त्तन नहीं हुआ और वह जनमानस को कोई नई समेकित चेतना नहीं दे सकी। हमारे लिए सतह ही सत्य है, रहस्य रोमांच ही राजनीति है।

नैतिक सहानुभूति की कीमत

हाल में जब जनगणना के प्रारम्भिक आँकड़े प्रकाशित किए गए थे तब एक दिलचस्प बहस इस बात को लेकर हुई थी कि जनसंख्या में वृद्धि आशंका से कुछ लाख कम होने की वजह क्या है? जनगणना विभाग का कहना था कि ऐसा मृत्यु दर न घटने के कारण हुआ है जबकि स्वास्थ्य और परिवार नियोजन मन्त्रालय का आग्रह था कि इसे लाल तिकोन की सफलता का लक्षण माना जाए। इस बीच बांग्ला देश में अमानुषिक अत्याचार का सिलसिला छिड़ा और शरणार्थी भारत पहुँचने लगे। शुरू में तो ऐसे लोग आए जो युद्ध और अत्याचार के भय से खुद भागे थे और अब ऐसे लोग आ रहे हैं जिन्हें पाकिस्तानी सेना योजनाबद्ध ढंग से सीमा पार खदेड़ रही है। जिस पैमाने पर शरणार्थी आ रहे हैं उसे देखते हुए हम यह मानकर चल सकते हैं कि आबादी की बढ़ोतरी में जो कसर बहस का कारण बनी थी वह अब दूर हो जाएगी। छह हफ्तों में लगभग 20 लाख शरणार्थी भारत पहुँचे हैं और इस बात की पूरी आशंका है कि अगले कुछ हफ्तों में लगभग 20 लाख और आ जाएँगे। विभाजन के तुरन्त बाद कुल 50 लाख शरणार्थी पूर्वी बंगाल से इधर आए थे; उसके बाद के वर्षों में थोड़ा-थोड़ा करके कोई 20 लाख शरणार्थी और आए। उन सत्तर लाख बंगाली शरणार्थियों की समस्या का अब तक सन्तोषजनक समाधान नहीं हो पाया था और उनके आने से उत्पन्न आर्थिक तनावों के कारण पूर्वी राज्यों की राजनीतिक समस्या विषम हो चली थी। और अब सहसा 30 लाख शरणार्थियों का बोझ और।

भारत के लिए यह एक विकट समस्या उत्पन्न हुई है। पाकिस्तान इसे और भी विकट बनाने की पूरी कोशिश करेगा। वह बांग्ला देश के भारत सीमावर्त्ती क्षेत्र को लगभग खाली कराके रहेगा। और वहाँ ज्यादा से ज्यादा संख्या में गैर-बंगालियों को बसाने की कोशिश करेगा। साथ ही वह यह प्रचार करने में कोई कसर नहीं उठा रखेगा कि शरणार्थियों की कोई समस्या नहीं है। सीमा पार करके जो लोग भारत पहुँचे हैं वे दरअसल भारतीय ही हैं जिन्हें भारत सरकार ने हथियारबन्द करके पूर्व पाकिस्तान में घुसा दिया था इसलिए शरणार्थियों के नाम पर भारत को कोई मदद नहीं दी जानी चाहिए। पाकिस्तान के इस प्रचार का कितना असर होगा यह कह सकना मुश्किल है लेकिन भारत को शरणार्थियों की सहायता के लिए अन्तरराष्ट्रीय

सहायता आसानी से नहीं मिल पाएगी यह समझ सकना कठिन नहीं। संयुक्त राष्ट्र का कारोवार यों भी दफ्तरशाही चाल से चलता है और इस मामले में तो राजनीतिक पेंच हैं। जिस वजह से अन्य राष्ट्र बांग्ला देश की सहायता के लिए प्रस्तुत नहीं हुए उसी वजह से वे इस मामले में भारत की किसी सीधी या बड़ी सहायता के लिए तत्पर नहीं होंगे। बड़ी शक्तियों से हद से हद 'तटस्थता' की उम्मीद की जा सकती है—यानी वे बांग्ला देश की घटनाओं से पैदा इस आर्थिक संकट से उबरने में पाकिस्तान और भारत दोनों की ही विशेष सहायता नहीं करेंगी।

शरणार्थियों पर भारत को प्रतिदिन एक करोड़ रुपया खर्च करना पड़ रहा है। अगर समुचित रोजगार का प्रबन्ध न हो सका तो सिर्फ भोजन देने के लिए प्रति दस लाख शरणार्थियों पर प्रति वर्ष 1 अरब रुपया खर्च होगा। अगर पूर्व बंगाल से कुल मिलाकर 50 लाख शरणार्थी आ गए और उन्हें रोजगार नहीं दिलाया जा सका तो सरकार को उन्हें भूखों मरने से बचाने के लिए ही 5 अरब रुपया खर्च करना पड़ेगा। यह भी स्पष्ट है कि इतने सारे शरणार्थी अनन्त काल तक सीमावर्त्ती नगरों-कस्बों में नहीं रहने दिए जा सकते। छोटी-सी जगह में आबादी की सहसा इतनी ज्यादा बढ़ोतरी से बेढब समस्याएँ पैदा हो सकती हैं। यही नहीं इस बात का भी पूरा खतरा हो सकता है कि पाकिस्तान अपने घुसपैठियों और जासूसों की दुकान हमारे सीमावर्त्ती शरणार्थी शिविरों में जमा दे। लेकिन शरणार्थियों को सीमावर्त्ती शिविरों से हटाना यह स्वीकार करना होगा कि इनके स्वदेश लौट सकने की फिलहाल दूर-दूर तक कोई उम्मीद नजर नहीं आती। दूसरे इन शरणार्थियों को सीमावर्त्ती शिविरों से अन्य राज्यों तक ले जाने और वहाँ अच्छी तरह बसाने के लिए अपार धनराशि के साथ-साथ राजनीतिक कौशल की भी आवश्यकता होगी क्योंकि जहाँ भी शरणार्थी बसाए जाएँगे स्थानिक निवासी बनाम शरणार्थी वाले तनाव पैदा होकर रहेंगे।

इस बात का कोई प्रमाण नहीं मिलता कि भारत सरकार शरणार्थियों के आगमन की सम्भावना के प्रति सजग थी और उसने इस समस्या से जूझने के लिए पहले से कोई तैयारी कर रखी थी। तैयारी के अभाव में घपला कुछ और भी ज्यादा हुआ है। अगर बरसात शुरू होने से पहले-पहले शरणार्थी कहीं विधिवत बसा नहीं दिए गए तो उनकी और हमारे प्रशासन की भयंकर दुर्गति होगी। सवाल यह है कि धन कहाँ से आए? हमारे बजट की यह हालत है कि गरीबी हटाओ और बेरोजगारी भगाओ का नारा देकर सत्तारूढ़ हुई सरकार कोशिश करने पर भी देहात में बेरोजगारी खत्म करने के आयोजन के लिए कुल 50 करोड़ रुपया निकाल पाई। और यहाँ रोजाना एक करोड़ रुपए का खर्च हो रहा है और समस्या के वास्तविक समाधान के लिए इससे कहीं ज्यादा धन चाहिए। भारत ने संयुक्त राष्ट्र से 2 अरब रुपए की

सहायता तुरन्त देने को कहा है। यह रकम इस उम्मीद से निर्धारित की गई है कि शरणार्थियों की संख्या और नहीं बढ़ेगी और छह महीने में ऐसी स्थिति हो जाएगी कि शरणार्थी स्वदेश लौट सकें। फिलहाल ये दोनों ही बातें असम्भव नजर आती हैं। साथ ही संयुक्त राष्ट्र का तुरन्त इतनी बड़ी रकम देना भी मुश्किल ही मालूम होता है।

हम चाहें तो यह सोचकर खुश हो सकते हैं कि पाकिस्तान का भी बांग्ला देश अभियान में रोजाना डेढ़ करोड़ रुपया खर्च हो रहा है और वह दीवालियेपन के कगार पर पहुँच चुका है। लेकिन डेढ़ करोड़ रुपए में बहुत-सा ऐसा खर्च भी शामिल है जो सेना पर सामान्य रूप से भी होता है। इसके अतिरिक्त मुक्ति फौज की कार्रवाई ज्यों-ज्यों क्षीण पड़ रही है त्यों-त्यों गोला-बारूद आदि पर होने वाला खर्च घटता जा रहा है। साथ ही हमें यह भी ध्यान में रखना होगा कि हथियार पाकिस्तान को चीन और अमेरिका से मुफ्त में मिले थे। हथियारों की क्षतिपूर्त्ति चीन इन दिनों कर रहा है। बहरलाल पाकिस्तान को अगर कुछ आर्थिक संकट हुआ है तो अपनी कार्रवाई से और हमारे लिए कोरी नैतिक सहानुभूति सीधी सैनिक कार्रवाई जितनी महँगी साबित होने जा रही है। शरणार्थियों की पूरी सहायता करना हमारा मानवीय कर्तव्य है लेकिन बांग्ला देश से बंगालियों को निकालकर वहाँ गैर-बंगाली बसा देने की पाकिस्तानी योजना को सफल होने देना हमारे लिए घातक होगा। अगर हम चाहते हैं कि शरणार्थियों को स्वदेश लौटने का मौका मिले तो इसके लिए कोई कारगर सैनिक और कूटनीतिक योजना हमारे दिमाग में होनी चाहिए। केवल पाकिस्तान को कड़ा विरोध-पत्र भेज देने या मुक्ति फौज की विजय की प्रबल सम्भावना देखने या पश्चिम पाकिस्तान के टूटने की कल्पना में खो जाने से काम नहीं चलेगा।

हमारी शिक्षा की गरिमा 'ग्रेस मार्क' में

कापियाँ जाँचने का मौसम पूरी उठान पर है। परीक्षकगण आसन साध कर बैठ गए हैं और उनकी सरसरी निगाहें उत्तरों पर सर्राटे से दौड़ रही हैं कि बील-बलौटेनुमां लिखावट में प्रस्तुत इस आँय-बाँय उत्तर में यहाँ-वहाँ कीमती जवाहरात की तरह जड़ी हुई कुछ-एक तथ्य की बातें मिल जाएँ तो उन पर सही का निशान लगाकर अन्त में तैंतीस प्रतिशत अंक दे सकें। उनकी लाल पेंसिलें उत्तर पर शुरू से आखिर तक कट्टम-कट्टा का चिह्न बनाकर अन्त में शिक्षा-स्तर को लानत भेजते हुए एक बड़ा-सा अण्डा दे देने को ललकती हैं लेकिन वे अपने को किसी तरह इस हत्या-दोष से बचाए रखते हैं। आखिर सौ में से पचास-पचपन छात्रों को तो पास करना ही होगा।

इससे पहले परीक्षाओं का मौसम था। यानी रटे-रटाए को उगलने या फिर जमकर नकल करने का मौसम। परीक्षा-बहिष्कार और परीक्षा-निरीक्षक की पिटाई का मौसम। और अब परीक्षक देख रहे हैं कि रटे हुए को प्रश्न के अनुरूप सही-सही प्रस्तुत कर देने या सहायक विद्वत-मण्डली द्वारा बरास्ता बाथरूम पहुँचाई गई पर्चियों में से ठीक-ठीक नकल मारने के लिए जो थोड़ी-सी अक्ल दरकार है सो भी दुर्लभ हुई जा रही है। बहरहाल रिजल्ट ठीक-ठाक रखने के लिए पास तो करना ही होगा।

परीक्षा-फल निकलने के बाद, परीक्षकों के प्रतिवेदनों का विचार होने के बाद 'सुधारवाद' का मौसम आएगा। शिक्षा-पद्धति बदलने की माँग उठेगी, परीक्षा-पद्धति में क्रान्तिकारी परिवर्तन के प्रस्ताव किए जाएँगे। विचार गोष्ठियाँ होंगी, शिक्षाविद अपना अधुनातन अमरीका-छाप पाण्डित्य प्रदर्शित करेंगे। कमीशन बैठेंगे और रिपोर्टें प्रकाशित की जाएँगी। शिक्षा को आधुनिकतम रूप देने के सुझाव आधी-अधूरी तैयारी के साथ अनमने ढंग से अपनाए जाएँगे। इस 'प्रयोगवाद' से सुधार तो कुछ होगा नहीं, छात्रों-अध्यापकों और परीक्षकों के लिए कुछ घपला और बढ़ जाएगा। स्वाधीनता के बाद से अब तक शिक्षा, परीक्षा और पाठ्यक्रम के सुधार के लिए सरकार ने जो कुछ किया है वह कापियाँ जाँचने के इस मौसम में परीक्षक को कहीं दिखाई नहीं पड़ रहा है। हमारी शिक्षा-प्रणाली का सत्य एन. सी. ई. आर. टी. जैसी शिक्षा-सम्बन्धी सरकारी संस्थाओं द्वारा अमेरिकी पाठ्य-पुस्तकों की नकल में प्रस्तुत की गईं नई

प्रयोगात्मक पाठ्य-पुस्तकों में या शिक्षा के सन्दर्भ में अमेरिकी पारिभाषिक शब्दावली में दिए जाने वाले प्रवचनों में नहीं, छात्रों की उन कापियों में ही है जिन पर परीक्षक की लाल पेन्सिल लानत भेजने के लिए ललकती है लेकिन रिजल्ट ठीक-ठाक रखने की खातिर अपने को किसी तरह रोके रहती है।

भारतीय शिक्षा-व्यवस्था की जो भी गरिमा है सो 'ग्रेस मार्क' देने में है। इसके प्रसाद से और तो और डाक्टरी-जैसी विद्या में भी फेल को पास किया जा रहा है। पहले सह-परीक्षक नम्बर बढ़ाए, फिर प्रधान परीक्षक और अन्त में विश्वविद्यालय। तिस पर भी बहुत-से छात्र फेल हों और जो पास हों वे वर्षों तक रोजगार न पा सकें—यह है हमारी शिक्षा-प्रणाली की असलियत जिसे अलां मीटरी और फलां कोआर्डिनेट, इतने क्रेडिट और उतने ग्रेडेशन वाली अमरीकियत से छिपाया नहीं जा सकता। शिक्षा-सुधार के नाम पर अधकचरा प्रयोगवाद बराबर किया जा रहा है। अगर अंग्रेजों की दी हुई भ्रष्ट शिक्षा-व्यवस्था 'क्लर्क' तैयार करती थी तो यह नई प्रयोगधर्मी शिक्षा-व्यवस्था 'क्लर्क भी तैयार नहीं कर सकती। सारे नए प्रयोग उसी भ्रष्ट व्यवस्था पर मुलम्मा चढ़ाने के और नई मदों से अपने या अपनों के लिए नौकरियाँ, भत्ते, विदेश भ्रमण के न्यौते-वजीफे और लेखक या प्रकाशक के रूप में अच्छी रकमें पाने के महान उद्देश्य को समर्पित रहे हैं। शिक्षा-सुधार के इस दौर में शिक्षा-जगत में भयंकर भ्रष्टाचार पनपा है। नई प्रणाली के चमत्कार से बी. ए. तक मुश्किल से पास हुए छात्र एम. ए. में प्रथम श्रेणी में प्रथम आ सके हैं। हर दर्जे में दो साल बिताने वाले कुछ-एक साल अमेरिका में बिताकर लौटे हैं और सीधे रीडर बना दिए गए हैं। विश्वविद्यालय के विभागीय अध्यक्षों और प्रकाशकों के सुखद सम्बन्ध विकसित हुए हैं जिनसे वही पाठ्यक्रम थोड़ी उलट-पलट के साथ नित नई पाठ्य-पुस्तकों के रूप में प्रकट होते रहे हैं। 'सुधार' के इसी दौर में अध्यापकों और छात्रों की 'राजनीतिक चेतना' बढ़ी है। अब अगर हमारी राजनीति ही भ्रष्ट हो तो वे क्या करें! शिक्षा-पद्धति में 'क्रान्तिकारी' सुधारों की तान यहीं टूटती है कि 'ग्रेस मार्क' देकर पास करो। अक्षमता की कितनी महान आत्मस्वीकृति है यह! इसी को सैद्धान्तिक जामा पहनाकर अब यह कहा जा रहा है कि परीक्षा में नकल करने की पूरी छूट दी जाए। छात्र अपनी पाठ्य-पुस्तक और सहायक ग्रन्थ साथ लेकर बैठें और तब उत्तर दें। प्रश्न ऐसे पूछे जाएँ कि छात्र को उत्तर देने में सूझ-बूझ से काम लेना पड़े। इस तरह छात्रों की स्मृति की नहीं, मेधा की परीक्षा होगी। सुनने में यह बात अच्छी लगती है लेकिन अधकचरेपन के आलम में इससे कुछ और बंटाढार होगा।

सुधार के नाम पर हमने उसी पुरानी और बेमानी शिक्षा-व्यवस्था की चौड़ाई खूब बढ़ा दी है और जो थोड़ी-बहुत गहराई उसमें थी वह गायब कर दिखाई है। नव

शिक्षितों के अज्ञान के नमूने विभिन्न परीक्षाओं में प्रकट होते रहते हैं। यहाँ तक सुनने में आता है कि विदेशों में हमारे कुछ विश्वविद्यालयों की डिगरियाँ अमान्य ठहराई जाने वाली हैं। देश में भी कई व्यावसायिक संस्थाएँ अपने-अपने व्यवसाय की शिक्षा के गिरते हुए स्तर से चिन्तित हो उठी हैं। लेकिन इससे शिक्षा सुधार के लिए बनी हुई हमारी विराट संस्थाओं के अमेरिकी ठाठ में कोई फर्क नहीं आया है। किसी शिक्षा मन्त्री की नींद इस गिरते हुए स्तर के कारण हराम नहीं हुई, किसी उपकुलपति ने वास्तविक परीक्षाफल को देखकर त्यागपत्र नहीं दिया। पटना के मेडिकल कालेज में 'ग्रेस मार्क' पहले दे देने और फिर वापस लेने का जो काण्ड हुआ वह सम्बद्ध स्नातकों के लिए भले ही काफी परेशानी का कारण बना हो, सम्बद्ध प्राध्यापकों और अधिकारियों के स्वास्थ्य पर उसका कोई प्रभाव नहीं पड़ा है। फेल हुए छात्रों को 54 ग्रेस मार्क देने और इस तरह पास किए गए छात्रों को पूरे एक वर्ष बाद फिर फेल घोषित करने और इस घोषणा के हाईकोर्ट द्वारा रद्द कर दिए जाने पर पसोपेश में पड़ जाने के इस रहस्य-रोमांचपूर्ण काण्ड का 'राजनीति' और कानून से भले ही सम्बन्ध हो शिक्षा से कोई वास्ता नहीं हो सकता।

इस तरह 'शिक्षित' छात्रों में जो प्रथम श्रेणी पाते हैं वे भी अपने विषय की कोई बुनियादी जानकारी न रखते हों तो कोई आश्चर्य नहीं। एक बड़े व्यावसायिक प्रतिष्ठान के लिए प्रथम श्रेणी में पास इंजीनियरों की मौखिक परीक्षा लेने वाले का कहना था कि मुझे इन दिनों एक भी उम्मीदवार ऐसा नहीं मिलता जिसे इंजीनियरी का बुनियादी ज्ञान हो या जिसमें इंजीनियरी की कोई वास्तविक प्रतिभा हो। अन्त में चुनाव इस आधार पर करना होता है कि कौन उम्मीदवार ऐसे हैं जिनसे हमारी फर्म कुछ राजनीतिक प्रभाव की उम्मीद कर सकती हो। रह गया काम सो ठेकेदार करेंगे ही। शायद इन उम्मीदवारों को इंजीनियर नियुक्त करने से फर्म ठेकेदारों के काम की निगरानी ठीक से न कर पाए लेकिन अगर ये इस नुकसान से कहीं ज्यादा लाभ अपने राजनीतिक और प्रशासनिक सम्पर्कों के माध्यम से करा सकते हों तो ठीक है। सच तो यह है कि आज देश को चाहे जिनकी भी जरूरत हो, सारे सत्ता-प्रतिष्ठान को केवल सम्पर्क-सूत्रों की जरूरत है। ऐसे वातावरण में शिक्षा का अर्थ क्या रह जाता है? वह भी इसी 'सम्पर्क-कौशल' और 'राजनीति' का अंग होकर ही रह सकती है!

बजट : कथनी और करनी का अन्तर

चालू वर्ष के बजट-प्रस्ताव लोकसभा के मध्यावधि चुनाव के बाद प्रस्तुत किए गए हैं। आशा थी कि इनसे मूल्य स्थिर हो जाएँगे और जनता जनार्दन को सामाजिक न्याय मिल सकेगा। समाजवादी व्यवस्था लाने के लिए जो उपाय प्रस्तुत किए गए हैं, उनसे मूल्यों की स्थिरता सम्भव नहीं दीखती और न सामाजिक न्याय की प्रतिष्ठा ही होती दिखाई देती है। उससे किसी प्रकार का नया सामाजिक-आर्थिक ढाँचा भी नहीं बन सकेगा और न उससे 'गरीबी हटाओ' की दिशा में कोई कदम उठाया गया है। वित्तमन्त्री ने दावा किया था कि बजट प्रस्तावों से मूल्यवृद्धि नहीं होगी, परन्तु तथ्य यह है कि संसद में बजट-प्रस्ताव रखने के कुछ ही क्षणों में सामान्य उपभोक्ता की कमर पर नया बोझा लद गया। कई चीजें तुरन्त महँगी हो गईं या बाजार से नदारद हो गईं, वित्तमन्त्री के बजट भाषण में ऊँचे सिद्धान्तों की गौरव-गाथा गाई गई, परन्तु बजट-प्रस्ताव मौके के अनुकूल नहीं कहे जा सकते।

यह ठीक है कि सामाजिक विषमता दूर करने के लिए सरकार ने कम्पनियों द्वारा ऊँचे वेतनों पर कर-मुक्ति की नई सीमा निर्धारित की है, नए प्रस्तावों से 15 लाख से ऊपर की सम्पत्ति पर अधिक करों का बोझ डाला गया है, इसी के साथ आय के गुप्त साधनों, जायदादों तथा वास्तविक मूल्य से कम दिखाकर कर कम देने के मामलों में राष्ट्रीय हितों की सुरक्षा एवं करों की वसूली के लिए नए उपाय घोषित किए गए हैं। सरकार का इरादा नेक और बुलन्द है, परन्तु उन्हें व्यवहार देने की रीति-नीति में कोई दम-खम नहीं है। यही कारण है कि प्रति वर्ष नए और पुराने करों का बोझ ईमानदार और वेतनभोगी वर्ग पर ही पड़ता है और करों और काले-धन का वारा-न्यारा करने वाले तत्त्व अछूते रह जाते हैं। करों की वसूली यदि ठीक व्यवस्थित ढंग से की जाए तो सम्भवतः नए करों की अपेक्षा ही न रहे, परन्तु वसूली एवं प्राप्ति की व्यवस्था में इतने छिद्र हैं कि राष्ट्रीय कोष कभी भरता ही नहीं।

इस बार अन्तरिम बजट में एक सौ चौदह करोड़ रुपयों की आय का अनुमान था, परन्तु वास्तविक बजट पचीस करोड़ रुपयों के घाटे का है। इस स्थिति-परिवर्तन का मुख्य कारण सम्भवतः बांग्ला देश के संघर्ष से उत्पन्न परिस्थिति है। बजट में बांग्ला देश से आए पीड़ित शरणार्थियों के लिए 60 करोड़ रुपयों का प्रावधान रखा

गया है, इसी के साथ रक्षा-व्यय में भी 59 करोड़ रुपयों की वृद्धि की गई है। ये दोनों ही राशियाँ उचित हैं। देश के पूर्वांचल की स्थिति न सुधरी तो शायद इन दो मदों में कोटि-कोटि धनराशि जुटानी पड़ सकती है। इस परिस्थिति में अधिक अच्छा होता कि सरकार अपने आय के स्रोतों को दृष्टि में रखकर ही नई योजना बनाती। बांग्ला देश के मामले में तथा भारत-पाक संघर्ष के दौरान हमारा एक भी राष्ट्र सच्चा साथी सिद्ध नहीं हुआ है, ऐसी हालत में हमें अपनी चादर के अनुसार पैर पसारने होंगे। नए बजट-प्रस्तावों में लगभग 4 अरब के घाटे का अनुमान है, जिसमें से नए करों द्वारा पौने दो अरब रुपए वसूल किए जाएँगे, शेष सवा दो अरब रुपयों का घाटा रह जाएगा। हमें घाटे की यह अर्थव्यवस्था बन्द करनी होगी, अन्यथा हमें पग-पग पर दूसरों का सहारा लेना पड़ेगा, फलतः देश में मुद्रा-स्फीति बढ़ेगी और महँगाई का दानव रोका नहीं जा सकेगा। योजना-व्यय में तीन अरब की वृद्धि का बोझ भारत के सामान्य करदाता की सामर्थ्य से बाहर है, इसे मर्यादित करना चाहिए।

यद्यपि सौन्दर्य-प्रसाधनों या फैशन की चीजों पर कर उचित कहा जा सकता है, तथापि सामान्य जनता के उपयोग की पाव रोटी, सिले कपड़ों, बिजली के बल्बों, पंखों चीनी मिट्टी के बर्तनों, प्रेशर कुकरों, थर्मस आदि पर कर लगाना तथा पेट्रोल की कीमत बढ़ाने से वाहन-परिवहन के खर्च में वृद्धि कभी उचित नहीं कही जा सकती। लौंग और ऊनी वस्त्र विलास की सामग्री न होकर घर-घर और जन-जन के स्वास्थ्य और शीत-निवारण में सहायक हैं। उन पर कर बढ़ाना सामान्य जन की सुख-सुविधा की उपेक्षा करना है। इसी प्रकार नहाने का साबुन न केवल स्वास्थ्य के संरक्षण के लिए आवश्यक है, वह सार्वजनिक एवं व्यक्तिगत सफाई के लिए एक अनिवार्य साधन है। शराब तथा सुख-सुविधा की दूसरी चीजों पर करों का बोझ बढ़ता तो शायद विरोध की आवाज नहीं उठती। हमारी राष्ट्रीय आय के स्रोत एवं आयकर आदि मुख्यतया नगरों की सम्पन्न एवं मध्यमवर्गीय जनता पर आधारित है। अच्छा होता कि नगरों की करों से पिसती हुई जनता पर नए कर-भार न लगाकर कृषि की बढ़ी हुई आय पर भी कर की व्यवस्था की जाती तो हमारी अर्थ-व्यवस्था सन्तुलित होती। यदि इस बारे में कोई संवैधानिक कठिनाई है तो उसे संसद से दूर करवाया जा सकता है। वित्तमन्त्री की कथनी और करनी के अन्तर को दूर करना होगा और केवल उन्हीं साधन-स्रोतों का सहारा लेना होगा जो सामान्य मध्यम वर्ग और निम्न वर्ग पर बोझ न बनें। कहीं ऐसा न हो कि 'गरीबी हटाओ' का नारा व्यवहार में मध्यम वर्ग को हटाओ सार्थक हो जाए।

मर्ज गरीबी का : इलाज नीमहकीमी!

विशेषज्ञों का अन्दाजा है कि इस बीसवीं शताब्दी के अन्त तक संसार की जनसंख्या इतनी अधिक बढ़ जाएगी कि उसके भरण-पोषण की समस्या अनाज एवं खाद्य साधनों के वर्त्तमान उपलब्ध भण्डार से सम्भव नहीं होगी। उसे पूरा करने के लिए जनसंख्या का नियन्त्रण करना होगा। नई वैज्ञानिक तकनीकी विधियाँ अपनाकर खाद्य-उत्पादन की वृद्धि करनी होगी तथा जल एवं भूमि के अविकसित स्रोतों को खोजना होगा। विश्व के अभावों, न्यूनताओं की उलझनों एवं गरीबी की समस्या को आज व्यवस्थित एवं वैज्ञानिक दृष्टि से समझने-परखने का यत्न किया जा रहा है। उस महान प्रयत्न के सम्मुख जब हम अपने देश के अभावों और गरीबी को देखते हैं, तब हृदय हाहाकार कर उठता है। आज विश्वकोश या इन्साइक्लोपीडिया में जब गरीबी का विवरण दिया जाता है, तब वहाँ भारत की गरीबी और गरीबों के उदाहरण दिए जाते हैं।

अर्थशास्त्रियों के सर्वेक्षण के अनुसार हमारे देश की 25 प्रतिशत अर्थात 13 करोड़ 75 लाख जनसंख्या की आय 30 पैसे प्रतिदिन से अधिक नहीं है। आंकड़ानवीसों का कहना है कि 1961 में 23.8 करोड़ भारतीय प्रजाजनों की मासिक आय की क्षमता 20 रुपए प्रतिमास से अधिक न थी 1968 में इस मासिक आय की क्षमता वाली जनता की संख्या 28.7 करोड़ हो गई। स्थिति कितनी विषम है, इसके लिए यह तथ्य गवाह है कि 1958 में देश की पाँच प्रतिशत जनता मात्र पाँच रुपए प्रतिमास पर अपना गुजर-बसर कर रही थी, 1968 में इतनी ही प्रतिशत जनता का जीवन-यापन का व्यय बढ़कर केवल सवा छह रुपए प्रतिमास हुआ था। देश के पाँच लाख साठ हजार गाँव आज गरीबी के प्रत्यक्ष नमूने बने हुए हैं। इसी के साथ हमारे देश की गरीबी और सम्पन्न देशों की गरीबी में आकाश-पाताल का अन्तर है। विदेशों में वहाँ काम-धन्धा न मिलने पर अथवा राष्ट्रीय स्तर से न्यून आय एवं मापदण्ड वाला व्यक्ति बेकार या गरीब समझा जाता है। वहाँ सरकारें बेकारी का भत्ता देती हैं, सामान्य जनता के रोग-निवारण, बुढ़ापे एवं परिवार से बिछुड़ने पर सहारे की व्यवस्था करती हैं, वहाँ के देशों में ऊँचा जीवनस्तर पाने की ललक और चाह

है, कुपोषण समाप्त करने एवं पोषणतत्त्वों को भरपूर करने की समस्या है, उसकी तुलना में हमारे देश में गरीबी एक राष्ट्रीय तत्त्व है।

यहाँ पशुओं का गोबर धोकर उससे अनाज एकत्र करने, फसल काटने के बाद खेतों से अनाज के दाने एकत्र कर, पत्तों, जंगली फलों और घास से भी जीवन-यापन करने के उदाहरण देश के विविध अंचलों में दिखाई दे रहे हैं। आंकड़ा विशेषज्ञों का कथन है कि देश की 70 प्र. श. जनता कुपोषण की शिकार है। इन्हीं विशेषज्ञों का यह भी निष्कर्ष है कि देश की कम से कम 86 प्र. श. जनता अभावों का जीवन बिता रही है। इस देश में समस्या केवल कुपोषण, सामान्य अभावों या गरीबी की न होकर रोटी, वस्त्र, निवास, औषध के कभी भी दर्शन तक न होने की है। विश्व के सम्पन्न देशों की गरीबी की तुलना यहाँ के उच्च मध्यम वर्ग से की जा सकती है। यहाँ के गरीब या अकिंचन सामान्य जन को तो अभावों, कष्टों और दुखों का बारहमासी शिकार कहा जा सकता है। इस भीषण गरीबी के मर्ज का इलाज अभी हमारे देश में नहीं हो पाया है। देश को स्वाधीन हुए यद्यपि 24 वर्ष हो गए हैं तथापि यहाँ की गरीबी में कोई कमी नहीं आई है।

गरीबी का मर्ज दूर करने के लिए तरह-तरह के इलाज बतलाए जाते हैं। कोई समाजवाद का रास्ता बतलाता है, दूसरा पूँजीवाद का, तीसरा साम्यवाद का, चौथा जनहितकारी अधिनायकवाद का। इन सभी रास्तों को अपनाने की बात कही जाती है, परन्तु व्यवहार में जनता के अभाव, अभियोग एवं दारुण गरीबी दूर नहीं होती। इस लाइलाज मर्ज को दूर करने के लिए अर्थशास्त्री डा. वी. के. आर. वी. राव का सुझाव है कि वस्तुओं के दाम तय कर दिए जाएँ। एक अन्य अर्थशास्त्री डा. रामस्वामी का परामर्श है कि सरकार काला धन निकलवाए, एक प्राध्यापक संघ के अध्यक्ष का कथन है कि गाँवों का शोषण समाप्त होना चाहिए। एक तीसरे अर्थशास्त्री की राय है कि गाँवों में कृषि और छोटे उद्योगों को महत्ता दी जानी चाहिए। एक चौथे अर्थशास्त्री की राय है कि सार्वजनिक क्षेत्रों का घाटा रोककर, निजी क्षेत्रों को काम के अवसर देने चाहिए। एक अन्य विचारक की सम्मति है कि हमें विदेशों की अन्धी नकल न कर कुटीर उद्योगों तथा खेती से सम्बन्धित व्यवसायों को प्राथमिकता देनी चाहिए। एक गाँधीवादी अर्थशास्त्री का कथन है कि देश से गरीबी का उन्मूलन उसी स्थिति में सम्भव है जब हम प्रत्येक क्षेत्र में स्वावलम्बन एवं स्वदेशी का व्रत लें।

खेद का विषय आज यही है कि जब हम संसार में गरीबी के प्रतीक बन चले हैं। हमारे देश में गरीबों का सर्वाधिक प्रतिशत है, तब भी हम इस मर्ज के इलाज

के लिए किसी रामबाण दवा का प्रयोग न कर नीमहकीमी ही कर रहे हैं। आज समय का तकाजा है कि हम नारों और वायदों के स्थान पर कुछ ठोस कार्य कर दिखाएँ। गाँधी जी, रफी अहमद किदवई और सरदार पटेल जैसे राष्ट्रनेताओं ने समय-समय पर देश की कुछ गम्भीर लाइलाज समस्याओं को अपने व्यावहारिक उपायों से सुलझाया था। गाँधी जी ने पस्त देश को अहिंसा का शस्त्र दिया था, रफी साहब ने अनाज की किल्लत को जादू की तरह दूर कर दिया था, सरदार ने रियासती अलस्टर अपने बज्रबाहु से खत्म कर दिए थे, आज भी कुछ उसी तरह के व्यावहारिक दृष्टिकोण से ही गरीबी का मर्ज सुधर सकता है, नीमहकीमी अथवा ऊँचे नारों और थोथे वायदों से नहीं।

यह तस्कर कारोबार और ये पहरुये

उस दिन केन्द्रीय कस्टम एवं एक्साइज के प्रशिक्षण-डायरेक्टर श्री रामचन्द्रन ने 'तस्कर व्यापार और भारत की अर्थ-व्यवस्था' पर भाषण देते हुए कुछ दिलचस्प तथ्य प्रकाशित किए हैं। उन्होंने बतलाया है कि देश में प्रतिवर्ष 1 अरब रुपयों का सोना गैरकानूनी रूप से आता है। उसकी तुलना में 1970 में सीमा पर 23 करोड़ रुपयों का माल अवैध रूप से लाया जाता हुआ जब्त किया गया। उस जब्त किए माल में 45 करोड़ रुपयों का सोना था, शेष माल में घड़ियाँ, नकली सूत और चाँदी थी। श्री रामचन्द्रन ने इस विशाल तस्करी के लिए देश के 1500 मील लम्बे तट तथा तस्करों के संगठित गिरोहों को कारण कहा है। विदेशों से जो माल आता है, या जो माल विदेशों को भेजा जाता है, उसे तस्करों के सिण्डीकेट व्यवस्थित एवं प्रचलित प्रणाली से मँगाते हैं। इसी के साथ भारतीय प्रवासी इन्हीं तस्करों के माध्यम से अपनी अर्जित विदेशी मुद्रा अधिक विनिमय-मूल्य लेकर भारत भिजवा रहे हैं। इस सबका फल यह हुआ है कि तस्करों के बाजार में भारतीय सिक्का रुपया 'हैण्डलूम' कहलाता है, स्विट्जरलैण्ड का सिक्का 'काफी', अमेरिकी मुद्रा डालर 'ड्रिल' कहलाती है और ब्रिटिश सिक्का पौण्ड 'मसलिन' कहा जा रहा है। स्पष्ट है कि विश्व के मुद्राबाजार में संसार के कुछ दूसरे देशों की मुद्राएँ बढ़िया चीजों की प्रतीक हैं तो हमारे रुपए की हालत 'हैण्डलूम' या हथकरघे के तुल्य रह गई है।

स्वभावतः जिज्ञासा होती है कि हमारे सिक्के की इस दुरवस्था का क्या कारण है? इसका स्पष्ट कारण यह है कि हमारे देश में कथित स्वराज्य और समाजवादी व्यवस्था का सूत्रपात होने के बावजूद हमारे राष्ट्रीय जीवन में त्याग, सादगी एवं राष्ट्र के लिए व्यक्तिगत स्वार्थ को ठुकराने की वृत्ति पैदा नहीं हुई। सम्भवतः यही वह मुख्य कारण है—हमारा देश आर्थिक दृष्टि से संसार के निर्धनतम राष्ट्रों में अग्रणी है, हमें अपनी विकासशील अर्थ-व्यवस्था के लिए पग-पग पर विदेशी सहायता का सहारा लेना पड़ता है, इतने पर भी विश्व भर की विलास एवं फैशन की सामग्री की तस्करी खपत के लिए हमारा देश, संसार की सबसे बड़ी मण्डी बना हुआ है। हमारे 50 करोड़ दीन-दुखी प्रजाजनों के देश में विलायती घड़ियाँ, टेरेलीन, नायलोन, ट्रांजिस्टर, टेप रिकार्डर, बढ़िया विलायती इत्र-खुशबू और प्रसाधन-सामग्री, बढ़िया

सिगरेटें, धूप की ऐनकें, दूरबीन कैमरे, टी. वी. सैट, विलायती शराब, सोना-चाँदी-हीरा विश्व के बाजारों से कई गुनी कीमतों पर भारत की मण्डियों में बिकते देखे जाते हैं।

अमेरिका, ब्रिटेन, जापान, पश्चिमी जर्मनी, स्विट्ज़रलैण्ड आदि देश औद्योगिक और आर्थिक दृष्टि से अत्यन्त समृद्ध देश हैं, ये राष्ट्र भी विलायती विलास और प्रशासन की चीजें नहीं खरीदते हैं, फिर हमारे जैसा दरिद्र देश इतने अधिक तस्करी कारोबार की संसार की सबसे बड़ी मण्डी क्यों है? इसी के साथ कुछ दूसरे कड़वे तथ्य जुड़े हुए हैं। देश में सफेद बाजार की जगह काला बाजार समूची अर्थव्यवस्था की रीढ़ की हड्डी बना हुआ है। सीमाप्रदेश की चौकियों, हवाई हड्डों पर तैनात कस्टम पुलिस, फौज के अधिकारियों में यदि काली भेड़ न हो तो यह तस्करी धन्धा एक क्षण नहीं चल सकता। इसी के साथ यह तथ्य भी हम भूल नहीं सकते कि स्वदेशी उद्योग की उपभोक्ता वस्तुएँ–स्टेनलेस, एलाय स्टील, चद्दरें, भवन-निर्माण और फर्नीचर के उपयोग का लोहा, सोडा, एश, कास्टिक, कृत्रिम रेशे आदि वस्तुएँ 70 से 100 प्रतिशत अधिक मूल्य पर बिक रही हैं। सामान्य उपयोग का कागज बीजक के मूल्य से तिगुने-चौगुने मूल्य पर बिक रहा है।

इस पर यह कुतूहल स्वाभाविक है कि विश्व के तस्करी कारोबार की हमारे देश में ही सबसे बड़ी मण्डी क्यों है? इसी के साथ क्या कारण है कि अपने ही देश में बनने वाला सामान्य उपयोग का माल भी कई गुनी कीमत पर क्यों बिक रहा है? इन दोनों ही स्थितियों के दो कारण हो सकते हैं। पहला कारण यह हो सकता है कि हमारी सरकार का शासन सम्बन्धी ढाँचा इतना पतला हो गया है कि वह इस हालत को सुधार सकने में सर्वथा असमर्थ है, अथवा इस तस्करी व्यापार को रोकने के लिए सरकार जिस मशीनरी पर भरोसा करती है वह इस तस्करी व्यापार से ऐसी घुल-मिल गई है कि वह उसमें कोई सुधार या परिवर्तन कर ही नहीं सकती। यदि तस्करी व्यापार की रोकथाम करने वाले पहरुये अपने काम को सरंजाम देने में असमर्थ हैं तो सरकार को इस सारी मशीनरी को बदलना होगा, अन्यथा इस सारी दुरवस्था के कलंक का दोष शासन पर लगे बिना नहीं रहेगा।

उक्त दुरवस्था का दूसरा कारण यह हो सकता है कि आज एक सामान्य भारतीय नागरिक में वह नागरिकता की भावना और राष्ट्रभक्ति का अभाव है जो कि ब्रिटेन, जर्मनी, जापान जैसे देशों के जागरूक देशभक्त और प्रजाजनों में है। उन देशों के स्वाभिमानी नागरिक विदेशी फैशन की चीजों को कभी भी चोर-बाजार या खुले बाजार में खरीदने का देशद्रोह नहीं करते। उसी के साथ वहाँ स्वदेशी माल को नफा-खोरी पर नहीं बेचा जाता। देश की वर्तमान महँगाई का कारण जहाँ मुनाफाखोरी की वृत्ति

हैं, वहीं उसके मूल में राष्ट्र के प्रति जागरूक न रहकर राष्ट्रीय धन-गौरव की उपेक्षा भी है। कृषि एवं उद्योग के क्षेत्रों में हरित क्रान्ति और वैज्ञानिक वृत्ति ने देश या आर्थिक तन्त्र को सुधारा है, परन्तु हमारे सामान्य दैनिक जीवन के मूल में राष्ट्रीय हितों की उपेक्षा होने से हमारे देश का आर्थिक आधार इतना कच्चा है कि पूर्व बंगाल, पाकिस्तान, चीन अथवा राष्ट्रीय या अन्तरराष्ट्रीय घटनाचक्र का एक भी नया मोड़ हमारे सारे आर्थिक ढाँचे को चरमरा सकता है। आज यह एक जिज्ञासा का प्रश्न है कि सरकार और नागरिक इस दुरवस्था के लिए अपने दायित्व को क्या समझ सकेंगे?

प्रश्न अनेक उत्तर एक

उस दिन सुबह उठते ही अखबार की सुर्खियों पर नजर पड़ी तो बड़ी बेचैनी-सी हुई। अधिकृत रूप से इस तथ्य की पुष्टि हुई कि अमेरिका से शस्त्रों से लदा तीसरा जहाज भी पाकिस्तान आ रहा है। यह खबर भी प्रसारित हुई कि अमेरिकी शस्त्रों से भरा पहला जहाज पाकिस्तान पहुँच भी गया है। विदेश मन्त्रालय ने अमेरिकी सरकार से अनुरोध किया था कि वह जहाजों को वापस कराने के लिए कदम उठाए। यह भी ज्ञात हुआ कि भारतीय अनुरोध का अमेरिका से निश्चित उत्तर नहीं आया, परन्तु जानकार सूत्रों के अनुसार अमेरिका ने इस कार्य में अपनी असमर्थता प्रकट की है। अमेरिकी असमर्थता का कारण यह भी बतलाया गया है क्योंकि वे जहाज पाकिस्तानी हैं, इसलिए अमेरिका उन्हें वापस नहीं करवा सकता। इस सम्बन्ध में भारत का मत है कि चाहे वे जहाज पाकिस्तानी ही क्यों न हों, उन पर अमेरिकी हथियार लदे हैं, इसलिए अमेरिकी सरकार उन्हें बीच समुद्र में या पाकिस्तानी समुद्री सीमा में भी रुकवा सकती है। इस प्रमुख समाचार के साथ छपा हुआ यह समाचार भी मन खट्टा कर गया कि केन्द्रीय विदेश मन्त्री श्री स्वर्ण सिंह ने कांग्रेस संसदीय दल को सूचित किया कि यदि बांग्ला देश की समस्या का कोई राजनीतिक हल शीघ्र न निकाला गया तो भारत को अपनी मर्जी से कदम उठाने के लिए बाध्य होना पड़ेगा। रक्षामन्त्री श्री जगजीवनराम ने अगरतला में आश्वासन दिया है कि बांग्ला देश की जनता पर पाक अत्याचारों का भारत मूक दर्शक बना नहीं रह सकता।

उक्त प्रमुख समाचार के साथ कुछ दूसरे समाचारों की सुर्खियाँ भी मन को अशान्त कर गईं। पश्चिम बंगाल के राज्यपाल श्री धवन ने मुख्यमन्त्री श्री अजय मुखर्जी की सलाह पर राज्य विधानसभा भंग कर दी है। उसी के साथ यह समाचार भी दिया गया था कि युवक कांग्रेस के नेता श्री नारायण कर की हत्या के प्रतिवाद में कलकत्ते में 12 घण्टे का कलकत्ता बन्द रखा गया। यह उल्लेखनीय समाचार भी साथ ही प्रकाशित था कि कछार जिले में भारत पूर्वी बंगाल सीमा पर दो मास के लिए कर्फ्यू लगा दिया गया है। बड़े शीर्षकों के नीचे यह संवाद भी बेचैनी पैदा करने के लिए पर्याप्त था कि पूर्व बंगाल से शरणार्थियों का अजस्र प्रवाह जारी है। प्रधानमन्त्री श्रीमती इन्दिरा गाँधी ने स्वीकार किया है कि पूर्व बंगाल के लाखों

शरणार्थियों ने देश की अर्थव्यवस्था को हिला दिया है। उन्होंने यह भी कहा है कि समय आने पर बांग्ला देश की सरकार को मान्यता देने के विषय में कार्यवाही की जाएगी। इसी के साथ यह समाचार भी दिया गया था कि विदेशों से लौटे भारतीय मन्त्रियों एवं राजनयज्ञों का ख्याल है कि विदेशों की राय में राजनीतिक समझौते से ही बांग्ला देश की समस्या का हल सम्भव है।

इनके साथ कुछ छोटे-मोटे दूसरे समाचार भी थे। इन्दौर में युवक कांग्रेस अधिवेशन : उत्साह अपार, उपलब्धि शून्य। रोहतक के एक समाचार का शीर्षक था युवकों द्वारा कांग्रेस रैली का बहिष्कार। एक अन्य समाचार था—बुलन्दशहर में शस्त्रों का कारखाना पकड़ा गया। मुखपृष्ठ पर बड़े टाइप में खबर छपी थी—सुरक्षा विधेयक पर राज्यसभा की भी मुहर, अधिकांश विपक्षी सदस्यों का सदन से विरोध-स्वरूप बहिर्गमन। पृष्ठ के नीचे मोटे टाइप में यह खबर भी छपी थी—पाक को अमेरिकी शस्त्र-सहायता—लोकसभा के सदस्यों में भारी उत्तेजना। इसी के साथ यह संवाद भी छपा था चम्बा के मन्दिर की विष्णु मूर्त्ति जिसका मूल्य 50 लाख रुपए आँका गया है, बम्बई में विदेशी को निर्यात करते हुए पकड़ी गई। दिल्ली जंक्शन पर महात्मा बुद्ध की प्राचीन मूर्त्तियाँ पकड़ी गईं। एक ही दिन के ये छोटे-मोटे समाचार हैं, उनमें स्वर अनेक हैं, प्रश्न विविध हैं, परन्तु उनकी धुन एक ही है, सम्भवतः उनका एक ही उत्तर निकलता है। मुद्दे की बात यह है कि चाहे समस्या देश से बाहर की अन्तरराष्ट्रीय हो अथवा देश में शान्ति-व्यवस्था को कायम कर आन्तरिक सुरक्षा की हो, जब तक हमारी बाहुओं में शक्ति नहीं है, जब तक हम शक्ति और सामर्थ्य के साथ अपने वचनों और आश्वासनों को पूरा करने का रास्ता नहीं अपनाते तब तक अन्तरराष्ट्रीय एवं राष्ट्रीय क्षेत्रों पर हमारी उपलब्धि शून्य रहेगी।

कई महीने हो गए, बांग्ला देश के संघर्ष को शुरू हुए। पहले ही दिन से हमने उन्हें अपना नैतिक समर्थन दिया। हमें उम्मीद थी कि बड़े राष्ट्र बांग्ला देश को मान्यता देंगे। उन्होंने उसे मान्यता नहीं दी। स्पष्ट है कि विश्व के बड़े राष्ट्र चाहते हैं कि दक्षिण-पूर्वी एशिया में, विशेषतः भारतीय उपमहाद्वीप में, शक्ति-सन्तुलन में कोई भी परिवर्तन नहीं होना चाहिए। भारत के दोनों बाजुओं पर पाकिस्तान का निर्माण इसी लक्ष्य के लिए किया गया था और आज भी स्वतन्त्र भारत को एक महाशक्ति न बनने देने के लिए संसार के बड़े राष्ट्र बांग्ला देश के साढ़े सात करोड़ प्रजाजनों के जनमत को ठुकराकर भी पाकिस्तान के सैनिक शासन को निर्बल करने के लिए प्रस्तुत नहीं हैं। वे लाखों बंगवासियों के नरसंहार को पाकिस्तान का घरेलू प्रश्न मानते हैं। अब हम उम्मीद करते हैं कि अमेरिका पाकिस्तान को शस्त्रों की मदद रोक देगा। कच्छ पर हमले और भारत-पाक संघर्ष के समय हमारे विरुद्ध

अमेरिकी हथियारों का खुलकर प्रयोग हुआ। जैसे उन दिनों आइजनहावर के आश्वासन सार्थक नहीं हुए, उसी प्रकार आज निक्सन-प्रशासन के वचन सार्थक सिद्ध नहीं हो रहे। स्पष्ट आश्वासनों के बावजूद अमेरिकी हथियार पूर्व बंगाल के दमन के लिए पाकिस्तान को मिल रहे हैं। बांग्ला देश को बड़े राष्ट्र मान्यता देंगे, अथवा वे वहाँ नरसंहार रोकने के लिए हथियार न देंगे, ये सब कल्पनाएँ व्यर्थ हैं। हम वहाँ के नरसंहार के मूक दर्शक नहीं रहेंगे, हम वहाँ भारत के अनुकूल राजनीतिक समाधान करेंगे, अथवा उपयुक्त समय आने पर हम बांग्ला देश को मान्यता देंगे आदि आश्वासन दोहराने का समय अब लद चुका है।

अब समय आ गया है जब हम राष्ट्रीय एवं अन्तरराष्ट्रीय मोर्चे पर दीनता और पलायन की वृत्ति छोड़ दें। हमें बड़े राष्ट्रों के सहारे या संरक्षण की रीति-नीति छोड़नी होगी। हमें केवल जनहित और राष्ट्रहित का खयाल कर केवल अपनी ही शक्ति के बलबूते राष्ट्रीय एवं अन्तरराष्ट्रीय समस्याएँ सुलझाने का व्रत लेना होगा। बंगाल में शान्ति-सुरक्षा न होने से ही आतंकवादी तत्त्व राष्ट्रवादी कार्यकर्ताओं को चुन-चुन कर खत्म कर रहे हैं, देश की मूर्त्तियाँ, राष्ट्रीय अलभ्य सम्पत्ति मुनाफाखोर विदेशों को भेज रहे हैं, विलायती फैशन की विलास-सामग्री मुँहमाँगे मूल्य पर देश की मण्डियों में बिक रही है, लाखों शरणार्थी देश में आ गए हैं। राष्ट्र की आर्थिक व्यवस्था चरमरा रही है। बांग्ला देश के संग्राम में फौजी तानाशाह भीषण नरसंहार कर रहे हैं, बंगाल में ही नहीं, देश के दूसरे भागों में कानून-व्यवस्था की स्थिति बिगड़ रही है। हमारे देश की आन्तरिक अव्यवस्था तथा उस पर बाह्य आक्रमण की सम्भावना का तकाजा था कि हम पूरी शक्ति और दृढ़ता से देश के आन्तरिक शत्रुओं और बाह्य खतरों का मुकाबला करते। खेद है कि यह सब नहीं हो रहा है। देश पर बहुत-से खतरे मँडरा रहे हैं। हमारे सामने विविध प्रश्न हैं, उन्हें सुलझाने का रास्ता भी केवल स्वावलम्बन और आत्मशक्ति का है। यह भी खेद की बात है कि देश पर मँडरा रहे अनेक खतरों से बचाव के एक ही रास्ते स्वावलम्बन का अवलम्बन हम भूल गए से दीखते हैं।

इस प्रकार हम देखते हैं कि किस प्रकार हम देखते हैं

अध्यापन के क्षेत्र से जिस किसी का भी कोई सम्बन्ध रहा हो—और हमारा किसी के सौभाग्यवश इस क्षेत्र से घनिष्ठ घरेलू सम्बन्ध है—उसने औसत भारतीय छात्र-छात्रा की उत्तर-पुस्तिकाओं में भरे पड़े फिकरे 'इस प्रकार हम देखते हैं' का दर्शनलाभ अवश्य किया होगा। साथ ही उसने श्रीमान 'अतः' को 'इस प्रकार हम देखते हैं' के आसपास किसी चापलूस मुसाहिब की तरह मँडराता हुआ पाया होगा। विज्ञानेतर विषयों में भी प्रयुक्त की जाने वाली यह वैज्ञानिक शब्दावली ऐसा आभास देती है कि हमारा शिक्षाजगत तर्क का कायल है। तथ्यों के संकलन और विवेचन में तटस्थ वैज्ञानिक दृष्टि अपनाना छात्रों की आदत में शुमार हो चुका है। लेकिन हर 'इस प्रकार हम देखते हैं' के ऊपर की पंक्तियाँ पढ़ने पर यह सवाल मन में उठता है कि 'इस प्रकार' हम आखिर 'किस प्रकार' देखते हैं? विवेचन और निष्कर्ष में उतना सम्बन्ध भी नजर नहीं आता जितना भानुमति के कुनबे के सदस्यों तक में देखा जा सकता है। शास्त्रार्थ वाले तेवर महज इसलिए अपनाये गए हैं कि शास्त्र के ज्ञान में वह सिफर है। वैज्ञानिक शब्दावली का प्रयोग छात्र की वैज्ञानिक दृष्टि का नहीं, फिकरापसन्दी और पिष्टोक्ति-प्रेम की गवाही देता है। तन्तर-मन्तर और टोने-टोटके की दुनिया में रहने वाले इस 'वैज्ञानिक' छात्र को विश्वास है कि कहने का एक खास ढंग अपना कर निस्सार कथ्य को सारवान बनाया जा सकता है। लेकिन थोथी पिष्टोक्तियों की इस उबाऊ पुनरावृत्ति के लिए जब हम छात्रों को दोषी ठहराने बैठते हैं तब खयाल आता है कि छात्र का दिमाग, समाज के दिमाग से अलग हो नहीं सकता। जिस छलिया विज्ञान और छद्म-तर्क के लिए हम छात्र को दोषी ठहरा रहे हैं वह निश्चय ही हमारे समाज में व्याप्त होगा। हमारे समाज के लिए जो भी नेता हैं सो फिल्मों में या राजनीति में हैं। फिल्मी तर्क की बानगी अदालत वाले दृश्यों में मिलती है और राजनीतिक तर्क की बानगी रोज सुबह अखबार हमारे सामने पेश करता है। दोनों ही जगह तथ्य को एक औपचारिकता का और तर्क को एक भंगिमा का दर्जा देने की प्रवृत्ति नजर आती है।

बम्बइया फिल्म की अदालत इस विचित्र तर्क-पद्धति को स्वीकार कर लेती है तो उससे किसी का कुछ बिगड़ता नहीं लेकिन अगर जनता की अदालत में भारतीय राजनीति इसी बेतुके तर्क से पार लगती रही तो देश का बेड़ा गर्क होने में कोई सन्देह नहीं। दुर्भाग्यवश हमारी राजनीति में 'अतः इस प्रकार' देखने-दिखाने वालों की संख्या आजादी मिलने के बाद तेजी से बढ़ती गई। यहाँ तक कि जो आजादी की लड़ाई में द्रष्टा के रूप में हमारे सामने आए थे वे सत्ता का हस्तान्तरण और राष्ट्र का विभाजन स्वीकार करते ही इस प्रकार देखने वालों की बिरादरी में शुमार हो गए। विभाजन से सारा स्वाधीनता-संघर्ष एक ही झटके में निरर्थक नहीं हो जाएगा यह समझना और समझाना 'इस प्रकार' देखने वालों के ही बूते की बात हो सकती थी, द्रष्टाओं की नहीं। अंग्रेजों की दी हुई दफ्तरशाही को ज्यों-का-त्यों रखकर देश में नई व्यवस्था लाने की सम्भावना भी 'इस प्रकार' देखने पर ही नजर आ सकती थी। लिहाजा 'इस प्रकार' देखने का सिलसिला बड़े पैमाने पर शुरू हुआ।

'इस प्रकार' मार्का राजनीतिक दर्शन के अन्तर्गत बेतुकी अंग्रेजी में 'बैकेट द एग्रेशन' और 'सोशलिस्टिक पैटर्न आफ सोसायटी' जैसे बेमानी फिकरे गढ़े और चलाए गए। श्रीकृष्ण मेनन इस दर्शन के सबसे बड़े पण्डित के रूप में प्रतिष्ठित हुए। उन्होंने संयुक्त राष्ट्र में कश्मीर के सम्बन्ध में घण्टों 'इस प्रकार' शैली में भाषण किया और अपने साथ-साथ अपने देशवासियों को भी इस भ्रम में रखना चाहा कि अन्तरराष्ट्रीय पंचायत अपना फैसला प्रतिद्वन्द्वियों के भाषणों की लम्बाई के आधार पर करती है। कश्मीर के बाद तिब्बत और भारत-चीन सीमा के सन्दर्भ में भी 'इस प्रकार' से देश का उद्धार करने का फार्मूला आजमाया गया। तिब्बत पर चीन का कैसा अधिकार हम स्वीकार कर रहे हैं इसकी बारीकियाँ हमने अपने को समझाईं, 'सुजरेनिटी' और 'सोबरेनिटी' का फर्क अपने को बताया। हमने अपने को नहीं समझाया तो यह कि तिब्बत पर चीन का अधिकार मानने के साथ तिब्बत-भारत सीमा का भारतीय मान्यता के अनुसार स्थायी निरूपण करने की शर्त जोड़ देनी चाहिए। हम 'पंचशील' की खोज करके प्रसन्न हो लिए। जब चीन ने अपने सामरिक हित की रक्षा के लिए हमारी सीमा के भीतर से गुजरने वाली एक सड़क बना ली तब हमने 'फार्वर्ड पालिसी' की खोज कर डाली और इस फिकरे से इतने उत्साहित हुए कि कोई सामरिक तैयारी किए बगैर हमने विवादग्रस्त क्षेत्र में चौकियाँ बना डालीं। 'इस प्रकार' देखते हुए हमें युद्ध की कोई सम्भावना नजर नहीं आई और हमने माना कि सीमा-विवाद चौकियाँ बनाने के खेल में जीत जाने भर से हल हो जाएगा। जब विधिवत लड़ाई शुरू हो गई और हम उसमें हारते चले गए तब हमने मोहभंग की घोषणा की। लेकिन अब बांग्ला देश के सन्दर्भ में हमने फिर 'इस प्रकार'

मार्का चिन्तन के प्रति अपना मोह प्रदर्शित किया है। हमारी फिकरापसन्दी 'रेफ्यूजी' के लिए 'एस्केपी' शब्द गढ़कर प्रसन्न हो रही है मानो मात्र इसी से बांग्ला देश के शरणार्थियों के वापस जाने की व्यवस्था हो जाएगी। मन्त्रियों को विश्वमत अपने पक्ष में करने के लिए विश्वयात्रा पर भेजा गया है। पुराने फार्मूले के अनुसार मुस्लिम मन्त्री मुस्लिम देशों को भेजे जा रहे हैं। मानों मन्त्री वहाँ जाकर कुछ ऐसा कह या कर सकते हैं जो राजदूत नहीं कह या कर सकता। मानो मन्त्री के मुसलमान होने से मुस्लिम देशों पर दबाव डालना आसान हो जाता हो!

'इस प्रकार' के रोग से देश का कोई राजनीतिक दल अब मुक्त नहीं है और राजनीति का यह रोग जन-जीवन के अन्य क्षेत्रों में भी फैला हुआ है। छात्र उत्तर-पुस्तिका में इसका सहारा अपने अज्ञान को छिपाने के लिए लेता है तो हमारे नेतागण इसे सत्य से साक्षात के क्षण को टालने की सरल युक्ति मानते हैं। अपनी गलती और कमजोरी पर पर्दा डालने के लिए, उच्च आदर्श और दूरदर्शिता का ढोंग बनाए रखने के लिए, समस्या के वास्तविक हल के लिए पर्याप्त साहस जुटाने से बच पाने के लिए उन्हें 'इस प्रकार' मार्का गोलमोल तर्क उपयुक्त मालूम पड़ता है! इस प्रकार हम देखते हैं कि किस प्रकार हम देखते हैं—या देखने से बचते रहते हैं।

नेकी कर कुएँ में कूद

शायद आपको कभी डाक द्वारा कोई पत्र-शृंखला आगे बढ़ाने के आदेश मिले हों—इस चेतावनी के साथ कि शृंखला तोड़ने पर भयंकर अनिष्ट होगा; इस आश्वासन के साथ कि शृंखला आगे बढ़ाने पर अपार सुख-समृद्धि की प्राप्ति होगी। सम्पादक की डाक में हमें सन्तोषार्थी व्यक्तियों के ऐसे पत्र मिलते ही रहते हैं। आज की डाक में जो मिला था वह इस वक्त सामने पड़ा हुआ है। उसे देखकर कल्पना एक बेपर की उड़ान भर रही है—शायद देश के आजाद होते ही किसी ने सत्ता-प्रतिष्ठान से सम्बद्ध व्यक्तियों में इस आशय की पत्र-शृंखला शुरू की हो कि अपने किन्हीं दस परिचितों को तुरन्त यह लिख भेजो 'मैं भ्रष्ट, तू भ्रष्ट, सब भ्रष्ट। जो भ्रष्ट, सो मस्त! जो न भ्रष्ट सो नष्ट!' ऐसा लिख भेजोगे तो महीने भर में अच्छा फल पाओगे, नहीं लिखोगे तो महीने भर में सत्ता से बिछुड़ जाओगे। अन्धविश्वासों के इस देश का आधुनिकतम अन्धविश्वास यह है कि अच्छाई का फल बुरा होता है। 'नेकी कर कुएँ में डाल' के फलसफे तक तो हम पहले ही पहुँच चुके थे, अब 'नेकी कर कुएँ में कूद' के कायल हो चले हैं। अच्छाई हमें किसी घातक संक्रामक रोग की तरह आतंकप्रद मालूम होने लगी है। शीलवान और गुणवान होना हमें सबसे बड़ा अवगुण प्रतीत होने लगा है। भ्रष्टता में इतनी अटूट आस्था निश्चय ही शैतान के किसी अनन्य शिष्य ने कोई पत्र-शृंखला आरम्भ करके हमारे मध्य पैदा की होगी।

सारी दुनिया में दुनियादारी यह मानती चली आई है कि 'सत्ता भ्रष्ट करती है'। दुनिया के हर देश में कुछ सत्तावान व्यक्ति भ्रष्ट सिद्ध होते हैं और कई प्रकार की भ्रष्टता 'दस्तूर' या 'लियाजां' या 'किक बैक' जैसे नामों से एक सधा-बँधा, दबा-ढका, मान्य दर्जा भी पाती है। लेकिन भ्रष्टाचार की अनिवार्यता और अमोघता में जैसी आस्था स्वाधीन भारत के सत्ता-प्रतिष्ठान को है वैसी संसार के चन्द भयंकर रूप से पिछड़े हुए अर्द्ध-तानाशाही वाले देशों के अतिरिक्त शायद ही और कहीं हो। साथ ही यहाँ भ्रष्टता 'दस्तूर' वाले दबे-ढके स्तर से कहीं नीचे गिर चुकी है। उसका टुच्चापन सचमुच हैरतअंगेज है। मसलन कुछ राज्यों में मन्त्रियों तक के सम्बन्ध में यह मशहूर है कि वे अपने विभाग से सम्बद्ध सारी नियुक्तियों और तबादलों के लिए घूस लेते हैं। इसी प्रकार एक बड़े शहर में नगर निगम की छोटी-सी ओवरसियरी

का भाव एक उम्मीदवार ने हमें पाँच हजार रुपया बताया। उम्मीदवार इस भाव नौकरी पाने के विषय में आश्वस्त था और नौकरी उसे मिल भी गई इसलिए उसके दावे की सचाई में सन्देह करना मुश्किल है। यह कहा जा सकता है कि हमारे यहाँ जो भी खाता है वह हर मद में खाता है–बड़ी-से-बड़ी घूस से लेकर दफ्तर की आलपिन तक वह कुछ भी नहीं छोड़ता।

भारतीय भ्रष्टाचार की दूसरी विशेषता यह है कि वह अपना भला करने के साथ-साथ जनता का परोक्ष ही नहीं, प्रत्यक्ष अहित करने से भी बाज नहीं आता। मान लीजिए कि 'क' के कम मूल्य के टेण्डर की जगह 'ख' का महँगा टेण्डर मंजूर किया जाता है तो उससे जनता के कुछ धन का एक बार अपव्यय होता है। मगर जब 'ख' को महँगे टेण्डर पर कच्ची इमारत बनाने दी जाती है तब उसमें रहने या काम करने वालों को वर्षों तक मुसीबत उठानी पड़ती है। इसी प्रकार पुलिस, चिकित्सा, सेना और शिक्षा जैसे कुछ विभाग ऐसे हैं जिनमें भ्रष्टाचार का होना जनता के लिए व्यापक रूप से तकलीफदेह और खतरनाक सिद्ध हो सकता है। हमारे यहाँ सार्वजनिक सेवा-कार्य के ऐसे क्षेत्रों में भी भ्रष्टाचार पूरे उभार पर है। उदाहरण के लिए पुलिस को ही लीजिए। हाल में हमारे सहयोगी 'हिन्दुस्तान टाइम्स' द्वारा प्रकाशित एक संवाद के अनुसार दिल्ली में पुलिस थानों की बाकायदा 'नीलामी' होती है। यह माना जाता है कि थाने में नियुक्ति के लिए अधिकारी जितनी रकम 'नीलामी' में देगा उससे कहीं अधिक वह 'मामलों को दबाने' की घूस के रूप में प्राप्त कर सकेगा।

भारतीय भ्रष्टाचार की तीसरी विशेषता यह है कि वह 'उत्पादनशील' नहीं है। भ्रष्ट व्यक्ति भ्रष्टाचार के अतिरिक्त न कुछ करता है, न करने देता है, और न करवाता है। यह कुल मिलाकर एक नकारात्मक किस्म का भ्रष्टाचार है। मान लीजिए किसी ने 'क' की जगह 'ख' को प्रश्रय दिया और फिर 'ख' से जमकर अच्छा काम लिया तो हमें उससे बहुत शिकायत नहीं हो सकती। लेकिन अगर किसी का सारा धन्धा ही 'ख' के गोलमाल को छिपाते रहकर माला-माल होना हो तो शिकायत बहुत ज्यादा होगी। ऐसे 'काम के' भ्रष्ट लोग हमारे यहाँ इने-गिने ही होते हैं जिनके विषय में कहा जाता है कि साहब जमकर खा रहा है मगर अपने प्रदेश या क्षेत्र में काम भी खूब करवा रहा है। नकारात्मक रवैये का एक दूसरा पक्ष यह है कि हमारे यहाँ भ्रष्टाचार अक्सर 'कोई विशेष सुविधा देने के लिए' नहीं, 'कोई खास सजा न देने के लिए' किया जाता है। यह भी उल्लेखनीय है कि भ्रष्टाचार से प्राप्त धन किसी 'उत्पादनशील' काम में नहीं लगता। इसकी एकमात्र उपलब्धि यह है कि इससे जमीन-जायदाद का भाव तेज हुआ है और भोग-विलास दिन दूना बढ़ता गया है।

भारत में भ्रष्टाचार निकम्मेपन को निकम्मेपन का नायाब तोहफा बन चला है और यह तोहफा खुद 'खाने-पीने और मौज उड़ाने' के अतिरिक्त और किसी काम का नहीं है। देश के औसत नागरिक का जीवन इस भ्रष्टाचार के कारण सांसत में पड़ा हुआ है तो भी देश का औसत नागरिक कुछ न करके मौज मारने के इस माध्यम को पा जाने के लिए ललक रहा है। शहराती मध्यम वर्ग की पढ़ी-लिखी सन्तान उस फन में उस्ताद बनने को बेताब है जिससे जिन्दगी में 'सम फन' मिल सकें। आजाद भारत की 'आदर्शवादी' नेतागिरी ने उपभोग की आधुनिकता का आदर्श कायम कर दिखाया है। इस बीच वह अपनी भ्रष्ट जोड़-तोड़ में इतनी व्यस्त रही है कि उत्पादन की आधुनिकता से न खुद परिचय कर सकी है, न देश का परिचय करा सकी है। शुद्ध सामन्ती मानस की भ्रष्टता आधुनिक देशों की भ्रष्टता से भिन्न है। वहाँ भ्रष्टता को चुनौती देने का साहस किया जा सकता है यहाँ भ्रष्टता को चुनौती देना और सत्ता से हाथ धोना पर्यायवाची बन चले हैं। परलोकवाद की इस पुण्यभूमि में रुपैया न सिर्फ बाप और भैया से बड़ा मान लिया गया है बल्कि भ्रष्टाचार को रुपैया पाने के एकमात्र साधन के रूप में प्रतिष्ठित कर दिया गया है। परलोकवादी अपना इहलोक कितने जतन से सुधार रहे हैं।

चीनी पिंगपोंग और भारतीय हड़बोंग

विश्व राजनीति का दूसरा नाम विडम्बना है। जिस चीन सरकार के अस्तित्व तक से अमेरिका को आज भी इनकार है उससे चीन आने का न्योता पाने की घोषणा अमेरिकी राष्ट्रपति निक्सन ने कुछ इस अन्दाज से की है कि अब तो बेड़ा पार है। राजनीति बेतुके जोड़ बिठाने में बेजोड़ मानी जाती रही है और अगर अमेरिका की घरेलू राजनीति और अन्तरराष्ट्रीय सत्ता-संघर्ष के तकाजे चीन और अमेरिका में मैत्री करा दें तो किसी को कोई आश्चर्य नहीं होगा। राष्ट्रपति निक्सन को इस लायक बनना है कि उनका दल 72 के चुनाव में उन्हें फिर इस पद के लिए उम्मीदवार बनाए और अमेरिकी जनता उनकी उम्मीदवारी को सफलता तक पहुँचाए। अगले चुनाव में निक्सन की सफलता इस पर निर्भर है कि तब तक वीएतनाम का मसला हल होता है कि नहीं? मसला हल करने में चीन उनके लिए बहुत हद तक मददगार साबित हो सकता है। जब जानसन वीएतनाम के मामले में मार खाकर मैदान से पिछली बार हट गए तब निक्सन को राष्ट्रपति पद का चुनाव जीतने का मौका मिला। वह जानते थे कि अगर 72 तक उन्होंने यह मसला हल नहीं कर दिखाया तो उन्हें भी जानसन की तरह मैदान से हट जाना पड़ेगा, इसीलिए राष्ट्रपति बनने के बाद से वह बराबर कुछ गुपचुप और कुछ खुले तौर पर चीन की ओर दोस्ती का हाथ बढ़ाते रहे थे। इस बीच चीन परमाणु एवं उद्‌जन बमों तथा दूरगामी प्रक्षेपास्त्रों से लैस होकर तथा देश के हर वयस्क नागरिक को छापामार सैनिक का प्रशिक्षण देकर महाशक्तियों की जमात में कदम रख चुका है और अपने मुख्य प्रतिद्वन्द्वी सोवियत संघ के मुख्य प्रतिद्वन्द्वी चीन से सम्बन्ध सुधारना अमेरिका अन्तरराष्ट्रीय सत्ता-संघर्ष की दृष्टि से भी अच्छा समझने लगा है।

अब सवाल यह है कि इस गोरख-धन्धे में उस भारत की क्या गति होगी जिसने चीन को 'भाई' का दर्जा तब दिया था जब चीन को दुनिया में दोस्त ढूँढ़े नहीं मिल रहे थे? उस वक्त हमें यह समझना चाहिए था कि एशिया के शक्ति-संघर्ष में चीन हमारा प्रतिद्वन्द्वी ही हो सकता है, मित्र नहीं। लेकिन हम यह मानकर चले कि चीन हमारी मित्रता को बहुत मूल्यवान मानेगा और हमारे एहसान से लदा रहेगा। हमने यह भी नहीं सोचा कि चीन का हमारे प्रति दोस्ताना रुख किस हद तक रूस के

प्रति हमारे दोस्ताना रुख पर निर्भर है। उस समय विकास के पहले दौर में चीन के लिए रूस से दोस्ती बनाए रखना बहुत जरूरी था—खासकर यह देखते हुए कि अमेरिका च्यांगकाई शेक सरकार को चीन की मुख्य भूमि पर फिर प्रतिष्ठित करने के लिए कटिबद्ध नहीं तो प्रतिबद्ध अवश्य था। हमने इस बात की कोई कल्पना नहीं की कि आगे चलकर चीन एक स्वतन्त्र महाशक्ति के रूप में सामने आने के लिए न सिर्फ रूस से नाता तोड़ना बल्कि रूस को खुली चुनौती देना जरूरी समझेगा। इस स्थिति में पहुँचने के लिए जो कुछ भी जरूरी था सो चीनी नेताओं ने अपनी तानाशाही के जोर से कर दिखाया। कभी चीन को हम रूस का पुछल्ला भर मानते थे और देखते-ही-देखते हम खुद चीन के लिए रूस के पुछल्ले भर रह गए। सीमा के विषय में उसने हमसे लड़ाई की और लड़ाई में हमको नीचा दिखाया। उसने इस उप-महाद्वीप में हमारे प्रतिद्वंद्वी पाकिस्तान को गले लगाया और चीन-पाकिस्तान मैत्री से हम ही नहीं, हमारा मित्र सोवियत संघ भी आक्रान्त हो उठा। अमेरिका को भी अपने पट्ठे पाकिस्तान का यों चीनी अखाड़े में चले जाना चिन्ताप्रद मालूम हुआ। इसी कारण 'ताशकन्द समझौता' हम पर थोपा गया और आज इसी कारण बांग्ला देश के मामले में हम अपने को बेसहारा पा रहे हैं।

बांग्ला देश के सन्दर्भ में इस चीन-भय ने हमें कहीं का नहीं छोड़ा। हमने शुरू में ऐसे तेवर दिखाए मानो बांग्ला देश को मान्यता देने और पश्चिम पाकिस्तान से मुक्ति दिलाने में हम कोई कसर उठा नहीं रखेंगे। धीरे-धीरे हम ठण्डे पड़ते चले गए क्योंकि जिन महाशक्तियों का हम मुँह जोह रहे थे उन्होंने हमें घास नहीं डाली। अब हम शरणार्थियों की वापसी की माँग कर रहे हैं लेकिन निहायत दबी जबान से। मुजीब को सत्ता सौंपने का कोई समझौता हुए बगैर शरणार्थी वापस नहीं जाएँगे और उन्हें ऐसे समझौते के अभाव में वापस भेजना उन्हें हमेशा के लिए अपना दुश्मन बना लेना होगा। शायद इसीलिए हमारी सरकार इस सम्बन्ध में पाकिस्तान से बातचीत के लिए प्रस्तुत होने में विशेष उत्साह नहीं दिखा रही है। उधर बांग्ला देश में मुक्ति फौज की छिटपुट छापामार कार्रवाई सर्वत्र जारी है और पाकिस्तान उसमें हमारा हाथ देख रहा है। उसने धमकी दी है कि इसके परिणाम गम्भीर होंगे और अगर लड़ाई हुई तो वह अकेला नहीं होगा—अर्थात चीन उसका साथ देगा। अब तक 68 लाख शरणार्थी आ चुके हैं और विदेशी समाचारपत्रों में पाकिस्तानी सेना के अवामी लीग समर्थकों और हिन्दुओं को बांग्ला देश से उखाड़ने की योजना का जो ब्यौरा प्रकाशित हुआ है वह यह दर्शाता है कि होते-होते शरणार्थियों की संख्या एक करोड़ से ऊपर पहुँच जाएगी। यह बोझ हम कैसे बरदाश्त करेंगे?

हमारा यह विश्वास भी गलत साबित हुआ है कि अमेरिका पाकिस्तान को अस्त्र

और धन देना बन्द कर देगा तथा अमेरिका और सोवियत संघ याह्या खां पर मुजीब से समझौता करने के लिए जोर डालेंगे। अमेरिका तो स्पष्ट ही पाकिस्तान को चीन तक पहुँचने के पड़ाव का दर्जा दे चुका है और इस नाते वह पाकिस्तान की और अधिक सहायता करेगा। रहा सोवियत संघ तो उसके लिए हमारी अनमोल दोस्ती बे-मोल बन चुकी है। अगर हम बांग्ला देश के मामले में अड़ जाते तो उसे अमेरिका-पाकिस्तान-चीन गठजोड़ की आशंका से निबटने के लिए हमारी मैत्री का मोल चुकाना पड़ता। अब भी हमारे अड़ जाने पर स्थिति यही हो सकती है लेकिन प्रतिरक्षा बजट दिन दूना बढ़ाते चले जाने के बावजूद हम अपने को अशक्त राष्ट्र मानते हैं। सम्भावना इस बात की है कि बड़े राष्ट्र हम पर पाकिस्तान से पाकिस्तान की शर्त्तों पर समझौता करने के लिए दबाव डालें। हम हद से हद ऐसे समझौते के लिए तैयार न होकर युद्ध और शान्ति के बीच की स्थिति को बरकरार रख सकते हैं। कश्मीर और भारत-तिब्बत सीमा की तरह बांग्ला देश का सवाल भी लटका रह जाएगा और हमारे लिए महँगा साबित होगा और हम पर घटियापन की मोहर कुछ और गाढ़ी हो जाएगी। अब भी समय है कि हम सारी स्थिति पर राष्ट्रहित में पुनर्विचार करें और एशियाई शक्ति-स्पर्द्धा में चीन से टक्कर लेने के कूटनीतिक और सामरिक उपाय करें।

पापा को मामा से, मामा को पापा से...

वर्षों पहले कभी अंग्रेजी का एक लोकप्रिय गीत सुना था– ' पापा लब्ज मामा, मामा लब्ज पापा ' और अब हिन्दी फिल्म का एक गीत सुन रहे हैं–' पापा को मामा से, मामा को पापा से प्यार है... ।' क्या बोल में, क्या तर्ज में, तर्जुमे की तहजीब का एक नायाब नमूना है यह गीत। भारतीय और विदेशी लोकप्रिय संगीत के प्रेमी हिन्दी फिल्मों के इस तरह के पचासों गीत आपको बता सकते हैं जिनकी धुन विदेशी रिकार्डों से उड़ाई गई है। आपको ऐसी फिल्मों की सूची भी दी जा सकती है जिनकी सारी कथा या जिनके कई प्रसंग विदेशी फिल्मों या उपन्यासों में से बगैर कृतज्ञता ज्ञापन किए हुए उठा लिए गए हैं। ए.जे. क्रानिन के मशहूर उपन्यास 'द सिटिडेल' की तर्ज पर तैयार 'तेरे मेरे सपने' का एक ताजा नमूने के तौर पर यहाँ जिक्र किया जा सकता है।

अनुवाद की इस संस्कृति के लिए बम्बइया फिल्मों को हम कोसने बैठते हैं तो खयाल आता है कि यही सिलसिला हमारे यहाँ सर्वत्र व्याप्त है। साहित्य में आपको काफ्का के काकरोच की ताल पर नायक के चित्त में तिलचट्टे की चित-पट दिखाने वाले मिल जाएँगे। रंगमंच पर तो खैर बोलवाला ही अनूदित नाटकों का है। कला में आपको किसी को श्रेष्ठ इसीलिए मान लेना पड़ता है कि उस पर किसी श्रेष्ठ विदेशी कलाकार की छाप है। संसद में आपको मे की 'पार्लियामेंट्री प्रेक्टिस' घोखने वाले मिल जाएँगे। अध्यक्ष का ब्रितानी परम्परा के अनुसार पहली बार आसन-ग्रहण करने में संकोच करना समाचार का विषय बनता है। राजनीति में आपको ऐसे लोग मिल जाएँगे जो हर बात रूस या अमेरिका या चीन की तर्ज पर प्रस्तुत करते हैं। सरकारी कामकाज में भारतीय भाषाएँ अंग्रेजी से अनुवाद के लिए ही रख छोड़ी गई हैं। सारा शिक्षा-सुधार शिक्षा-व्यवस्था की ब्रितानी तर्ज हटाकर अमेरिकी तर्ज लाने को समर्पित है। प्रौद्योगिकी के क्षेत्र में हमारी 'प्रगति' एक के बाद एक विदेशी पेटेंट आयात करते रहने को प्रतिबद्ध है। सम्भव है कि आप आपत्ति करें कि इन बातों का परस्पर कोई सम्बन्ध नहीं है। मसलन संगीत निर्देशक शंकर जयकिशन द्वारा किसी विदेशी गीत का भारतीय संस्करण प्रस्तुत किया जाना और विदेश मन्त्री स्वर्णसिंह द्वारा अमेरिकी राष्ट्रपति की चीन-यात्रा का विश्वशान्ति के हित में स्वागत

किया जाना दो अलग-अलग बातें हैं। लेकिन हम आग्रहपूर्वक कहना चाहते हैं कि ये दोनों बातें एक ही मनःस्थिति से उपजी हैं।

अनुवाद की यह मनःस्थिति देश को मध्यमार्गी 'समन्वयवादी' पीढ़ी ने दी है जिसने स्वाधीनता-संग्राम में थोड़ा-बहुत हिस्सा लेने के बाद स्वाधीनता के बाद सत्ता-भोग में बहुत काफी हिस्सा लिया है। यह पीढ़ी अपने पश्चिम-प्रेम को या पश्चिम के समक्ष अपनी हीन-भावना को एक लगभग कपोल कल्पित पूर्व के रंगबिरंगे रेशमी पर्दों से छिपाती आई है। इस प्रकार उसने समन्वय की कसमें खाकर छायावादी किस्म के चिन्तन और मायावादी किस्म के जीवन की एक अद्भुत परिपाटी चलाई। अब इस पीढ़ी की सन्तति समन्वय को एक सिरे से नकारते हुए 'मायावाद' में रम रही है। मायावाद के लिए वह पश्चिम को अपना एकमात्र प्रेरणा-स्रोत मानती है। जिस तरह पश्चिम के पॉप म्युयूजिक की हर नई देन कुछ वर्षों के बाद बम्बइया फिल्मी धुन में समा जाती है उसी तरह पश्चिम की युवा-पीढ़ी का हर फैशनपरस्त नारा कुछ वर्षों के अन्तराल से हमारे सत्ताभोगी वर्ग की सन्तान द्वारा 'हमारा' घोषित' कर दिया जाता है। विचार की नकल के बाद आचार-व्यवहार की नकल का दौर शुरू हो चला है। आज दिल्ली विश्वविद्यालय के खेल मैदान के आस-पास का नजारा पाँचवें-छठे दशक के अमेरिकी उपन्यासों में वर्णित 'डेटिंग' के दृश्यों की याद ताजा कर देता है। रति-सुख-सन्धान के इस अनुष्ठान की तमाम शब्दावली भी अमेरिकी है—'डेटिंग', 'नैकिंग', 'पैटिंग', 'आल द वे!'

यह आचार-परिवर्तन किसी वास्तविक सामाजिक परिवर्तन पर आधारित नहीं है। यही वजह है कि पिछली पीढ़ी के 'समन्वय' की तरह नई पीढ़ी की 'आधुनिकता' को भी अधकचरापन मार गया है। मसलन 'डेटिंग' का यहाँ पश्चिम की तरह जीवन-साथी खोजने से कोई सम्बन्ध नहीं है। हमारी आधुनिकता 'डेटिंग' और 'ठहराई हुई शादी' दोनों का निर्वाह करना चाहती है। उसका आग्रह इतना ही है कि माँ-बाप कोई रुपए-पैसे से सम्पन्न और प्रवृत्ति से अधकचरा आधुनिक जीवनसाथी ढूँढ़ें। इसी दोगलेपन का स्वाद हमें सम्पन्न युवा-पीढ़ी द्वारा पकाई गई नक्सलवाद-हिप्पीवाद और मुक्त यौनाचार की खिचड़ी में मिलता है। विश्वविद्यालयों में सम्पन्न घरों से आए हुए छात्र नक्सलवादी इसलिए नहीं हैं कि उन्हें समाज में व्याप्त विषमताएँ बहुत परेशान कर रही हैं और उन्हें दूर करने के लिए वे माओ का बताया हुआ हिंसक मार्ग ही उचित समझते हैं। वे नक्सलवादी इसलिए हैं कि सम्पन्न पश्चिमी देशों के छात्र माओ की माला जपने को फैशन में शुमार किए हुए हैं। ये हिप्पी इसलिए नहीं हैं कि उपभोग की संस्कृति की अति से ये ऊब गए हैं, आधुनिकता के अकेलेपन से घबरा चले हैं और इन्हें किसी सादे सामुदायिक जीवन

की और इस लोक में ही परलोक के दर्शन करा देने वाले नुस्खों और द्रव्यों की तलाश है। ये तो हिप्पी इसलिए हैं कि पाश्चात्य संस्कृति को पराकाष्ठा पर पहुँचाने वाले देश अमेरिका में हिप्पीवाद का जन्म हुआ है। मुक्त-यौनाचार का, 'स्विगिंग' का 'माओवाद या हिप्पीवाद से दूर का भी नाता नहीं, वस्तुतः यह सम्पन्न देशों की उस अधेड़ पीढ़ी की देन है जिसका वहाँ के माओवादी और हिप्पी विरोध कर रहे हैं। लेकिन यार लोग माओ के विचार को भी मुक्त-यौनाचार में लपेटे ले रहे हैं। इसी प्रकार माओवाद और हिप्पीवाद का कोई दूर का भी नाता नहीं है लेकिन हमारे सम्पन्न घरों की सन्तान को दोनों को एक मानने में कोई नुकसान नजर नहीं आ रहा है। सच तो यह है कि उसके लिए इस सबमें फैशन-परस्ती के अतिरिक्त और कोई सचाई नहीं है। तभी यह संभव होता है कि आज का नक्सली-हिप्पी-स्विंगर कल अपने पिता की तरह आई. ए. एस. का अधिकारी या किसी विदेशी कम्पनी का बड़ा अफसर बिना किसी द्वन्द्व के बन जाता है। उसका आग्रह मात्र इतना है कि मामा और पापा तब घर से अच्छे बच्चों की तरह चले जाएँ जब उनके अच्छे बच्चे पार्टी के बाद 'पोस्टमैन' का खेल और 'पाट' का सेवन शुरू करने वाले हों। पापा और मामा निश्चिन्त हैं कि इस उदारता के कारण उनके फटीचर पिता जी माता जी समझ लिए जाने की कोई आशंका नहीं रह जाएगी। वे और उनका परिवार भले ही बैलगाड़ी वाले देश में रहते हों, उनके तथा उनके बच्चों के विचार भले ही आज भी मूलतः साहबी-कम-सामन्ती-ज्यादा हों, वे अपने घर में जैट-सेट का भ्रम तो पैदा कर पा रहे हैं। आधुनिकता अर्जित करने का कष्ट उठाए बगैर वे आधुनिकता भोग तो सके हैं।

स्वाधीन भारत : नेहरू से इन्दिरा तक

नेहरू जी अक्सर नियति के न्यौते की चर्चा किया करते थे। शायद ही उनका ऐसा कोई महत्त्वपूर्ण भाषण हुआ हो जिसमें उन्होंने देश की समस्याओं को विशालतर अन्तरराष्ट्रीय और ऐतिहासिक परिप्रेक्ष्य में देखने-दिखाने की कोशिश न की हो। आज 'डेट विद डेस्टिनी' का जिक्र हमारे नेताओं की जबान पर भूले से भी नहीं आता है। इतिहास के आग्रह की बात अब किसी भी मंच से नहीं होती।

इसकी एक वजह यह हो सकती है कि जिस ऐतिहासिक और अन्तरराष्ट्रीय परिप्रेक्ष्य में नेहरू जी भारत की विभिन्न समस्याओं को रखते-परखते थे उसे स्वयं उन्हें चीनी आक्रमण के बाद 'मोह' मानना पड़ा और नेहरू जी के मोहभंग ने हमें उनकी अन्तरराष्ट्रीय और ऐतिहासिक दृष्टि के प्रति शंकालु बना दिया। तो क्या हम अधिक 'यथार्थवादी' हो चले? हमने फैसला कर लिया कि राष्ट्रीय हितों की खातिर हवाई अन्तरराष्ट्रीयता का परित्याग कर देंगे? कच्छ के रण पर पाकिस्तान के दावेदारी तथा कश्मीर में पाकिस्तान की घुसपैठ के मामलों में शास्त्री जी ने और विमान अपहरण काण्ड पर इन्दिरा जी ने जो रुख अपनाया वह निश्चय ही एक नई दृढ़ता का परिचय देता था। लेकिन यह 'दृढ़ता' भी कुछ उतनी ही कारगर साबित हुई जितनी नेहरू जी की उदार अन्तरराष्ट्रीयता। कच्छ का मामला ट्रिब्यूनल में गया और 'लाहौर तक टहलते हुए' हम ताशकन्द पहुँचे। भारतीय क्षेत्र पर से पाकिस्तानी विमानों की उड़ान बन्द करने से आगे जो स्थिति पैदा हुई वह बांग्ला देश की घोषणा तो करा सकी मगर 'बांग्ला देश' को मान्यता नहीं दिलवा सकी। अब ऐसा प्रतीत होता है कि या तो हमें संयुक्त राष्ट्र की देख-रेख स्वीकार करके बांग्ला देश के मुक्ति अभियान को समाप्त करने में सहायक होना पड़ेगा या फिर शरणार्थियों का भार अपने ही बूते ढोते रहने तथा पाकिस्तान से पाकिस्तान के लिए उपयुक्त स्थल और सुविधाजनक समय पर युद्ध करने के लिए तैयार रहना पड़ेगा।

अगर नेहरू जी की मोहभंग घोषणा के बाद हम अधिक यथार्थवादी चिन्तन के कायल हो चले हैं तो क्या वजह है कि हमारी 'दृढ़ता' हमारे हितों के विरुद्ध पड़ने वाले उसी तरह के गतिरोध पैदा कर रही है जिस तरह के नेहरू जी की उदार अन्तरराष्ट्रीयता ने कश्मीर और भारत-तिब्बत सीमा के सन्दर्भ में पैदा किए थे?

'मोहभंग' भी क्यों उतना ही हवाई है जितना कि मोह था? यहीं एक और सवाल भी मन में उठता है। कहीं हमने 'नियति के न्यौते' की चर्चा इसलिए तो नहीं छोड़ दी है कि हम आश्वस्त हो चले हैं कि दूसरे दर्जे का देश होना ही हमारी 'नियति' है? क्या हम पर यह जाहिर हो चुका है कि महाशक्तियों की सत्ता-सन्तुलन-क्रीड़ा के नियमों को हम कहीं भी, कैसी भी चुनौती देने लायक नहीं रह गए हैं? अगर ऐसा है तो यही कहना होगा कि हमने नेहरू जी के मोहभंग से कोई वास्तविक शिक्षा ग्रहण नहीं की और प्रतिरक्षा पर बढ़ते हुए खर्च के बावजूद देश को पहले से अधिक कमजोर बनाया।

नेहरू जी ने भारत को महाशक्तियों के दोनों गुटों से दूर रखने और तीसरे तटस्थ संसार का नेता बनाने का स्वप्न देखा था। उन्हें उम्मीद थी कि दोनों गुटों से दूर रहकर भारत 'शीतयुद्ध' समाप्त कराने और विश्वबन्धुत्व स्थापित कराने में महत्त्वपूर्ण योग दे सकेगा। यही नहीं उसे शान्तिपूर्ण, लोकतन्त्रात्मक ढंग से आर्थिक प्रगति करने का अवसर भी इस प्रकार उपलब्ध हो जाएगा। नेहरू जी ने अगर गलती की तो यह समझने में कि महज गुटों से दूर रहने के कारण हम गुटों की राजनीति के प्रभाव से बच पाएँगे। यह सही है कि गुट-निरपेक्ष रहकर भारत कोरिया और हिन्दचीन के सन्दर्भ में अमेरिका और सोवियत संघ के बीच पुल का काम कर सका। लेकिन महज इसी से उसकी अपनी कोई अलग सत्ता न बन सकती थी और न बन सकी। अलग सत्ता बनाने के लिए यह आवश्यक था कि हम महाशक्तियों को चुनौती दे सकने की स्थिति में हों, हमारा कोई सुनिश्चित और स्पष्ट राष्ट्रीय लक्ष्य हो और हम यह जता दें कि उस लक्ष्य की प्राप्ति के लिए हम एक राष्ट्र के रूप में कड़ी से कड़ी मेहनत करने और बड़ी से बड़ी कुर्बानी देने को तैयार हैं। दूसरे शब्दों में नेहरू जी ने एशिया और विश्व में भारत की एक अलग हस्ती बनाने का जो स्वप्न देखा था वह खरा था। इस स्वप्न की पूर्ति के लिए भारत के भीतर जो कुछ किया जाना चाहिए था वह नेहरू जी कांग्रेस की खिचड़ी राजनीति और अंग्रेजों से विरासत में मिली हुई दफ्तरशाही को बरकरार रखते हुए करा नहीं सके। भारत इस स्थिति में कभी आ ही नहीं सका कि महाशक्तियों को वास्तविक चुनौती दे सके, उनके लिए एक खतरा बन सके।

महाशक्तियों को चुनौती देने के लिए कोई बहुत लम्बी-चौड़ी सेना या आधुनिकतम अस्त्रों के विराट भंडार की आवश्यकता नहीं थी। केवल वह नैतिक बल अपेक्षित था जो हमारे राष्ट्रीय संकल्प को अन्तरराष्ट्रीय मंच पर एक वास्तविक संकल्प का दर्जा दिला। सके। साथ ही इस बात की जरूरत थी कि हम उस संकल्प की पूर्ति के लिए हर मौके का पूरा लाभ उठाएँ। जापान ने दूसरे विश्वयुद्ध में हार

जाने और सैन्यशक्ति बढ़ाने के विषय में अपने पर प्रतिबन्ध लग जाने के बाद सारा ध्यान आर्थिक उन्नति पर लगा दिया। विजेता देश अमेरिका की सोवियत संघ और चीन से तनातनी का उसने आर्थिक पुनर्निर्माण के इस दौर में पूरा लाभ उठाया—अमेरिका से विशिष्ट व्यापार सुविधाएँ प्राप्त करके। जापान की सरकार, वहाँ के उद्योगपति और श्रमिक सभी जापान को एशिया ही नहीं, संसार की अन्यतम आर्थिक शक्ति बनाने के उद्देश्य में कुछ इस तरह जुट गए मानो यह धर्मयुद्ध का तकाजा हो। अब स्थिति यह है अमेरिका जापान की आर्थिक शक्ति से चिन्तित है, सोवियत संघ जापान से आर्थिक सम्बन्ध बढ़ा रहा है, चीन इस बात से घबराया हुआ है कि अगर जापान को सैनिक शक्ति भी बढ़ाने दी गई तो क्या होगा और चीन की शक्ति से घबराए हुए सोवियत संघ और अमेरिका यह सोचने को मजबूर हैं कि चीन का मुकाबला करने के लिए जापान को सैनिक शक्ति के रूप में उभरने का मौका अब दें। इसी तरह चीन ने 'शक्ति बन्दूक की नाल में से उगती है' का सिद्धान्त अपनाकर अपनी सारी ताकत समूचे देश को एक छावनी बना डालने में लगा दी। सोवियत संघ से आरम्भिक दौर में सहायता लेने और इस प्रकार अमेरिका से अपने बचाव का प्रबन्ध करने के बाद उसने स्वयं महाशक्तियों में सुधार होने के लिए सोवियत संघ की सत्ता को चुनौती दे डाली। हालाँकि इसकी वजह से उसे आर्थिक दृष्टि से बहुत बड़ी कुर्बानी देनी पड़ी।

हमने घरेलू मोर्चे पर स्वाधीनता को बहुत सुविधा से भोगा है। सुविधाभोग के आलम में साहस और संकल्प का कोई मतलब नहीं रह जाता। हम आखिर कब यह समझेंगे कि महाशक्तियाँ हमें हमारी 'अच्छाइयों' के लिए शाबाशी देते हुए हमें अपनी बिरादरी में शामिल करने वाली नहीं हैं? वे हरगिज यह नहीं चाहतीं कि एशिया में अब और कोई शक्ति उभरे और वे बखूबी यह जानती हैं कि इस रूप में उभर सकना भारत के बूते में है। लेकिन खुद भारत ही अगर इसे अपने बूते से बाहर मानता हो तो उन्हें सुख ही सुख है।

भाड़ में जाय यह बहुजन हिताय

कभी-कभी ऐसा प्रतीत होता है मानो हमारा सारा देश बहुत लाचार है और उसे इस लाचारी को दूर करने के लिए किसी (दैवी?) चमत्कार का इन्तजार है। आप गाँव में हों या कस्बे में, किसी शहर में हों या महानगर में, किसी सरकारी दफ्तर में हों या गैर-सरकारी प्रतिष्ठान में, किसी सांस्कृतिक गोष्ठी में हों या वैज्ञानिक सभा में, आप को कुल मिलाकर दो ही तरह के लोग मिलेंगे। एक तो वे जिनमें भूल से इतनी ईमानदारी बची रह गई है कि विकराल समस्याओं और विकट विषमताओं का अस्तित्व स्वीकार करें और उनसे परेशान हों, दूसरें वे जो इतनी ईमानदारी को भी सफल जीवन की दृष्टि से व्यर्थ का बोझ मान बैठे हैं। पहला वर्ग समस्याओं और विषमताओं का अस्तित्व स्वीकार करने के बाद 'वर्त्तमान परिस्थितियों' में उनका सन्तोषजनक समाधान असम्भव करार देता है। दूसरा वर्ग शायद 'वर्त्तमान परिस्थितियों' में उन समस्याओं को उठाना ही बेकार समझता है और इसलिए शुद्ध अपने हित की चिन्ता करना ही उचित मानता है। दोनों ही वर्ग आश्वस्त हैं कि 'वर्त्तमान परिस्थितियों' को बदलना उनके बूते की बात नहीं है। यह भी कि अगर उनका आचरण 'वर्त्तमान परिस्थितियों' को बद से बदतर बनाए दे रहा है तो उसमें भी कोई हर्ज नहीं है क्योंकि 'धर्म की यह ग्लानि' तो राष्ट्र की नियति है। हम अपने को रोक भी लें, दूसरे थोड़े ही रुकने वाले हैं? और 'ग्लानि' होने में कोई चिन्ता की बात नहीं क्योंकि जब काफी 'ग्लानि' हो जाएगी तब इस धन्यधरा के परित्राण के लिए कोई अवतारी पुरुष सामने आ ही जाएगा।

अगर ध्यान से देखा जाए तो इन दो वर्गों के लोगों में कोई बुनियादी अन्तर नहीं है। पहले वर्ग में अधिकतर ऐसे लोग हैं जो सत्ताधारी रह चुकने के बाद अब रिटायर कर दिए गए या जो सत्ता की दौड़ में किन्हीं राजनीतिक अथवा मनोवैज्ञानिक कारणों से पिछड़ गए हैं। दूसरे शब्दों में यह कि पहले वर्ग में ऐसे लोग हैं जिन्हें बेआबरू होकर दूसरे वर्ग से हटना पड़ा है। भूतपूर्व सत्ताधारी हमारे मध्य बहुत इत्मीनान से ईमानदारी बघारता नजर आता है। लेकिन यह 'ईमानदारी' भी नपुंसक है क्योंकि इसे मौजूदा हालात में सुधार की कोई सम्भावना नजर नहीं आती। इसे सुधार की दिशा में खुद कोई पहल करना बेकार मालूम होता है। तो हमारे भूतपूर्व

और अभूतपूर्व दोनों किस्म के सत्ताधारी यह मानकर चलते हैं कि हमारे समाज का भीतर से और बुनियादी तौर पर परिवर्तन करना फिलहाल असम्भव है। यही नहीं परिवर्तन की कोशिश शायद खतरनाक भी हो सकती है क्योंकि 'मौजूदा सत्ता' किसी हद तक उन्हीं 'मौजूदा हालात' पर कायम है जिन्हें बदलने की बात इस सन्दर्भ में उठती है। लेकिन सुधार की आवश्यकता से एक सिरे से इनकार कर देना भी मुश्किल है इसलिए हमारी राजनीति सामाजिक समस्याओं के वैधानिक समाधानों का आग्रह यदा-कदा करती है मानो कानून बन जाने से ही सब दुख-दर्द दूर हो जाएँगे। इसके साथ ही वह सतही आधुनिकता का प्रचार-प्रसार कर के एक ऐसा वातावरण तैयार करती है जिसमें समाज की परम्परागत समस्याओं का जिक्र करना दकियानूसी का सबूत देना मालूम होने लगता है।

जब हम यह माने ही बैठे हैं कि कोई बुनियादी सुधार नहीं हो सकता तब तथाकथित समाज-सेवा और समाज-सुधार क़ार्य सत्ता की राजनीति का ही एक अंग बनकर रह सकता है। इस क्षेत्र में जो भी व्यक्ति आता है या जो भी संस्थान खुलता है वह शीघ्र ही राजनीति के संरक्षण और दफ्तरशाही की सहायता का मोहताज हो जाता है। होते-होते समाज-सुधारक स्वयं एक छोटा-मोटा राजनीतिक नेता बन जाता है और सरकारी मदद से अपने क्षेत्र का 'विशेषज्ञ' होने के नाते देसी समस्याओं की चिन्ता छोड़कर विदेशी-सभाओं में शामिल होते रहने की चिन्ता शुरू कर देता है। जो व्यक्ति या संस्थान समाज की समस्याओं का वास्तविक समाधान करना अपना उद्‌देश्य मानता है उसे 'अवतार का इन्तजार करो और तब तक बंटाढार होने दो' के नारे में विश्वास करने वाला यह देश सिर-फिरा करार देता है। समस्याओं के वास्तविक समाधान के लिए कई जगह एक साथ कुछ छोटी-मोटी शुरुआत जरूरी होती है। इसलिए इस क्षेत्र में पहल करने वाले से यह भी कहा जा सकता है कि देश के सामने 'गरीबी हटाओ' और 'बांग्ला देश को मान्यता दो' जैसी बड़ी-बड़ी समस्याएँ हैं और आप एक टुच्ची-सी बात उठाने की हिमाकत कर रहे हैं। मान लीजिए कि कोई व्यक्ति या संस्थान दिल्ली में बसों के लिए क्यू लगवाने का और गोल कर दी जाने वाली सर्विसों का पूरा लेखा-जोखा रखने का बीड़ा उठाए तो वह एक वास्तविक समस्या के वास्तविक समाधान की दिशा में छोटी-सी मगर सार्थक पहल कर रहा होगा। लेकिन 'बांग्ला देश के विषय में प्रधानमन्त्री को समर्थन दो' बनाम 'बांग्ला देश को तुरन्त मान्यता' दिलवाओ की प्रतियोगिता के लिए जाने कितना खर्च करके लाखों की भीड़ इकट्ठा करने वाली हमारी राजनीति उसे बेकार की छोटी-मोटी बातों में वक्त बरबाद करने वाला मानेगी।

हमारे एक परिचित इंजीनियर ने पिछले दिनों डिजाइन-विशेषज्ञ की हैसियत से

एक शीर्षस्थ फर्म में अपना शीर्षस्थ पद त्यागकर अपना सारा धन और ज्ञान पर्वतीय क्षेत्रों की आर्थिक समस्याओं का समाधान ढूँढ़ने में लगाने का फैसला किया है। उनका कहना है कि अगर थोड़े धैर्य और लगन से काम किया जाए तो देश की हर समस्या का ऐसा वैज्ञानिक समाधान ढूँढ़ा जा सकता है जिसे उपलब्ध साधनों से लागू करना सम्भव हो। जाहिर है कि इस अनुभवी इंजीनियर के उत्साह को मूर्खता की संज्ञा दी जा रही है। अधिकतर लोगों की प्रतिक्रिया यह है कि 'थोड़े दिन में सब जोश ठंडा हो जाएगा और असलियत समझ में आ जाएगी।' हम समझते हैं कि आज देश को इस इंजीनियर की जैसी सामाजिक प्रतिबद्धता और वैज्ञानिक (इसलिए वास्तविक अर्थों में आधुनिक) दृष्टि की बड़ी आवश्यकता है। सरकार और राजनीति दोनों से कोई सरोकार न रखते हुए समाज की समस्याओं का समाज के भीतर से समाधान ढूँढ़ने वाले ऐसे 'सिर-फिरे' लोग जितने ज्यादा हों उतना अच्छा। यों अगर हम एक देश के रूप में अपनी समस्याओं के समाधान के लिए सिर-काटने वालों की प्रतीक्षा का फैसला कर चुके हों तो बात दूसरी है।

समस्याओं की चौबीसवीं वर्षगाँठ

हमारी आजादी की चौबीसवीं वर्षगाँठ के आस-पास कुछ ऐसी घटनाएँ घटी हैं जो हमें अपने भविष्य के प्रति किंचित शंकालु बनाती हैं।

इनमें से अधिकतर घटनाएँ बांग्ला देश से सम्बन्ध रखती हैं। बांग्ला देश में मुक्ति वाहिनी अब गोरिल्ला यानी छापामार पद्धति से लड़ रही है। विदेशी समाचार-पत्रों के ढाका स्थित संवाददाताओं का कहना है कि मुक्तिवाहिनी की छापामार कार्रवाइयों में इधर काफी तेजी आई है। उसने न सिर्फ सारे बांग्ला देश में पाकिस्तानी सेना के ठिकानों पर छिटपुट छापे मारे हैं बल्कि अनेक स्थानों पर आमने-सामने की बड़ी लड़ाइयाँ भी लड़ी हैं। पाकिस्तानी सेना इन कार्रवाइयों से काफी परेशान है और बदले में आतंक का सहारा ले रही है। जिस भी गाँव में छापामारों के होने का शक होता है उसे वह पूरी तरह जलाकर रख देती है और वहाँ के सारे निवासियों को शरणार्थी बनकर सीमा-पार भारत में चले जाने के लिए मजबूर कर देती है। 'काउण्टर इनसर्जेंसी' के हथकंड़े पाकिस्तानी सेना को वीएतनाम में रह चुके कुछ अमेरिकी विशेषज्ञ सिखा रहे हैं। अगर यही सिलसिला चलता रहा तो शीघ्र ही भारत में बांग्ला देश के शरणार्थियों की संख्या डेढ़ करोड़ से भी ऊपर पहुँच जाएगी। एक खतरा इस बात से है कि पाकिस्तानी शासकों के फुसलाने और डराने से अवामी लीग में फूट पड़ सकती है और मुक्तिवाहिनी पूरी तरह उन लोगों के हाथ में चली जा सकती है जिन्हें हम बांग्ला देश के नक्सलवादी मान सकते हैं। विदेशी पत्रकारों के संवादों से यह पता चलता है कि उग्र वामपन्थियों और अवामी लीगियों का संयुक्त मोर्चा फिलहाल बना हुआ है लेकिन थोड़ा तनाव दोनों में पैदा होने लगा है और उग्र-वामपन्थियों का पलड़ा भारी पड़ रहा है।

भारत में बांग्ला देश को लेकर भीड़ जमा कराने और नारे लगवाने की प्रतियोगिता कुछ इस तरह चल रही है, मानो यह राष्ट्रीय चिन्ता का एक गम्भीर विषय न होकर इन्दिरा-समर्थन और इन्दिरा-विरोध के तमाशे का एक अंग हो। हम बांग्ला देश की क्या सहायता कर सकते हैं, कर रहे हैं या करेंगे इस सम्बन्ध में कोई सुस्पष्ट सरकारी वक्तव्य नहीं आता। विदेशी पत्र-पत्रिकाओं में यह जरूर पढ़ने को मिलता है कि भारत ने छापामारों को प्रशिक्षण देने और उनके लिए हथियार जुटाने

में मदद की है लेकिन छापामारों की आवश्यकताओं को देखते हुए यह मदद नाकाफी है। मुक्तिवाहिनी के पास जितने छापामार हैं उससे तीन-चौथाई भी हथियार नहीं हैं और उसे इसीलिए लाचार होकर भरती रोक देनी पड़ी है। सम्भव है कि सरकार इस सम्बन्ध में कोई बयान देना राष्ट्रीय हित की दृष्टि से ठीक न समझती हो। लेकिन इस बात की कोई वजह नजर नहीं आती कि सरकार प्रतिपक्ष के साथ मिल-बैठकर इस विषय में राष्ट्रीय नीति को सुस्पष्ट और सुनिश्चित न कर सके। आवश्यक है कि इस मामले को दलगत न बनाया जाए और हम उस भंयकर भावुक भाषणबाजी और दफ्तरशाही टालू नुस्खेबाजी से अपने को हरचन्द बचाएँ जिसने पहले तिब्बत और फिर भारत-चीन-सीमा के मसले पर हमें भूल पर भूल किए चले जाने को बाध्य किया था।

इन्हीं दिनों सोवियत संघ से सन्धि होने का शोर रहा। हमने कुछ ऐसा जताने की कोशिश की कि इसका सम्बन्ध बांग्ला देश से भी है। लेकिन असलियत यह थी कि इस सन्धि का मसविदा वर्षों पहले तैयार हो चुका था और सोवियत संघ ने इसे एशिया में चीन के विरुद्ध संगठन बनाने के पहले कदम के रूप में प्रस्तावित किया था। हमने इसे अब मंजूर किया तो इसलिए कि हमें चीन, पाकिस्तान और अमेरिका में कोई अलिखित समझौता हो जाने और इस समझौते के आसरे पाकिस्तान द्वारा भारत पर आक्रमण कर दिए जाने की आशंका थी।

इसमें कोई शक नहीं कि सोवियत संघ से हमारी यह सन्धि पाकिस्तान को भारत पर आक्रमण करने से पहले काफी सोच-विचार करने के लिए मजबूर करेगी लेकिन यह मानना गलत होगा कि इससे हमें बांग्ला देश के विषय में कोई सैनिक पहल कर सकने का अवसर मिलेगा। सन्धि होने के तुरन्त बाद भारत सोवियत संयुक्त वक्तव्य में 'पूर्व पाकिस्तान' के मसले के 'राजनीतिक समाधान' की जो चर्चा की गई है वह यह दर्शाती है कि सोवियत संघ पाकिस्तान से उसी हद तक नाखुश है जिस हद तक पाकिस्तान के सैनिक शासक चीन और अमेरिका के लिए बिचौलिए बन बैठे हैं। बांग्ला देश या शरणार्थी समस्या के विषय में सोवियत संघ विशेष चिन्तित नहीं है। साथ ही वह पाकिस्तान को अपनी ओर फोड़ लेने की सम्भावना का द्वार फिलहाल पूरी तरह बन्द करने को तैयार नहीं। सवाल यह है कि अगर बांग्ला देश के सन्दर्भ में पाकिस्तान से हमारी लगभग युद्ध की सी स्थिति चलती रही और भारत-सोवियत-सन्धि के कारण चीन से हमारे सम्बन्ध सुधरने की सम्भावना सदा के लिए समाप्त हो गई तो हमारी स्थिति क्या रहेगी? अगर शरणार्थियों के भार के कारण भारत की और बांग्ला देश में सैनिक कार्रवाई के कारण पाकिस्तान की और आपसी तनातनी के कारण भारत और पाकिस्तान दोनों की आर्थिक दशा बिगड़ती रही तो इससे लाभ किसको होगा? अगर बांग्ला देश की हम

तुरन्त बड़े पैमाने पर सहायता न कर सके और वहाँ छापामारों की निराशा और पाकिस्तानी सेना की बर्बरता बढ़ती चली गई तो अन्ततः किसका हित होगा? दोनों ही प्रश्नों का उत्तर एक है—चीन का।

अगर हम भारत-सोवियत-सन्धि का बांग्ला देश के सन्दर्भ में कोई प्रत्यक्ष या परोक्ष लाभ न उठा सके तो इस बात की पूरी आशंका है कि भारत के सारे पूर्वी क्षेत्र में आर्थिक और सामाजिक गड़बड़ पैदा होगी और एक ऐसा नक्सलवादी आन्दोलन जोर पकड़ेगा जो बांग्ला देश के मुक्ति आन्दोलन के समानान्तर चलेगा और जो आगे चलकर भारत और पाकिस्तान दोनों के पूर्वी क्षेत्र को अलग करने के आन्दोलन का रूप ले लेगा। इधर भारत के पूर्वी राज्यों में शरणार्थियों के आने से जो तनाव पैदा हुआ है और हिंसा ने जो जोर पकड़ा है वह हमें इस आशंका से खबरदार करता है। यह खेद का विषय है कि सरकार नक्सलवादियों से निपटने के लिए आर्थिक और राजनीतिक स्तर पर कोई कारगर उपाय नहीं कर पा रही है। बढ़ती हुई नक्सलवादी हिंसा और जवाबी हिंसा की भर्त्सना निश्चय ही की जानी चाहिए और उसे रोकने के लिए कड़े कदम भी उठाए जाने चाहिए। लेकिन यह हिंसा बड़े पैमाने पर प्रतिहिंसा को जन्म दे और पुलिस कुछ न कर पाए इसे हमारी लोकतन्त्र-व्यवस्था और पुलिस की दक्षता दोनों के माथे पर कलंक माना जाएगा। इसी प्रकार जेलों से नक्सलवादियों के भागने की कोशिश करने और इस कोशिश में मारे जाने की जो घटनाएँ हुई हैं वे भी चिन्तित करने वाली हैं। क्या हमारी जेलों में सुरक्षा-व्यवस्था इतनी खराब है कि कैदी भागने की कोशिश आए दिन कर पाते हैं और कैदियों को लड़ने के लिए हथियार भी उपलब्ध हो जाते हैं? अगर ऐसा नहीं है तो क्या वजह है कि कैदी भागने के लिए हिंसात्मक कार्रवाई कर सके और जवाबी कार्रवाई में उनकी जान गई? नक्सलवाद का मसला जितना खतरनाक है, उतना ही नाजुक भी है। अगर इसका हल सूझबूझ और नफासत से नहीं किया गया तो असर उल्टा भी पड़ सकता है।

बांग्ला देश के सन्दर्भ में आर्थिक संकट और नक्सलवादी हिंसा-प्रतिहिंसा के साथ-साथ हमें साम्प्रदायिकता से भी खतरा पैदा हो सकता है। देश के अल्पसंख्यकों की कुछ संस्थाओं ने इस विषय में जो रुख अपनाया है वह चिन्ता का विषय है। इधर जो बौद्धिक जीहजूरी, दलगत राजनीति को ही राष्ट्रहित की राजनीति बना देने की प्रवृत्ति, भावुकता की भीड़शाही तथा संकल्पहीन नारेबाजी तेजी से पनपी है वह इन उभरते हुए संकटों के परिप्रेक्ष्य में हमारे लिए बहुत ही खतरनाक साबित हो सकती है। यह जरूरी है कि हम लफ्फाजी से अपनी समस्याओं को झुठलाने की नीति को छोड़कर संकट की इस घड़ी में राष्ट्रहित के लिए संकल्पबद्ध हों।

प्रतिबद्धता : लेकिन किसके प्रति

प्रतिबद्धता की बात नए सिरे से और बड़े पैमाने पर की जाने लगी है। नेतागण आजकल अक्सर इस विषय में प्रवचन देने के मूड में रहते हैं। प्रतिबद्ध ढूँढ़ने जो वे चले हैं तो उन्हें अपने-अपने सिवा और कोई प्रतिबद्ध नजर आया ही नहीं है। देश की हालत सचमुच बहुत खराब है! तो हर कोई प्रतिबद्धता की माँग कर रहा है—सत्तारूढ़ दल प्रतिपक्ष से, प्रतिपक्ष सत्तारूढ़ दल से, नेता दफ्तरशाह से और दफ्तरशाह पत्रकार से, सार्वजनिक उद्योग निजी उद्योग से और निजी उद्योग सार्वजनिक उद्योग से—और हाँ सब मिलकर, 'जनता' से। कोई समाजवाद के लिए प्रतिबद्धता माँग रहा है तो कोई व्यक्ति स्वातन्त्र्य के लिए, किसी को रूसी हितों के लिए प्रतिबद्धता अपेक्षित है तो किसी को अमेरिकी हितों के लिए। कभी कम्युनिस्ट पार्टी के 'लाइन बरदार' साहित्यकारों का चहेता रह चुका हुआ यह गुरु-गम्भीर शब्द आज सारे भारतीय सत्ता-प्रतिष्ठान की जबान पर चढ़ा हुआ है।

प्रतिबद्धता से किसी को क्या एतराज हो सकता है? नीति का यह आग्रह है कि हर इनसान के कुछ सिद्धान्त हों और उनका वह दृढ़ता से पालन करें। लोकतन्त्र की राजनीति का यह आग्रह है कि कोई भी व्यक्ति अपनी सिद्धान्तवादिता को दुराग्रह की हद तक न ले जाएँ और व्यापकतम सहमति के लिए प्रयत्नशील रहें। अगर कोई नेता राष्ट्रीय हितों और जनकल्याण की आवश्यकताओं को ध्यान में रखते हुए अपने सिद्धान्त निर्धारित करता है और उसका व्यक्तिगत तथा दलगत आचरण इन सिद्धान्तों की कसौटी पर खरा उतरता है तो व्यापकतम सहमति मिलने में कोई कठिनाई नहीं होनी चाहिए—बशर्ते कि राजनीति को सचमुच राष्ट्रहित, जनकल्याण और सफल लोकतन्त्र की तलाश हो।

सवाल यह है कि क्या हमारे यहाँ भी ऐसी ही प्रतिबद्धता की माँग की जा रही है? क्या हमारी राजनीति राष्ट्रहित और जनकल्याण के लिए वास्तव में चिन्तित है और कुछ ऐसे सिद्धान्त तय कर चुकी है या करना चाहती है जिन पर चलकर राष्ट्रीय समस्याओं का समाधान हो सकता है? क्या इन सिद्धान्तों के लिए ही वह व्यापकतम सहमति और प्रतिबद्धता चाहती है? इन सवालों के उत्तर में 'हाँ' कह सकना हमें बहुत मुश्किल मालूम हो रहा है। अगर सचमुच ही ऐसी स्थिति होती तो 'प्रतिबद्धता'

की चर्चा करने की और 'प्रतिबद्धता' के प्रवचन देने की कोई जरूरत न होती। लोकतन्त्र के अन्तर्गत मध्यपन्थविश्वासी राजनीति के अन्तर्गत व्यापकतम सहमति से व्यापकतम जनकल्याण के लिए क्या किया जा सकता है इस विषय में बहुत मतभेद की गुंजाइश नहीं। जब कार्यक्रम पर बहुत मतभेद न हो तब सिद्धान्तों पर कार्यक्रम को पूरा करने के ढंग पर बहुत मतभेद कैसे हो सकता है? और जहाँ सिद्धान्तों पर काफी सहमति हो वहाँ 'प्रतिबद्धता' की सौ-पचास व्याख्याएँ भला कहाँ से होंगी? उस हालत में 'प्रतिबद्धता' के विषय में झगड़ा करने या शोर मचाने की जरूरत क्यों हो?

'प्रतिबद्धता' का झगड़ा ही यह साबित करता है कि हमारी राजनीति को किसी सिद्धान्त में, किसी कार्यक्रम में कोई वास्तविक आस्था नहीं है। जहाँ 'प्रतिबद्धता' की सौ-पचास व्याख्याएँ हो जाती हों—कार्यक्रमों और सिद्धान्तों के विषय में विशेष मतभेद न होने के बावजूद हो पाती हों वहाँ हमें यह मानने को बाध्य होना पड़ता है कि व्याख्याकार जनहित के नहीं न्यस्त स्वार्थ के प्रतिनिधि हैं। शहरी आंग्ल-हिन्दी में कहें तो उनका 'कोई अपना ऐंगल फँसा हुआ है।' भारत जैसे विकासशील देश में जिसे अपनी उन्नति के लिए राष्ट्रव्यापी पैमाने पर संकल्प और सहमति की जरूरत है, इतने ज्यादा राजनीतिक दलों का होना और हर दल में कई-कई गुटों का मौजूद रहना यह बताता है कि न्यस्त स्वार्थ हमारी राजनीति में बहुत व्यस्त है। तमाम गगनभेदी नारों और मसीही मुद्राओं के बावजूद हमारे समाज की समस्याओं का सघन होते जाना यह सिद्ध करता है कि स्वार्थ की चिन्ता में हमारी राजनीति को राष्ट्र की चिन्ता करने के लिए फुरसत नहीं मिली।

यह आश्चर्य का विषय है कि जो राजनीति 'प्रतिबद्धता' के अपने 'ऊँचे आदर्शों' की पूर्त्ति के लिए दूसरों में सुधार की अपेक्षा करती है और कुछ अतिरिक्त अधिकारों की आवश्यकता महसूस करती है वह अपने में कोई सुधार करने के लिए या वर्त्तमान अधिकारों से कोई परिवर्तन करने के लिए तैयार नहीं है। आजादी के बाद किसी भी राजनीतिक दल ने यह कोशिश नहीं की कि चुनाव-खर्च कानून के अनुसार सीमित रहे और चुनाव तथा दूसरे खर्चों के लिए वह धन व्यापक चन्दा उगाह कर प्राप्त करे। किसी भी नेता ने यह जरूरी नहीं समझा कि वह गाँधी जी की तरह वास्तव में जनप्रतिनिधि का-सा जीवन व्यतीत करे। तड़क-भड़क, सुविधाभोग, स्वार्थ के लिए समझौतापरस्ती, कुर्सी के लिए हर सिद्धान्त की हत्या किसी को भी नागवार न गुजरी। 'सादगी' के लिए जब भी कुछ किया जाता है नितान्त प्रतीकात्मक स्तर पर—जैसे खादी पहनना या वेतन में कुछ कटौती करा लेना या राजघाट में जाकर चर्खा कात आना। अगर सचमुच ही 'सादगी' के लिए प्रयास किया गया होता तो आज

देश में भोग की संस्कृति की इतनी मजबूती से प्रतिष्ठा न हुई होती। इसी प्रकार किसी भी नेता या दल ने वर्त्तमान अधिकारों का उपयोग करते हुए कोई ठोस सामाजिक परिवर्तन की कोशिश नहीं की है। जमींदारी उन्मूलन के सारे अधिकार होते हुए भी आज तक देश में जमीन की समस्या का कोई समाधान नहीं हो पाया है। प्रशासन और शिक्षा में सुधार के लिए न जाने कितनी कमेटियाँ कितनी रिपोर्टें दे चुकी हैं लेकिन बेताल जहाँ का तहाँ लटका हुआ है।

हम बराबर यह भी देखते आए हैं कि भारतीय राजनीति सिद्धान्तों का उपयोग डराने और डराकर दबाव डालने के लिए करती आई है। हर नया कानून बनने के बाद समूची व्यवस्था ज्यों की त्यों रहती है, अगर कुछ होता है तो यही कि समाज के विपन्न-सम्पन्न सभी वर्गों को अपना छोटे-से-छोटा काम कराने के लिए राजनीतिक संरक्षण पहले से और अधिक आवश्यक मालूम पड़ने लगता है। हर नई 'प्रतिबद्धता' राजनीतिक संरक्षण की कीमत कुछ और बढ़ा देती है। समाज पर राजनीति का शिकंजा कसता ही चला जाता है। दूसरे शब्दों में यह कि हमारी राजनीति की 'प्रतिबद्धताएँ' कुल मिलाकर यह माँग करती जान पड़ती हैं कि अपने हित को हमसे बद्ध कर दो। बद्धता और प्रतिबद्धता में फर्क बहुत तेजी से मिटता जा रहा है। नारेबाजी की यह राजनीति एक-दूसरे की 'प्रतिबद्धता' के कलंकों पर अँगुली उठा रही है और अपनी 'प्रतिबद्धता' के कलंकों को भरसक छिपाए चली जा रही है। 'प्रतिबद्धता' का यह 'संघर्ष' टालू राजनीति का एक नितान्त चालू नुस्खा है। दोष दूसरे पर देकर दूसरे में प्रतिबद्धता का अभाव दिखाकर वास्तविक सामाजिक परिवर्तन के दायित्व से मुक्ति पाई जा सकती है। ऐसा जताया जा सकता है कि 'प्रतिबद्धता' बढ़ते ही कोई चमत्कार होने वाला है। मगर चमत्कार तो उस दिन होगा जिस दिन हमारे राजनीतिज्ञ अपनी-अपनी 'प्रतिबद्धता' के दामन में झाँककर देख सकने का नैतिक साहस जुटा पाएँगे।

हिंसा को कोसो : हिंसा को पोसो

हम भारतीय अपनी अहिंसा की अर्चना करते नहीं अघाते लेकिन जितनी हिंसा आज हमारे समाज में व्याप्त है उतनी शायद ही और कहीं हो। आदमी समाज से कतई कटकर रहे, जब कभी मजबूरन बाहर निकलना पड़े तब गाँधी जी के बन्दरों की तरह अपनी आँखें, अपने कान—और यह सबसे ज्यादा जरूरी है—अपना मुँह बन्द रखे तो बात और है नहीं तो मार खाने की और बचाव के लिए खुद भी एक आध हाथ मारने की नौबत रोज आकर रहेगी। कदम-कदम पर मतान्धता की हदों को छूते हुए भ्रष्टाचार, हृदयहीन व्यवहार और गरिमाहीन गुस्सैल तेवरों से उसका साक्षात्कार होगा। अगर वह अपनी मानवीयता और अपने विवेक को ताक पर रखकर घर से न चलता हो तो उसे ब्लड प्रेशर की बीमारी होने में ज्यादा देर नहीं लगेगी। शायद इसी आवश्यकता ने हमारे मन में हिंसा के घिनौनेपन का एक प्रकार से अवमूल्यन कर दिया है और हम हिंसा को आए-गए अन्दाज से देखने के आदी हो चले हैं। बच्चों की बलि देने वाली अन्धविश्वासी हिंसा से लेकर प्रतिद्वन्द्वी को मार देने वाली 'क्रान्तिविश्वासी' हिंसा तक के समाचार आए दिन हम पढ़ते हैं लेकिन हर बार हमारी अन्तरात्मा का गला बहुत ही मौके से बैठ जाता है।

जिन देशों को हम 'अहिंसा का पाठ' पढ़ाने के लिए आतुर रहते आए हैं उनमें अगर इस तरह की कोई घटना हो तो वह सारे समाज के लिए चिन्ता की वजह बन जाती है। एक अमेरिकी विश्वविद्यालय में नेशनल गार्ड की टुकड़ी द्वारा छात्रों की क्रुद्ध भीड़ पर गोली चलाए जाने की घटना अमेरिकी राजनीति को उच्चतम स्तर तक हिला देने के लिए काफी साबित हुई। हमारे यहाँ इस तरह की घटना को एक मौसमी चीज मानकर टाल दिया जाता। अभी हाल में देश की राजधानी में जनता बनाम छात्र, डी. टी. यू. बनाम छात्र, पुलिस बनाम छात्र जैसे जो हिंसात्मक काण्ड हुए उनके सन्दर्भ में कई व्यक्ति यह कहते सुने गए कि हर साल सत्र के आरम्भ में यह सब होता ही हैं। जैसे ही पढ़ाई का जोर बढ़ेगा, ये मामले ठण्डे पड़ जाएँगे। दूसरे शब्दों में यह कि हर शिक्षा-सत्र के आरम्भ में जब तक दो-चार बसें न जलें, दस-बीस के हाथ-पाँव न टूटें तब तक पढ़ाई का सिलसिला शुरू कैसे हो?

इस तरह की घटनाओं के बारे में अगर कभी विचार-विमर्श होता भी है तो नितान्त औपचारिक स्तर पर। सम्बद्ध पक्ष यह मानकर चलते हैं कि इस बातचीत से कुछ होना-जाना नहीं है। इसलिए या तो वे शांतिप्रिय मुद्रा में आवश्यकता से अधिक बारीक बौद्धिकता छाँटने लगते हैं और कोई ऐसी माँग रख देते हैं जिसे पूरा करना फिलहाल सम्भव न हो या किन्हीं ऐसी परिस्थितियों को आवश्यक बता देते हैं जो सामाजिक विकास के आग्रहों के अनुसार बाद में कभी पैदा होंगी। अक्सर इस रस्मी बौद्धिक लीपा-पोती को भी गैर-जरूरी करार देते हुए दोनों ही पक्ष सारी जिम्मेदारी एक-दूसरे के मत्थे मढ़कर सन्तोष कर लेना चाहते हैं। जाहिर है कि दूसरे प्रकार की बहस अधिक गर्मी पैदा करती है, लेकिन समस्या को उजागर कर सकने वाली रोशनी पैदा करने में वह भी असमर्थ सिद्ध होती है। दोनों ही पक्ष यह जताना चाहते हैं कि झगड़ा प्रतिपक्ष ने शुरू किया लेकिन कोई भी यह नहीं सोचना चाहता कि अगर कोई झगड़ा या मतभेद हो भी गया था तो उसे तय करने के लिए हिंसा का सहारा क्यों लिया गया? गोया हिंसा झगड़ा निपटाने की एकमात्र विधि के रूप में विधिवत प्रतिष्ठित हो चुकी हो। एक और भी पहलू गौर-तलब है—इस तरह की घटनाओं के जो चित्र प्रकाशित होते हैं उनमें हिंसा करती हुई भीड़ उतनी क्रुद्ध नहीं नजर आती जितनी कि आत्मतुष्ट। लोग-बाग फोटोग्राफर के कैमरे की खिदमत में बाकायदा भांगड़ा प्रस्तुत करते हैं। गोया हमारे यहाँ सामुदायिक अभिव्यक्ति की सन्तोषप्रद विधा के नाम पर अब हिंसा ही बच रही हो।

इस हिंसा के लिए युवा पीढ़ी को कोसना या कि कलियुग का रोना रोना अधेड़ों का एक सनातन किस्म का व्यसन हो चला है। इस हिंसा को उकसा कर नेतागिरी करना उनकी राजनीति का एक अनिवार्य अंग भी बन चला है। एक विचित्र विडम्बना हमारे समक्ष प्रस्तुत हो रही है—जो हिंसा को कोस रहे हैं वही उसे अपने-अपने स्वार्थ की सिद्धि के लिए पाल-पोस रहे हैं। इस विडम्बना की पराकाष्ठा महानगर कलकत्ता में देखी जा सकती है जहाँ हमारी आवश्यकता से अधिक खिलाड़ी राजनीति और जन्मजात अनाड़ी दफ्तरशाही विकराल समस्याओं से पाला पड़ने पर भी गाल बजाती घूम रही है। पढ़े-लिखे बेरोजगारों की वहाँ जाने कितनी ब्रिगेडें हर माह तैयार हो रही हैं और पेशेवर दादा उनकी कमान सम्हाल रहे हैं। ये ब्रिगेडें विभिन्न राजनीतिक दलों में बँटी हुई हैं और चन्दा वसूलने से लेकर राजनीतिक शत्रु की पीठ में छुरा भोंकने तक हर काम अंजाम देती हैं। और ध्यान दीजिए कि सभी राजनीतिक दल कलकत्ता में बढ़ती हुई राजनीतिक हिंसा से जितने 'चिन्तित' हैं उतने ही एक-दूसरे को इसके लिए जिम्मेदार ठहराने में व्यस्त हैं। पश्चिम बंगाल के वीरभूम जैसे पिछड़े इलाकों में तो हिंसा सर्वोपरि सत्य के रूप में प्रतिष्ठित हो चुकी

है। सामन्ती हिंसा को नई राजनीति का रंग देने में देश के अन्य क्षेत्र भी प्रगति कर रहे हैं। हिन्दीभाषी क्षेत्रों की जिला-स्तर की राजनीति का अध्ययन करने में व्यस्त एक शोधकर्त्ता ने हमें बताया कि नेता और दादा के व्यक्तित्व एक-दूसरे में बहुत तेजी से घुल-मिल रहे हैं। जिला-स्तर के नेता का महत्त्व इससे आँका जाने लगा है कि उसके पास कितने लठैत और बन्दूकधारी हैं और फौजदारी के कितने मामले वह करा चुका है।

राजनीति ने एक ऐसी आक्रामक महत्त्वाकांक्षा को समाज में प्रतिष्ठित किया है जो व्यक्तिगत सफलता को ही सबसे बड़ी नैतिकता मानती है और जो कानून को सुविधा और सुविधा को कानून बनाने में जरा भी नहीं हिचकती है। उसने समाज की समस्याओं को बढ़ाया है और इन समस्याओं के किसी सामाजिक समाधान के विषय में हमें निराशावादी बनाया है। उसने हमें सिखाया है कि अच्छे-बुरे में तमीज करना छोड़कर निहायत बदतमीजी से अपना-अपना स्वार्थ सिद्ध करने में जुट जाएँ। यह बदतमीजी हिंसा के लिए उपजाऊ जमीन साबित हुई है—हम अपने को लूट रहे हैं अपनों को मार रहे हैं। एक राष्ट्र कितने आत्मविश्वास से आत्महत्या में रत है? अपने किए से किस कदर बेखबर है?

नियति का न्योता

ताशकन्द में रूसी राजनय ने गड्डी फेंटकर पत्ते कुछ ऐसे बाँटे कि हमारी विदेश-नीति का एक तरह से पत्ता ही कट गया। यह साबित हो गया कि अन्तरराष्ट्रीय मंच पर भारत और पाकिस्तान दोनों को घटिया शक्तियों का दर्जा प्राप्त है और सोवियत संघ तथा अमेरिका ये दोनों महाशक्तियाँ भारत और पाकिस्तान में शक्ति-सन्तुलन बनाए रखना चाहती हैं। चीन का हमला पूर्व और दक्षिण-पूर्व एशिया में हमारे भाई-भाईवादी पंचशील को लील चुका था और रवात में हमारे पश्चिम एशियाई मैत्री-अभियान की मौत होने के बाद हमारे विदेश मन्त्रालय के लिए हाथ पर हाथ धरे बैठे रहने के सिवा कोई काम नहीं बचा। विदेशी मामलों की चर्चा बन्द हो चली और हमारी सारी दुनिया आपस में लड़ती हुई कांग्रेस में सिमट आई। ऐसा प्रतीत हुआ मानो इन्दिरा गाँधी और मोरारजी देसाई ही हमारे संसार के उत्तरी और दक्षिण ध्रुव हों! बांग्ला देश का मामला उठने के बाद हमारी विदेश-नीति लकवे के मरीजों वाले वार्ड से बाहर निकली है। यह सही है कि अब तक उसने सोवियत संघ से सन्धि के अतिरिक्त और कोई नया पैंतरा दिखाया-आजमाया नहीं है और यह पैंतरा भी इस माने में पुराना है कि हम पहले भी 'सोवियत शरणम् गच्छामि' में आस्था दिखा चुके हैं। इसी तरह मन्त्रियों को सरकारी खर्च पर विश्वमत जुटाने के लिए दुनिया की सैर कराने का नुस्खा भी पुराना है। बहरहाल हमारे लिए यह सन्तोष का विषय होना चाहिए कि उसी बेढंगी रफ्तार से सही, हमारी विदेश-नीति की गाड़ी चली तो!

इस समय भारतीय उपमहाद्वीप की परिस्थितियाँ कई दिलचस्प और परस्पर-विरुद्ध सम्भावनाओं से युक्त जान पड़ती हैं। सम्बद्ध पक्ष अपने-अपने हित की सम्भावना साकार करने के लिए यत्नशील रहेंगे। पाकिस्तानी हित वाली सम्भावना इस प्रकार है—मानसून की समाप्ति तक पूर्व पाकिस्तान में कोई कठपुतली असैनिक सरकार पूरी तरह प्रतिष्ठित की जा सकेगी, सोवियत संघ को बांग्ला देश के मामले में तटस्थ रहने के लिए राजी कराया जा सकेगा, मानसून खत्म होते ही मुक्तिवाहिनी पर जोरदार हल्ला बोला जा सकेगा और लाखों बल्कि करोड़ों शरणार्थी सीमा-पार खदेड़े जा सकेंगे जिनका बोझ भारतीय अर्थ-व्यवस्था की कमर तोड़ देगा और उसके बाद सीमा पर पूरी नाकेबन्दी की जा सकेगी, शक्ति-सन्तुलन के नाम पर चीन और

अमेरिका दोनों को पाकिस्तान का पक्ष लेने के लिए राजी किया जा सकेगा, युद्ध छिड़ने की अवस्था में अगर पूर्व पाकिस्तान के हाथ से निकल जाने का खतरा हो तो वैसी नौबत आने तक कश्मीर, पंजाब और राजस्थान का एक बड़ा हिस्सा जबरदस्त हमला बोलकर जीत लिया जा सकेगा। इस सम्भावना को साकार करने के लिए पाकिस्तान ने सोवियत संघ से बातचीत शुरू कर दी है और चीन पर इस बात के लिए जोर डाला है कि वह पाकिस्तान से वैसी ही सन्धि करे जैसी सोवियत संघ ने भारत से की है। चीनी हित वाली सम्भावना इस प्रकार है—भारत और पाकिस्तान दोनों की शक्ति क्षीण होती चली जाएगी, पश्चिम और पूर्व दोनों पाकिस्तानों में चीन-समर्थक सरकार बन सकेगी, भारतीय उपमहाद्वीप के पूर्वी क्षेत्र में चीन-समर्थक गुरिल्ला आन्दोलन छिड़ जाएगा, सोवियत संघ के कदम भारतीय उपमहाद्वीप से उखाड़े जा सकेंगे। सोवियत हित की सम्भावना इस प्रकार है—बांग्ला देश के मामले में अन्ततः एक और 'ताशकन्द' कराया जा सकेगा और पाकिस्तान को भारत के साथ किसी चीन-विरोधी आयोजन में शामिल किया जा सकेगा। अमेरिकी हित की सम्भावना का जिक्र करना इसलिए बेकार है क्योंकि फिलहाल अमेरिका को खास चिन्ता वियतनाम की है और भारतीय उपमहाद्वीप के संघर्ष के विषय में वह जो भी नीति तय करेगा वियतनाम से मुक्ति पाने की आवश्यकताओं के अनुसार करेगा। वह यह देखेगा कि इस प्रसंग में उसे चीन के समर्थन की अधिक आवश्यकता है या रूस के समर्थन की। मोटे तौर पर यह कहा जा सकता है कि चीन का समर्थन उसके लिए अधिक आवश्यक होगा। और इसकी वजह से तथा शक्ति-सन्तुलन बनाए रखने की आवश्यकता की वजह से वह पाकिस्तान का समर्थन कर सकता है।

भारतीय हित की सम्भावना इस प्रकार है—जिस तरह कभी पाकिस्तान ने अमेरिकी शिविर में जाकर सोवियत संघ और चीन दोनों से सहायता-सुविधा की अच्छी वसूली की थी उसी प्रकार भारत सोवियत संघ से अपनी सन्धि का चीन और अमेरिका पर दबाव डालने के लिए उपयोग कर सकेगा, चीन तो बांग्ला देश के मामले में तटस्थ बनाया जा सकेगा, अमेरिका को पाकिस्तान की सहायता टाले रखने के लिए राजी कराया जा सकेगा, सोवियत संघ को बांग्ला देश के मामले में पहल करने और वह भी नहीं तो भारत को पहल करने देने के लिए मजबूर किया जा सकेगा, बांग्ला देश में मानसून के बाद मुक्तिवाहिनी गुरिल्ला कार्रवाई से आगे बढ़कर गुरिल्ला लड़ाई शुरू कर सकेगी, नवम्बर तक मुक्तिवाहिनी का जोश इतना बढ़ जाएगा कि पाकिस्तान गलत समय पर गलत स्थल पर भारत से युद्ध करने के लिए मजबूर हो जाएगा, जाड़ों में चीन चाहने पर भी नेफा में कोई मोर्चा नहीं खोल सकेगा और युद्ध

छिड़ने की स्थिति में बांग्ला देश में पाकिस्तान की हार होकर रहेगी। भारतीय प्रधानमन्त्री किस्मत की धनी साबित होती रही हैं और अवसर से पूरा लाभ उठाने में उन्होंने कभी कोई चूक नहीं की है। इसलिए अगर भारतीय हित की सम्भावना साकार करने की दिशा में वह इन जाड़ों में यानी विधान सभाओं के चुनाव से ऐन पहले कोई उल्लेखनीय सफलता प्राप्त कर लें तो कोई ताज्जुब नहीं। चीन यह नहीं चाहेगा कि भारत पूरी तरह रूसी शिविर में चला जाए और एशियाई शक्ति-संघर्ष में रूस-भारत-जापान मिलकर उसके विरुद्ध प्रस्तुत हों। रूस का भारत से सुरक्षा समझौता करना और जापान को साइबेरिया के आर्थिक-औद्योगिक विकास में साझेदारी का न्यौता देना चीन की दृष्टि से चिन्ताप्रद बातें हैं। चीन यह भी नहीं चाहेगा कि पाक-समर्थक रुख के कारण पश्चिम बंगाल और बांग्ला देश के उग्र वामपन्थियों पर उसका प्रभाव शून्य हो जाए। इसलिए यह सम्भव है कि अगले कुछ महीनों में वह भारत से राजनयिक पिंगपोंग खेले।

परस्पर-विरोधी सम्भावनाओं के इस वातावरण में एक आशंका इस बात की भी हो सकती है कि जिच की ऐसी स्थिति पैदा हो जाए जो भारत के लिए उतनी ही महँगी साबित हो जितनी कि पाकिस्तान के लिए। भारत द्वारा इस जिच का तोड़ा जा सकना इस बात पर निर्भर है कि वह एशियाई सत्ता-संघर्ष में अपनी भूमिका का महत्त्व समझते हुए कितना शक्तिशाली बनने को और कितना खतरा मोल लेने को तैयार है। अमेरिकी गोलार्द्ध और यूरोप में सत्ता का फैसला लगभग हो चुका है, अब सारा खेल एशिया में खेला जाना है। सोवियत संघ, चीन और अमेरिका इस दंगल में उतर चुके हैं—जापान आर्थिक दृष्टि से उतरकर जीत भी चुका है और अब सैनिक दृष्टि से भी ताल ठोका चाहता है। अगर तीसरा विश्वयुद्ध होगा तो एशिया में ही और युद्ध न भी हुआ तो एशियाई महाशक्तियाँ प्रभाव-क्षेत्रों का आपस में बँटवारा जरूर कर लेंगी। भारत को महाशक्तियों में शुमार होने के लिए अपनी समूची प्रतिरक्षा व्यवस्था पर नए सिरे से विचार करना होगा। इसके लिए परमाणु बम बनाने से भी ज्यादा जरूरी यह है कि हम ब्रितानी विरासत को छोड़कर अपनी आवश्यकताओं के अनुसार अपनी फौज को नया रूप दें। इस सिलसिले में हम इस्रायल और चीन से बहुत कुछ सीख सकते हैं। साथ ही हमें अपनी राजनीति की काफी सफाई करनी होगी और अर्थतन्त्र की जड़ता को तोड़ना होगा। ऐसा न करने पर हमें कोई स्थायी उपलब्धि हो नहीं सकती। पाकिस्तान के साथ-साथ हमें भी घटिया ताकतों में शुमार किया जाता रहेगा।

राजनीति का खेल : राष्ट्र से खिलवाड़

राजधानी पर टैस्ट मैच का रंग कुछ ऐसा चढ़ा है कि राजनीति का भाष्य भी क्रिकेट के मुहावरे में किया जा रहा है—इण्डीकेट इनिंग्स की जीत के लिए खेल रही है और सिण्डीकेट ड्रा के लिए। पहली पारी में प्रधानमंत्री की टीम इतनी आगे रही है कि उसने अपने कांग्रेसी-विरोधियों को फालो-आन दे दिया है। उसे उम्मीद है कि यहीं काम तमाम हो जाएगा। दिग्गज बल्लेबाज चन्द्रभानु गुप्त के लिए उसने लैग-ट्रैप खड़ा कर दिया है। गुप्त जी का विकेट गिरा तो बस सर्वश्री हरिहर सिंह, हितेन्द्र देसाई और वीरेन्द्र पाटिल से और निपटना होगा, सिण्डीकेट में बाकी तो सब बोलर भरे पड़े हैं। लेकिन चन्द्रभानु गुप्त खतरनाक पिचों के अनुभवी खिलाड़ी हैं और उन्हें आउट करना इतना आसान नहीं है। सिण्डीकेट को उम्मीद है कि वह न सिर्फ जमे रहेंगे बल्कि चौके-छक्के लगा कर लैग-ट्रैप को तितर-बितर भी कर देंगे। दूसरी पारी इतनी लम्बी खिंचेगी कि इण्डीकेट के हौसले पस्त हो जाएँगे और मैच में हार-जीत का कोई फैसला नहीं हो सकेगा। कुल मिलाकर मैच इस वक्त बहुत ही दिलचस्प स्थिति में है।

प्रधानमंत्री ने कांग्रेसी शासन और संगठन दोनों पर अपनी मुहर लगा दी है। चुनाव-चिह्न 'दो बैलों की जोड़ी' उनकी ही कांग्रेस को मिलेगा इसे भी अब निश्चित प्रायः माना जा सकता है। लेकिन जब तक उत्तर प्रदेश और बिहार में कांग्रेस पूरी तरह प्रधानमंत्री के समर्थकों के हाथ में न आ जाए तब तक चुनाव कराना खतरे से खाली नहीं होगा। इसलिए प्रधानमंत्री समर्थक उत्तर प्रदेश की सरकार का तख्ता पलटने में जुटे हुए हैं। श्री चन्द्रभानु गुप्त के लिए जनसंघ और संयुक्त समाजवादियों का समर्थन अब बहुत जरूरी हो चला है। संसोपा में के समर्थन के प्रश्न पर आन्तरिक मतभेद है और जनसंघ शायद आगे चल कर सरकार में शामिल किए जाने की शर्त रखे। सिण्डीकेट को जनसंघ या स्वतंत्र पार्टी के साथ मिली-जुली सरकार बनाना उतना ही जोखम-भरा मालूम होता है जितना इण्डीकेट को कम्युनिस्टों के साथ। फिर यह भी गौरतलब है कि जनसंघ हो या कम्युनिस्ट पार्टी प्रतिपक्ष का कोई भी दल अपने स्वतंत्र अस्तित्व को यों खो देने के लिए प्रस्तुत नहीं है। वे जानते हैं कि अलग रहने पर चुनाव के समय समझौतों और चुनाव के बाद साझीदारी का

अच्छा जुगाड़ बैठ सकता है। कांग्रेस के दोनों ही धड़े इस गतिरोध से पार पाने के लिए अन्य दलों के विधायकों को बाकायदा शुद्धि कर के अपनी-अपनी कांग्रेस में मिलाने का रास्ता अपना सकते हैं। कांग्रेस में इस समय भी ऐसे कई विधायक हैं जो पहले अन्य दलों में रह चुके हैं। अब यह व्यापार निश्चय ही तेज होता जाएगा। लेकिन दल-बदल की भी एक सीमा है जो राज्य-स्तर की राजनीति में पहले ही प्रकट हो चुकी है। बदलू को पुरस्कार देना आवश्यक है और बदलू को पुरस्कार मिलने से कोई 'अपना' वंचित रह जाता है और रूठ कर खुद बदलू बन जाता है। चमत्कार तभी हो सकता है जब बदलू को पुरस्कार देना जरूरी न रह जाए। इसीलिए प्रधानमंत्री चाहती हैं कि उनके कांग्रेसी विरोधी पूरी तरह मटियामेट हो जाएँ और अन्य दलों से बदल उनके पास शुद्ध आतंकवश चले आएँ। सत्ता-वितरण के सभी आयोजन वह फिलहाल टाले हुए हैं क्योंकि इससे उनके शिविर में फूट पड़ सकती है। जब अन्तरिम कार्यकारिणी के गठन तक को ले कर काफी मन-मुटाव हुआ तब मंत्रिमण्डल के पुनर्गठन पर क्या होगा इसकी सहज ही कल्पना की जा सकती है।

प्रधानमंत्री को इस समय एक साथ कई मोर्चे सँभालने हैं। सबसे पहले तो उन्हें अपनी कांग्रेस के युवा तुर्कों और बुजुर्ग नेताओं में सन्तुलन स्थापित करना है। फिर अपने युवा तुर्कों और श्री चव्हाण के युवा तुर्कों में। भारतीय क्रांति दल, बंगला कांग्रेस आदि को अपनी कांग्रेस में मिलाने की पेशकश करनी है। दक्षिणपन्थी कम्युनिस्टों और अन्य नरम वामपन्थियों में से कुछ को शुद्ध करा के कांग्रेसी बनवाना है। वामपन्थी कम्युनिस्टों को डराए रखना है कि अगर केन्द्र में समर्थन नहीं करोगे तो पश्चिम बंगाल में नहीं रह पाओगे। द्रविड़ मुनेत्र कषगम् से कोई ऐसा समझौता करना है जो उत्तर भारत के मतदाताओं को बहुत नागवार न गुजरे। मंत्रिमण्डल का इस तरह पुनर्गठन करना है कि कम से कम नेतागण नाराज हों और ज्यादा से जादा मतदाता सन्तुष्ट हों। साथ ही उन्हें मध्यावधि चुनाव तब तक टाले रखना है जब तक अनुसूचित जातियों के लिए स्थान-संरक्षण की अवधि बढ़ाने की व्यवस्था, अगले वित्त-वर्ष के लिए बजट-प्रबन्ध और नई कांग्रेस की नई नीतियों की जयकार न हो जाए। इतने मोर्चे एक साथ सँभालना कोई आसान काम नहीं है। यों श्री जगजीवनराम को नई कांग्रेस के अध्यक्ष-पद के लिए नामजद करवाकर प्रधानमंत्री ने इस बात का परिचय दे डाला है कि उनकी रणनीति की धार अब भी तेज है। इसलिए यह कल्पना की जा सकती है कि दाँव-पेंच से जो काम होने हैं वे इन्दिरा जी देर-सवेर सिद्ध कर दिखाएँगी। अगर श्री जगजीवनराम के बाद वह श्री दिनेश सिंह को भी तरक्की दे कर अपने मंत्रिमण्डल की लोकप्रतिमा कुछ और बदल डालें तो किसी को आश्चर्य नहीं होगा। श्री चन्द्रभानु गुप्त को इण्डिकेटी बनाने की

कामयाब कोशिश भी हो सकती है। पिच स्पिन ले रहा है और श्री चव्हाण जैसे पक्के खिलाड़ी तक सजग-सावधान हैं। लेकिन तब भी सिण्डीकेट को ड्रा की उम्मीद है।

अगर सचमुच हार-जीत का फैसला नहीं हुआ तो कांग्रेस और कांग्रेस की साझेदारी अनिवार्य हो जाएगी कुछ उसी तरह जिस तरह पिछले चुनाव के बाद दो कम्युनिस्ट पार्टियों में हुई। इसका एकमात्र विकल्प यह है कि दो कांग्रेसें देश के अपेक्षाकृत छोटे राजनीतिक दलों को अपने में मिला लें। यह मान लिया जाए कि इन्दिरा जी की कांग्रेस वामोन्मुख मध्यपन्थ की प्रतिनिधि है और संगठन की कांग्रेस दक्षिणोन्मुख मध्यपन्थ की। मगर वर्त्तमान परिस्थितियों में ऐसा हो सकना कुछ मुश्किल नजर आता है। अगर प्रधानमंत्री सचमुच इनिंग्स से जीत जाएँ, विरोधी कांग्रेस को अस्तित्वहीन बना दें, वामोन्मुख मध्यपन्थी दलों को और कांग्रेस से टूटे हुए दलों को फिर कांग्रेस में समेट लें और देश को एक शक्तिशाली राजनीतिक दल और आर्थिक-सामाजिक कार्यक्रम दे सकें तो कई वर्षों बाद भारतीय राजनीति अनिश्चय और अस्थिरता से उबर सकती है। लेकिन तात्कालिक दाँव-पेंचों के आग्रह के मारे किसी दीर्घकालीन आयोजन के लिए प्रधानमंत्री को शायद ही फुर्सत मिल पाए। ऐसे आयोजन के अभाव में राजनीति अधिकाधिक अनिश्चयग्रस्त होती जाएगी और शासन-प्रशासन का बंटाढार होता जाएगा। यही नहीं मध्यवर्गीय मध्यपन्थी राजनीति के यों आत्मलिप्त और द्विविधाग्रस्त हो जाने पर अतिवादी राजनीति की बन आएगी। अलग-अलग प्रदेशों में साम्प्रदायिकता, जात-पाँत और क्षेत्रीयता के आधार पर संचालित किन्तु एकता और समता की दुहाई देने वाले आतंकवादी दलों का बोलबाला हो जाएगा। जब गुण्डागर्दी और राजनीति में तमीज कर सकना मुश्किल होगा। हमें विश्वास है कि राजनीतिक टैस्ट मैच के खिलाड़ी और दर्शक इस बात का खयाल रखेंगे कि राजनीति के इस खेल में कहीं राष्ट्र के भाग्य से खिलवाड़ न हो जाए।

एक पास सौ प्यास

जन-सम्पर्क और विज्ञापन के इस युग में सामाजिक जीवन-दर्शन का मूल निर्देश यह है कि आप उपयुक्त आयोजनों में उपयुक्त व्यक्तियों को देखें और उनके द्वारा देखे जाएँ। उपयुक्त कहे जाने के अधिकारी आम तौर पर वे औपचारिक आयोजन ही होते हैं जिन पर पिष्टोक्तियाँ अपने बदरंग-बदशक्ल डैने पसारे रहती हैं। इन आयोजनों को कुछ दिलचस्प बनाने के लिए मुफ्त के मद्यपान और मनोरंजक कार्यक्रमों की व्यवस्था करने का रिवाज अपनाया गया है। सम्पन्न पश्चिमी देशों में माले-मुफ्त का भी अब कोई आकर्षण नहीं रह गया है। इसलिए ऐसे आयोजन उन लोगों द्वारा निहायत नीरस ठहराए जाते हैं जिन्हें राजनय के तकाजों के कारण इनमें अनिवार्य रूप से शामिल होना पड़ता है। अमेरिकी पत्रकारों ने तो उबाने वाले आयोजनों में शामिल होने की इस मजबूरी के लिए एक नया मुहावरा ही गढ़ दिया है—'डूइंग द काकटेल सर्कट' यानी मद्यपानचक्र की परिक्रमा! मगर वाशिंगटन में जिसके लिए ऊब है, नई दिल्ली में उसके लिए उत्साह है। फटेहाल भारत की खुशहाल दिखने के उपक्रम में जुटी हुई राजधानी मद्यचक्र-परिक्रमा श्रद्धापूर्वक करती है। उसका वेतनभोगी अंग्रेजीदां मध्यमवर्ग 'कल्चर और ऐंटरटेनमेंट' के मामले में अपने को इतना तंगहाल महसूस करता है कि फोकट के मद्यपान और मनोरंजन का उसके लिए अन्यतम आकर्षण हो जाता है। फिर कुछ यह भी है कि हमारे जनजीवन में जहाँ एक ओर आधुनिक ढंग के जन-सम्पर्क के आग्रह प्रतिष्ठित हो रहे हैं वहाँ सामन्ती ढंग की मुसाहिबी के तकाजे भी बरकरार हैं। तो देखने और दिखाए जाने के आकर्षण के साथ फर्शी झाड़ आने का प्रलोभन भी जुड़ जाता है। मुफ्त की रईसी कर सकने की कशिश को भी नजर के सामने रखिए और यह समझने में ज्यादा मुश्किल नहीं होगी कि हमारी राजधानी के इस तरह के आयोजनों में एक पास, सौ प्यास वाली स्थिति क्यों हो जाती है।

जहाँ आज भी निमंत्रण-पत्रों में 'जलपान का भी आयोजन है' लिख देना अभिनन्दन करने वालों की भीड़ जुटाने का कारगर नुस्खा समझा जाता हो वहाँ मुफ्त के मद्यपान और मनोरंजन का कितना आकर्षण होगा इसकी सहज ही कल्पना की जा सकती है। दुर्भाग्य कि नई दिल्ली में इस तरह के आयोजन करने वालों के लिए

यही सहज कल्पना जटिल सिद्ध होती रही है। हर आयोजन में धक्कम-धक्का और थुक्का-फजीहत का ऐसा आलम बन जाता है कि मछली-बाजार की याद ताजा हो जाती है। जहाँ मद्यपान आदि की व्यवस्था होती है वहाँ हाथों की जुम्बिश किस कदर बढ़ जाती है इसका अन्दाजा इसी बात से लगाया जा सकता है कि नई दिल्ली के बैरों को थाल अपने सिर से भी ऊँचे उठा कर चलने के नट-करतब में दक्षता प्राप्त करनी पड़ी है। इसके सहारे ही वे विशिष्ट अतिथियों तक पहुँचने में यदा-कदा सफल हो पाते हैं। मुक्त मनोरंजन का प्रबन्ध होने पर कैसी छीछालेदर होती है इसके दो उदाहरण पिछले दिनों ही प्रस्तुत हुए। 'सोवियत भूमि' द्वारा यशपाल आदि लेखकों-पत्रकारों को पुरस्कार दिए जाने के मौके पर इन्द्राणी रहमान के नृत्य का कार्यक्रम भी रखा गया था। आधे आमन्त्रितों को वहाँ कहीं बैठने की जगह नहीं मिल सकी। यही दृश्य अन्तरराष्ट्रीय फिल्म महोत्सव के शुभारम्भ के अवसर पर देखने में आया। यहाँ लोगों के लिए तिहरा आकर्षण था—कुछ प्रमुख सितारों को देख-सुन सकने का, 'अशोका' होटल की गुदगुदी रईसी में पाँव धँसाने का और यामिनी कृष्णमूर्ति के नृत्य का आनन्द लूट सकने का। इसके मारे वहाँ ऐसी गड़बड़ मची कि राजनयिक अतिथियों तक को खासा अपमानित अनुभव करना पड़ा। आमन्त्रितों को खड़े होने तक की जगह नहीं मिली और घुस कर देखने वाले मजे से बैठे कर देख गए। दोनों ही जगह इन्तजाम करने वालों की भी खासी भीड़ थी और बहुत कुछ बदइन्तजामी शायद इसी बल्लमटेर ब्रिगेड की कृपा से हुई थी।

पास की प्यास और इन्तजाम करने वालों की बदइन्तजामी फिल्म-महोत्सव में पराकाष्ठा पर पहुँची। हमारे व्यंग्यकार-मित्र के शब्दों में लोग-बाग ब्लैक एण्ड ह्वाइट तरीके इस्तेमाल कर के सम्पन्न देशों की रंगीली रातें देखने पहुँचे। भक्तों की ऐसी भीड़ जुटी कि निर्णायक-मण्डल के सदस्यों तक के लिए स्थान ग्रहण कर सकना अक्सर कठिन हो गया। इस उत्साह का फिल्मों की कलात्मकता से उतना सम्बन्ध नहीं था, जितना उनकी कामोत्तेजकता से। ऐसे उत्सवों में प्रदर्शित फिल्मों को स्थानिक सेंसर छू नहीं सकता और सम्पन्न देशों में इन दिनों कामवासना का नग्न निरूपण करने वाली फिल्में बन रही हैं; इन दो तथ्यों की जानकारी कल्चर वालों में कुलबुलाहट पैदा कर गई। जो नई दिल्ली भारतीय सेंसर के सम्बन्ध में खोसला-समिति की सिफारिशों को अभारतीय ठहराती रही है वही सम्पन्न देशों से आई हुई उन फिल्मों को देखने के लिए टूट पड़ी जिन्हें वयस्कों के लिए ही मान्यता प्राप्त थी। 'सिर्फ बालिगों के लिए' वाला मसाला देखने के चक्कर में टिकट ब्लैक में मुँह-माँगे दामों पर बिके। जिन फिल्मों के बारे में यह पता चला कि 'कहानी-वहानी तो अच्छी है मगर वह सब कुछ नहीं है' उनके टिकट लोग आधे दामों पर भी बेचने को तैयार

हो गए और उस पर तुर्रा यह कि इसी दिल्ली की नगरपालिका ने महोत्सव में प्रदर्शित फिल्मों की अश्लीलता पर छाती कूटी!

एक ओर नैतिकता का अलाप और दूसरी ओर अश्लीलता के लिए टपकती लार। एक ओर मद्यनिषेध की व्यवस्था, दूसरी ओर मद्यपानचक्र में आस्था। एक ओर भारतीय-अभारतीय की विवेचना दूसरी ओर आधुनिकता के भोगवादी पक्ष की एषणा। हमारी राजधानी का यह दुरंगापन सारे देश के दुरंगेपन का प्रतीक माना जा सकता है। और इस दुरंगेपन के लिए सत्ता की बेपेंदा अंग्रेजियत और बेबुनियाद आधुनिकता जिम्मेदार है। इस सत्ता का स्वभाव मध्यवर्गीय है और इसका नारा मध्यमार्गी है। लेकिन यह मध्यवर्ग,.यह मध्यमार्ग इसी अर्थ में 'मध्य' है कि वह दुहरे प्रतिमान ले कर चलता है—एक अपने लिए, एक शेष 'जनता' के लिए। दुहरे प्रतिमानों की कृपा से समाज-मानस का एक ऐसा ढाँचा खड़ा हुआ है, जिसमें आधुनिकता का यंत्र-तंत्र आधुनिकता का पर्याय मान लिया गया है। इस यंत्र-तंत्र के निरूपण और निर्माण के जिस लम्बे इतिहास से सम्पन्न पाश्चात्य देश हो कर गुजरे हैं उसकी फजीहत से सत्तावर्ग अपने को बरी रखना चाहता है। इसके सुसंचालन के लिए जो निर्वैयक्तिक दक्षता अपेक्षित है वह सत्ताधारियों को शायद परम्परा-विरुद्ध जान पड़ती है। औद्योगिक समाज की सम्पन्नता से जो भोगवादी संस्कृति उपजी है उसे वह अपनी प्रगतिशीलता की साक्षी बनाने के लिए उत्साही है मगर गरीब देश में लोकप्रियता प्राप्त करने के लिए इस एय्याशी की निन्दा करते रहना भी अपना कर्त्तव्य समझता है। तो हमारे पास आज आधुनिक औद्योगिक समाजों का एक सेकेण्ड-हैण्ड यंत-तंत्र है और उसे भी अच्छी तरह चलाना हम जरूरी नहीं समझते। हमारे पास भोगवादी संस्कृति के जीवन-मूल्य हैं लेकिन उन पर खुलेआम चल सकने के साहस और उनका निर्वाह कर सकने की सम्पन्नता दोनों का नितांत अभाव है। फिल्म-महोत्सव में 'अश्लीलता' के आकर्षण से उपजी हुई अराजकता, मुफ्त मद्यपान, मनोरंजन और विदेश-भ्रमण के लिए पढ़े-लिखे लोगों में दिन-दूनी बढ़ती हुई विह्वलता राष्ट्र की तथाकथित आधुनिकता और परम्परा-प्रेम दोनों के आगे प्रश्न-चिह्न लगाती नजर आ रही है।

हिन्दी सिनेमा के सही मुहावरे की तलाश

पारसी थियेटर की अतिनाटकीयता, हॉलीवुड फिल्म का ग्लैमर और बंगला उपन्यास की घरेलू भावुकता तीनों को मिला कर खिचड़ी पकाइए और लोकमानस से बघार दीजिए—हिन्दी सिनेमा तैयार है। इस फॉर्मूले में लोकमानस को केवल 'बघार' के तौर पर इस्तेमाल किया जाता है इसलिए अक्सर दिग्दर्शक लोकमानस में पैठे हुए मिथकों और मानकों को महत्त्वहीन मान बैठते हैं और बाक्स ऑफिस पर मार खा जाते हैं। दिलचस्प बात यह है कि औसत से ज्यादा पढ़ा-लिखा मध्यवर्गीय दर्शक भी इस बघार को गैर-जरूरी ही नहीं, बेतुका भी समझता है। अगर बम्बइया इण्डस्ट्री उसे शुद्ध हॉलिवुड शैली का 'ग्लैमर सेक्स ऐंड फन' ही दे तो वह प्रसन्न हो। अगर शुद्ध बंगला उपन्यास वाली भावुकता उसे परसी जाए तो वह तृप्ति प्राप्त करे। लेकिन परियों की कहानी वाले लोकमानस-छाप लटके उसका मजा किरकिरा कर देते हैं। औसत से कम पढ़ा-लिखा मध्यवर्गीय दर्शक पारसी थियेटर की अतिनाटकीयता से परहेज नहीं करता और अगर फिल्म ताली तलाशने वाले 'डायलागों' से ही भरी हो तो उसे बहुत लुत्फ आता है। लेकिन लोकचिन्तन से उपजे हुए 'चमत्कार' उसे भी यदा-कदा अपनी फिल्मी समझ से बलात्कार करते हुए मालूम होते हैं। लेकिन जो भी निर्माता-दिग्दर्शक मध्यवर्ग के इस कला-प्रेम के मारे लोकमानस के बघार को भुला बैठता है वही मार खा जाता है।

इसी बात को दूसरे शब्दों में यों कहा जा सकता है कि सिनेमा अपनी तकनीकी आधुनिकता के बावजूद लोकमानस से जुड़ा हुआ है और उसे बहुत हद तक परम्परागत लोकमंच का ही बृहत्तर संस्करण माना जा सकता है। यही नहीं अभिव्यक्ति और सम्प्रेषण की जो नई भाषा सिनेमा ने अपनाई है वह लिखित साहित्य की भाषा से सर्वथा भिन्न और कहीं ज्यादा पुरानी है। जिस हद तक लिखित साहित्य के तेवर लोक संस्कारों में शामिल हो चुके हों 'साहित्यिक सिनेमा' उस हद तक सम्भव है। इस प्रसंग में यह द्रष्टव्य है कि जहाँ भी समाज में साहित्य-प्रेम की लम्बी परम्परा चली आई है—मसलन फ्रांस और बंगाल में—वहाँ सिनेमा मूलतः 'मध्यमवर्गीय' और 'साहित्यिक' हो सका है। हिन्दी सिनेमा के विस्तृत और बहुविध

क्षेत्र में सारे दर्शकों को जोड़ सकने वाली कोई साहित्यिक कड़ी खोज निकालना असम्भव कार्य है। असीम साहित्यिक रुचि वाले सीमित मध्यवर्ग के लिए अलबत्ता साहित्यिक हिन्दी फिल्में बनाई जा सकती हैं और बिमल राय तथा हृषीकेश मुखर्जी जैसे दिग्दर्शकों द्वारा बनाई जाती भी रही है। इस दिशा में इधर और भी साहसिक प्रयोग हो रहे हैं। हिन्दी के नए कथाकारों का फिल्मों के सन्दर्भ में इस कदर नाम सुनाई पड़ रहा है कि लगता है कि अब हिन्दी का नई कहानी आन्दोलन उर्दू की तरक्कीपसन्द शायरी की तरह फिल्मगति को प्राप्त हुआ चाहता है। इसमें कोई सन्देह नहीं कि साहित्यिक सिनेमा के ये प्रयोग काफी दिलचस्प होंगे लेकिन यह मानना गलत होगा कि इनके माध्यम से हिन्दी सिनेमा का खरा मुहावरा सामने आ सकेगा। हद से हद ये एक सीमित वर्ग के लिए 'नया हिन्दी सिनेमा' आन्दोलन छेड़ने में सफल हो सकते हैं। लेकिन जिसे बौद्धिकता के स्तर पर 'नए' की तलाश है वह सीमित वर्ग फ्रांस, स्वीडन और इटली का ही नया सिनेमा क्यों न देख ले? इसी तरह कुछ निर्माता-निर्देशक पश्चिम के बौद्धिक नहीं, वासनामय सिनेमा के चरण-चिह्नों पर चलना चाहते हैं। पश्चिमी ग्लैमर की यह नकल बहुत सफल हो नहीं सकती क्योंकि इस मामले में भी देसी माल विदेशी माल से उन्नीस ही पड़ेगा। पश्चिमी ग्लैमर की हिन्दी फिल्म उस सीमित दर्शक समाज के लिए अवश्य बनाई जा सकती है जिसने अंग्रेजियत ग्रहण कर ली है मगर जो अंग्रेजी भाषा के मामले में खासा सिफर है। नव-धनाढ्य वर्ग के विकास के साथ देश में इस तरह के दर्शकों की संख्या बढ़ रही है मगर आज भी वह इतनी नहीं कि उसके ही बूते शुद्ध ग्लैमर का सिनेमा बना कर अपार व्यावसायिक या कलात्मक सफलता प्राप्त की जा सके। तो फिर हिन्दी फिल्म के निर्माता-दिग्दर्शक के लिए क्या बच रहा है? वही नुस्खा—पारसी थियेटर, हॉलिवुड ग्लैमर और बंगला उपन्यास की चाट में लोकमानस का मसाला मिलाने का फार्मूला।

आज हमारी हिन्दी फिल्मों के व्यावसायिक निर्माता-दिग्दर्शक जिसे 'बघार' या 'मसाला' समझते रहे हैं लोककथा, लोकमंच और लोक-दर्शन के उन तत्त्वों में ही कहीं हमें अपनी विशिष्ट सिनेमा की शैली और विषय के बीज मिल सकते हैं। आज तक हमारे दिग्दर्शकों ने इन तत्त्वों का बगैर किसी आस्था के निहायत भौंड़े तरीके से इस्तेमाल किया है मगर इसका मतलब यह नहीं है कि इनकी बुनियाद पर कलात्मक सिनेमा खड़ा ही नहीं किया जा सकता। स्वीडन के दिग्दर्शक इंगमार वर्गमान ने अपने देश की एक दन्तकथा का फिल्म 'वर्जिन स्प्रिंग' में सशक्त और कलात्मक निरूपण किया है। जापानी दिग्दर्शक आर्कानो कुरोसावा ने 'सेवन समुराई'

जैसी फिल्मों में जनसाहित्य से कथानक उठाए हैं। भारत में भी ऋत्विक घटक जैसे कुछ दिग्दर्शकों ने लोकचिन्तन के सिनेमाई रूपान्तर के कुछ प्रयास किए हैं। तो कोई वजह नहीं कि 'हरिश्चन्द्र तारामती' या 'नागिन' या 'हातिमताई' या 'रामभक्त हनुमान' का कथानक कलात्मक सिनेमा का विषय न बन सके। हिन्दी क्षेत्र के लोकमानस में पैठ कर, उसके आंचलिक संस्कारों को अपना कर ही हिन्दी सिनेमा कलात्मक और व्यावसायिक सफलता प्राप्त कर सकता है। हमें विश्वास है कि नए दिग्दर्शक बाक्स ऑफिस ग्लैमर और काफी हाउस इण्टेलेक्चुअलता दोनों को भुला कर हिन्दी सिनेमा की परम्परा खोजने और उसका कलात्मक रूपान्तरण करने की ओर ध्यान देंगे।

राजनीति नहीं : रामनीति

पुरानी और नई दोनों कांग्रेसों का अधिवेशन समाप्त हो गया। दोनों संगठनों की हदबन्दियाँ बद दी गईं। सीमा-रेखाओं पर चूना पड़ने की कसर रह गई है। वह भी बजट-अधिवेशन तक पड़ ही जाएगा। बिना चूने के नयापन कैसा? अभी तक साहित्य में ही नवलेखन आया था, अब कांग्रेस में भी यह 'नवता' आ घुसी।

आज कांग्रेस का विचार कांग्रेस की दृष्टि से न करके देश-हित की दृष्टि से करना पड़ेगा। जिस प्रकार देश के लिए एक राष्ट्रभाषा, एक राष्ट्रगीत और एक राष्ट्रझण्डे की महत्ता है, उसी प्रकार सद्यः विकसित लोकतंत्र के लिए एक बड़े राजनीतिक दल की भी जरूरत रहती है, जो जनमानस की आशाओं और आकांक्षाओं का सही प्रतिनिधित्व करता हो। इस दृष्टि से अब तक कांग्रेस का स्थान सर्वोपरि रहा है। अब रह जाएगा या नहीं, यही विचारणीय है।

बम्बई से यह आवाज उठी है कि पुरानी कांग्रेस के अध्यक्ष श्री निजलिंगप्पा को अपने पद से इसलिए त्यागपत्र दे देना चाहिए कि बहुमत नई कांग्रेस के साथ है। इसी पुरानी विपक्षी काँग्रेस के नेता डॉ॰ रामसुभग सिंह का यह विश्वास है कि शुरू में लोकसभा के 59 और राज्यसभा के 36 सदस्य उनके दल के साथ थे और अब यह संख्या क्रमशः बढ़ कर 64 और 42 हो गई है। डॉ॰ सिंह का यह भी खयाल है बजट अधिवेशन तक यह संख्या और भी बढ़ जाएगी। निष्कर्ष यह कि नए-पुराने कांग्रेसी अपनी-अपनी पीठें तब तक ठोंकते रहेंगे, जब तक किसी एक की पीठ जमीन से नहीं लग जाती।

बम्बई में नई कांग्रेस ने उद्योग में सार्वजनिक क्षेत्र को प्रमुखता देने पर बल दिया। साथ ही नरेशों के प्रिवी पर्स और विशेषाधिकारों के उन्मूलन, शहरी सम्पत्ति पर सीमा-निर्धारण, कच्चे माल के आयात एवं आम-बीमा का राष्ट्रीयकरण, खाद्यान्नों–विशेषकर गेहूँ और चावल के अतिरिक्त उत्पादन की खरीद पर सरकारी एकाधिकार सम्बन्धी उपायों पर शीघ्र अमल करने का निश्चय हुआ। इसके अलावा भूमि-सुधार तथा कृषि-सम्बन्धी मुद्दे की सिफारिश की गई कि भूमि के मामले में सभी बिचौलियों का 1970 तक उन्मूलन कर दिया जाए तथा अतिरिक्त भूमि पर भूमिविहीनों का पुनर्वास किया जाए। डेरी फार्मिंग के लिए विशेष कार्यक्रमों का

आयोजन और छोटे किसानों को यथेष्ट खाद तथा ऋण देने की व्यवस्था की जाए।

अहमदाबाद में पुरानी कांग्रेस ने चतुष्पदीय अर्थ-व्यवस्था के सिद्धान्त का प्रतिपादन किया। वर्त्तमान मिश्रित अर्थ-व्यवस्था को श्रेयस्कर माना गया। संयुक्त प्रयत्नों द्वारा देश के प्राकृतिक साधनों के विकास के लिए विदेशी सहायता की उपयोगिता स्वीकार की गई आदि।

निष्कर्ष यह कि जन-कल्याण की दृष्टि से दोनों कांग्रेसों ने कहने और प्रस्ताव पारित करने में कुछ भी नहीं उठा रखा। दोनों के सन्मार्ग और सद्वचनों में कहीं कोई खोट नहीं। अगल-बगल की दोनों ही राजधानियों में एक-से-एक अच्छी और वजनी बातें कही और तौली गईं। एक-दूसरे पर कीचड़ उछालने और अपनी पार्टी को शक्ति-सम्पन्नता का एकाधिकारी घोषित करने में आंकड़ों, मुँह, मुद्रा, माइक और छापे के अक्षरों का खुलकर प्रयोग करने में आगा-पीछा नहीं किया गया।

बात अब बहुत आगे बढ़ गई। कांग्रेस सचमुच उसी तरह बंट गई, जिस तरह दो सगे किसान-भाइयों के खलिहान आपस में बंट कर संकीर्ण हो जाते हैं। वह भी गाँधी-शताब्दी के अवसर पर। उन गाँधी जी की शताब्दी पर ऐसा हुआ, जिनका नाम लेते नए-पुराने कांग्रेसी नेता नहीं थकते। जब गाँधी जी की बात चली है, तब उन्हीं का उदाहरण देना मौजूं होगा।

वंश या पार्टी से शाखा-प्रशाखा का फूटना अच्छी बात है। प्रसोपा, संसोपा, स्वतंत्र, भा॰ क्रां॰ द॰ आदि संस्थाएँ कांग्रेस की ही सगी बेटियाँ हैं। इस वंश-वृद्धि से कांग्रेस के मूल में आयात नहीं हुआ था, लेकिन अब वह स्थिति इस अलगोझे में नहीं दिखाई देती। अब सच्ची फूट नजर आने लगी है। वैसे ऐसा पहले भी हुआ था, लेकिन इस हद तक नहीं। फर्क इतना ही था कि उस समय गाँधी जी थे, लेकिन आज वह नहीं हैं। उस समय दुश्मन अंग्रेज था और आज हम एक-दूसरे के दुश्मन हैं। गाँधी जी के 'असहयोग आन्दोलन' से विमुख हो कर देशबन्धु चित्तरंजन दास, मोतीलाल नेहरू, विट्ठल भाई पटेल आदि वरिष्ठ नेताओं ने 'स्वराज्य पार्टी' बनाई और धारा सभा में जा कर सरकार से टक्कर लेने लगे। गाँधी जी की रचनात्मक पार्टी और स्वराज्य पार्टी का लक्ष्य एक ही था, लेकिन रास्ते दो थे। स्पष्ट विरोध था, लेकिन गाँधी जी ने बहुमत का स्वांग नहीं रचा और न उसको लेकर तू-तू, मैं-मैं ही की। आपसी विरोध में शक्ति नष्ट न कर रचनात्मक कार्यों में उन्होंने अपनी और अपने अनुयायियों की शक्ति लगा दी। राजनीति की लगाम स्वराज्य पार्टी के हाथ में दे दी। देशबन्धु की तब तक मृत्यु हो चुकी थी। उसका राजनीतिक लाभ भी बापू ने नहीं उठाया। राजसी वृत्ति से पराङ्मुख हो कर वह रचनात्मक कार्यों में लग गए।

स्वराज्य पार्टी को प्रकारान्तर से उन्होंने अपना आत्मिक सहयोग ही दिया। उनकी रामनीति का फल यह निकला कि सन् 30 में जब नमक सत्याग्रह उन्होंने छेड़ा, तब धारा सभाई स्वराज्य पार्टी उनके कदमों के पीछे थी। एक बहुत बड़ा दलगत संघर्ष मिट गया और उस कांग्रेस का उदय हुआ, जिसने अन्ततोगत्वा स्वराज्य हासिल कर के ही छोड़ा।

आज की राजनीति के स्थान पर गाँधी जी की उसी राम-नीति की आवश्यकता है। किसी भी राजनीतिक पार्टी के दो अंग होने ही चाहिए। एक संसदीय हो और दूसरा रचनात्मक। कांग्रेस का यह पक्ष कुर्सी पर बैठने के बाद कमजोर हो गया था। सौभाग्य से झगड़े में भी भलाई के आसार नजर आ जाते हैं। अब जो जहाँ हैं, वहीं वह अपने काम में लग जाए। जो बाहर आ गए हैं वे अपनी राजसी वृत्ति को छोड़ कर रचनात्मक वृत्ति अपना लें और इस 'राज्यपार्टी' को अपना आत्मिक सहयोग दें। पुरानी कांग्रेस में अधिक समझदार लोग हैं, उन्हें रचनात्मक कार्यों का अलख एक बार फिर से जगाना चाहिए और नए लोगों को अपने अनुभव का लाभ देना चाहिए। अहमदाबाद-कांग्रेस में सत्ताधारी पार्टी की जो कटु आलोचना की गई, उस सीमा का पुनर्अतिक्रमण अब नहीं होना चाहिए। यही एक राह है देश के सब से बड़े राजनीतिक दल को बचाने की। यहाँ का लोकतंत्र अभी बाल-युवक है। उसे अभी एक बड़ी राजनीतिक पार्टी के वरदहस्त की जरूरत है। यदि ऐसा नहीं हुआ तो फिर जिसका जहाँ सींग समाएगा वह वहाँ बाएँ-दाहिने का भेद-भाव भूल कर घुस जाएगा। चारा डालने वाले लोग भीतर-बाहर हाँका लगा ही रहे हैं। मात्र शिकार को निशाने पर लाने का इन्तजार है।

गाँधी जी हेतु की शुद्धता के बावजूद उसमें प्रयुक्त असत्य को असत्य ही मानते थे। हेतु की शुद्धता के लिए असत्य का प्रयोग चाणक्य-नीति हो सकती है—गाँधी-नीति नहीं। आप अपना हेतु शुद्ध रखें तब नारे लगाएँ। उस समय उसकी गूँज जनमानस पर सीधी अंकित होगी। अन्यथा वह विशुद्ध गलेबाजी ही सिद्ध होगी। हमें तो हैरानी तब होती है जब अच्छी तरह पहने-ओढ़े और खाते-पीते लोग गरीबी और बेकारी के विरुद्ध नारा लगाते-लगाते अपना गला बैठा लेते हैं। भारत की गरीबी और बेकारी मिटनी ही चाहिए, इसमें दो राय नहीं हो सकती। इसको मिटवाने के लिए ही हम पिछले 22 वर्षों से आपका मुँह जोह रहे हैं। आपके नाज उठा रहे हैं। आपकी जयजयकार कर रहे हैं। आपकी चिरौरी कर रहे हैं। आशा का झण्डा उठाए घूम रहे हैं। लेकिन अब तक आप क्या कर रहे थे? किसी ने आपको रोक रखा था क्या? यदि रोक भी रखा था तो अब तक आप क्या झक मार रहे थे? चुप्पी क्यों साध रखी थी? आज यकायक इतनी बेताबी क्यों? यदि सचमुच कुछ कर गुजरने की मन में

है तो पहले वैसा कर डालिए। तब खुशी-खुशी अपना गला बैठाने का काम तो हम खुद भी कर लेंगे। इतना तो हम भी जानते हैं कि गरीबों को सरकारी कोठियों में बैठ कर आवाज नहीं दी जा सकती और न ही आइरन किए हुए लकदक कपड़ों को पहनकर गाँवों की धूल में लोटा जा सकता है। गरीबी मिटाने के लिए पहले गरीब बनिए, बेकारी मिटाने के लिए कुर्सी छोड़िए। वैसे यह काम कुर्सी पर बैठ कर भी हो सकता है, तब चीखिए मत। चिल्लाने से हमारा विश्वास डोलने लगता है, ब्लड-प्रेशर की आशंका बढ़ने लगती है।

पश्चिम तक पहुँचने के लिए पश्चिम का पल्ला छोड़ना होगा

हमारे लिए इस सदी में पश्चिम ही नई चेतना का प्रतीक रहा है। हम अगर अपनी परम्परा के बारे में भी सजग हुए हैं तो पश्चिम के संकेत पर या पश्चिम की प्रतिक्रिया में। जाहिर है कि यहाँ 'हम' का प्रयोग उस शिक्षित मध्यवर्गीय बिरादरी के लिए किया जा रहा है जिसके द्वारा समसामयिक भारतीय संस्कृति का प्रतिनिधित्व होता रहा है। शेष आबादी तो उस परिस्थिति में जी रही है जिसे नृतत्त्व के जानकार 'दैन्य की उप-संस्कृति' की संज्ञा देते हैं। इस आबादी ने पूर्व और पश्चिम का समन्वय करने के सपने न देखे हैं, न दिखाए हैं। मध्यवर्गीय बुद्धिजीवी अलबत्ता इन सपनों का दावेदार रहा है और घोरतम भग्नाशा के बावजूद आज भी वह यह जताना चाहता है कि उसने एक विशिष्ट आधुनिक भारतीय चेतना का आविष्कार किया है और पाश्चात्य आधुनिक संस्कृति के लिए इस चेतना का बड़ा महत्त्व है। कोई भारतीय नव जागरण हुआ हो या न हुआ हो, वह यह मान कर चलता है कि राष्ट्र का मानस पश्चिम के समानान्तर विकास की मंजिलें तय करते चला जा रहा है।

इस आधुनिक भारतीय चेतना में समन्वय के नाम पर एक काल्पनिक पूर्व और एक कण्डम पश्चिम का सम्मिश्रण भर हुआ है। पश्चिम की पुरानी फेंकी हुई पोशाकें गौरवमय भारतीय अतीत के पैबन्द लगा कर पहनी जाती रही हैं। भारतीय बुद्धिजीवी इस तथ्य से अवगत हैं लेकिन इसे स्वीकार कर के वह अपनी बौद्धिक रोटी-रोजी खतरे में नहीं डालना चाहता। इसलिए शिक्षित भारतीय समाज एक सांस्कृतिक शून्य में जिन्दगी बसर करते हुए भी अपनी और अपने समाज की सांस्कृतिक प्रगति के विषय में आश्वस्त है। यों यह कोई भी देख सकता है कि इस 'प्रगति' से हमें और हमारे समाज को कोई उपलब्धि नहीं हुई है। हमारा सारा काम-काज अपने लिए और पश्चिम के लिए समान रूप से अप्रासंगिक है। स्वाधीनता संग्राम के दौर में जिन चन्द लोगों ने पश्चिम की प्रेरणा और प्रतिक्रिया दोनों से परे रहते हुए अपने अतीत, वर्त्तमान और भविष्य तीनों का निस्संकोच साक्षात्कार करने का आग्रह किया था उनकी बात हमने उसी दौर में अव्यावहारिक मानी और आजाद होने के बाद तो बिल्कुल भुला ही दी। वह रास्ता मुश्किल था और हमारी

'प्रगतिशीलता' को खासा जाहिल भी मालूम होता था। तथाकथित समन्वय के मार्ग में सुविधा ही सुविधा थी। अंधों में काना राजा बन जाने का जबर्दस्त आकर्षण था।

आजादी मिलने के बाद ज्यों-ज्यों अंग्रेजी और अंग्रेजियत सम्पन्न और सुसंस्कृत होने के प्रतीक बने, ज्यों-ज्यों देसी भाषाएँ और देसी रिवाज निम्न और विपन्न लोगों के लिए 'संरक्षित' किए जाते रहे त्यों-त्यों काना राजा बन जाने की प्रतियोगिता जोर पकड़ती गई। आधुनिकता के विकास के कपोल-कल्पित इतिहास में पश्चिम की नई-पुरानी सभी प्रवृत्तियों और प्रतिभाओं के देसी संस्करण प्रतिष्ठित कर डाले गए। नकलनवीसी को प्रतिभा मान कर पूजा गया। इस 'आधुनिक भारतीय चेतना' के विकास में 'भारतीयता' का भी पूरा आग्रह रहा और बहस इस बात को ले कर होती रही कि किसने पश्चिम को अधिक भारतीय ढंग से ग्रहण किया? इस भारतीयता की एक माप तो यही रखी गई कि जो जितना पुराना पश्चिम ग्रहण करे वह उतना अधिक भारतीय। दूसरी माप का सम्बन्ध 'गौरवमय प्राचीन भारत' विषयक कुछ अस्पष्ट धारणाओं और अनिश्चित मान्यताओं से रहा। यानी कुल मिलाकर इस आधुनिक भारतीयता का आधुनिक भारत से कोई नाता-रिश्ता नहीं बनने दिया गया।

हमारी 'अन्तर-राष्ट्रीय' प्रतिभाओं का यह आग्रह भी रहा कि उनके कृतित्व को अन्तर-राष्ट्रीय मानकों पर न कसा जाए। उनसे यह न पूछा जाए कि आपको पश्चिम में कोई टके सेर क्यों नहीं पूछता? साथ ही उन्होंने यह जताने की भी कोशिश की कि उनका कृतित्व पश्चिमी संस्कृति से भिन्न आयाम में स्थित है। दूसरे शब्दों में उन्होंने देसी जनता से यह आग्रह किया कि पश्चिम को आप पश्चिम की मंडी से नहीं, हमारी दुकान से ही लें। हम आपको भारतीय ढंग का पश्चिम वाजिब दामों पर सप्लाई करेंगे। इस छल की राष्ट्र को कितनी बड़ी कीमत चुकानी पड़ी है इसका कोई ठिकाना नहीं है। इसके चलते देश का बुद्धिजीवी, राष्ट्र का मानस, न भारतीय रह सका है न आधुनिक बन सका है और न अपने अनुभव के आधार पर किसी सामयिक राष्ट्रीय चिन्तन का विकास कर सका है। हम समझते हैं कि अगर हम सचमुच पश्चिम तक पहुँचना, बल्कि उससे भी आगे बढ़ना चाहते हैं तो हमें पश्चिम का पल्ला छोड़ना होगा। समाज और इतिहास को समझने के सारे शास्त्र अपने विशिष्ट अनुभव और अपनी विशेष परिस्थितियों के अनुसार नए सिरे से लिखने होंगे। राष्ट्रीय चिंतन की किसी समग्र दृष्टि का विकास कर के अपनी अब तक की साहित्य-कला-संस्कृति सम्बन्धी प्रगति का नए सिरे से मूल्यांकन करना होगा और यह देखना होगा कि उसमें से क्या हमारे लिए वास्तव में सार्थक और महत्त्वपूर्ण है। अगर ऐसा नहीं किया गया तो अव्वल तो देश में कोई प्रतिभा विकसित ही नहीं होगी और होगी भी तो उसका कृतित्व देश के लिए निष्प्रयोज्य होगा।

समाज से परहेज करने वाला समाजवाद

भारत की लगभग आधी आबादी उस परिस्थिति में जीवन व्यतीत कर रही है जिसे आज के अन्तरराष्ट्रीय मानकों के अनुसार घोर गरीबी की संज्ञा दी जा सकती है। अनुमान किया जाता है कि हमारे देश की एक तिहाई आबादी के लिए आज भी दो-जून-रोटी एक सपने की हैसियत रखती है। ऐसे दीन-हीन परिवेश में समाजवाद और सामाजिक न्याय की चर्चा सहज मानवीय करुणा की निशानी मानी जा सकती है। लेकिन हम देखते आए हैं कि हमारे यहाँ जो लोग समाजवाद की चर्चा करते हैं उन्हें हमारे समाज की कोई सुध नहीं है। वे पश्चिमी स्वरकारों का समाजवादी राग एक राजनीतिक लटके के रूप में चुनाव-बाजार में अलापते रहे हैं। कांग्रेसी हो या गैर-कांग्रेसी, हर राजनीतिज्ञ 'समाजवाद' का प्रयोग अपनी सार्वजनिक सूरत को उजला बनाने वाले पाउडर-क्रीम के रूप में करता आया है। सब यथास्थिति के भक्त हैं और अगर सामाजिक स्थिति में कहीं कोई परिवर्तन वे चाहते भी हैं तो परिवर्तन की मांग सीधे उनके किसी तात्कालिक राजनीतिक स्वार्थ से जुड़ी हुई सिद्ध होती है। पश्चिम पोथियों के समाजवाद के आदर्श किस तरह हमारे समाज और हमारी राजनीति के घिनौने यथार्थ के सेवक बने हैं यह किसी से छिपा हुआ नहीं है। तो भी भारतीय राजनीति गरीब देश में वोटों की खातिर इन आदर्शों की माला जपती रहती है। समाजवाद राष्ट्र की गरीबी के साथ एक बेहूदा राजनीतिक मजाक हो कर रह गया है।

जब से प्रधानमन्त्री ने समाजवाद के नारे से चन्द राजनीतिक मैदान मारे हैं तब से उनके कांग्रेसी और गैर-कांग्रेसी विरोधियों में भी अपनी लोकप्रतिमा को समाजवादी साँचे में ढालने की होड़ मच गई है। ऐसा बताया जाता है कि देश की राजनीति में 'नया मोड़' आया चाहता है। लेकिन हम देखते हैं कि वही जोड़-तोड़ जारी है और 'समाजवाद' का नारा भी सत्ता की आत्मलिप्त राजनीति का सहारा बना हुआ है। मध्यपन्थी समझी जाने वाली कांग्रेस के दोनों गुट एक-दूसरे को अधिक उग्रपन्थी समाजवादी होने के लिए ललकार रहे हैं जब कि ऐसा हो सकना दोनों में से किसी के बस का नहीं है। इस प्रतियोगिता में जो कार्यक्रम घोषित किए जा रहे हैं, या जो माँगें पेश की जा रही हैं, वे समाजवाद से कम और कांग्रेस के आन्तरिक सत्ता

संघर्ष से अधिक जुड़ी हुई प्रतीत होती हैं। कांग्रेस के आपसी झगड़े के बाद संसोपा और प्रसोपा के 'समाजवाद' की कलई भी पूरी तरह खुल गई। यह सिद्ध हो गया कि इनके नेता भी राजनीतिक पैंतरेबाजी को सामाजिक कार्यक्रम से अधिक आवश्यक मानते हैं। यह भी कि कांग्रेस-समर्थन और कांग्रेस-विरोध की राजनीति से अलग अपने किसी व्यक्तित्व का विकास कर सकना इनके लिए असम्भव है।

दक्षिणपन्थी कम्युनिस्टों का 'समाजवाद' शुरू से सोवियत संघ के स्वार्थों की रक्षा में समर्पित रहा है। इसकी कृपा से उसका सारा सत्ता-प्रतिष्ठान और नेता-वर्ग सुखी-सम्पन्न है। पूँजीवाद को गाली देने वाले अच्छे-खासे पूँजी वाले बन गए हैं। वामपन्थी कम्युनिस्ट भारतीय राजनीति के धौंस-धमकी वाले साधारण 'समाजवाद' को धौले-धप्पे वाली 'क्रान्तिकारिता' का रूप देने में जुटे हुए हैं। अगर भारत से चीन के सम्बन्ध बिगड़ न गए होते तो इसका नेता-वर्ग भी केवल चीन की माला जप कर समाजवादी ढंग से मालामाल हो जाता। स्थिति भिन्न होने के कारण उसने आतंक के सहारे अपने को पश्चिम बंगाल और केरल जैसे क्षेत्रों का सर्वोच्च और सर्वशक्तिवान वर्ग बनाने का रास्ता अपनाया है। मानो स्थानिक दादा बन जाना ही माओ का अवतार बन जाना है। जनसंघ का 'समाजवाद' यही सिद्ध करता है कि स्वयंसेवक मार्का तेवरों वाला यह दल पूरी तरह भारतीय राजनीति के रंग में रंग चुका है। युवा बल्लमधारी अधेड़ पैंतरेबाज हो कर रह गए हैं। स्वतन्त्र पार्टी 'समाजवाद' की चर्चा कम करती है लेकिन जिस 'मुक्त व्यापार' की दुहाई वह देती है उसमें सामन्ती और आधुनिक औद्योगिक दोनों दृष्टियों का समन्वय अद्भुत है। द्रमुक और अकाली जैसे प्रादेशिक दल भी 'समाजवाद' के सगे हैं। और प्रादेशिकता तथा समाजवाद में कोई अन्तर्विरोध इन्हें नजर नहीं आता।

इस प्रकार भारतीय राजनीति में समाजवादी यहाँ से वहाँ तक भरे पड़े हैं और उनमें से हर एक का अपना विशिष्ट समाजवाद है। इतने ढेर समाजवादियों के बावजूद भारतीय समाज जहाँ का तहाँ और जैसे का तैसा है। समाजवाद के नाम पर दफ्तरशाही और सत्ता की दलाली पनप रही है। नए साहेब और मुसाहिब देश में प्रतिष्ठित होते जा रहे हैं। देश में आर्थिक विकास से जो भी नई दौलत पैदा हुई है उसका एक बड़ा हिस्सा बिचौलियों की जेब में गया है। समाजवाद के नाम पर एक ओर औद्योगिक प्रगति में तरह-तरह की बाधाएँ डाली गई हैं तो दूसरी ओर कृषि-क्षेत्र में एक नए तरह के सामन्त को फलने-फूलने दिया गया है। कौन-सा काम पहले करना जरूरी है इसका कोई विचार करना हमारे 'समाजवाद' ने आवश्यक नहीं समझा है। सीमित साधन एक विस्तृत क्षेत्र में बिखरा दिए गए हैं और उनसे दफ्तरों और दफ्तरशाहों के सिवा और कुछ देश के हाथ नहीं लग सका है। उपभोग की संस्कृति

के मूल्य देश में प्रतिष्ठित हुए हैं जिनके कारण आकांक्षाओं का स्तर तेजी से उठता जा रहा है। इन आकांक्षाओं के सामने उपलब्धियाँ ओछी पड़ रही हैं और भग्नाशा के वातावरण में लूट लेने की वृत्ति पनप रही है। वोट का मुँह जोहने वालों का किताबी 'समाजवाद' और रूमानी 'क्रान्तिकारिता' इस भग्नाशा को भड़काने में जुटे हुए हैं। उन्हें उस राष्ट्रीय भावना की कोई चिन्ता नहीं है जिसके अभाव में राष्ट्रीयकरण का कोई अर्थ नहीं रह जाता। उन्हें उस समाज-सुधार की कोई अपेक्षा नहीं है जिसके बगैर समाजवाद एक खोखले नारे से अधिक कुछ नहीं हो सकता। और तो और उन्हें आर्थिक विकास के आयोजन की कोई परवाह नहीं है जिसके बिना समाज में समृद्धि बाँट सकने वाला समाजवाद आ ही नहीं सकता। समाज से विमुख आत्मलिप्त भारतीय राजनीति ने लोकतन्त्र की तरह समाजवाद को भी अर्थभ्रष्ट कर दिया है।

सदाबहार समस्याओं की राजनीति

आखिर भारत सरकार ने चण्डीगढ़ की समस्या का समाधान कर ही दिया। हर समाधान की तरह यह भी नाटकीय धमकियों के सन्दर्भ में प्रस्तुत किया गया और इसके प्रस्तुत किए जाने के बाद भी आक्रोश के नाटकीय प्रदर्शन हुए। यह भी अनुमान किया जा सकता है कि सारे दंगे-फसाद के बावजूद अन्ततः यह समाधान भी मान लिया जाएगा। इसलिए नहीं कि सम्बद्ध पक्ष सद्भाव के किसी नए सूत्र से जुड़ जाएँगे बल्कि इसलिए कि इस बीच उन्हें झगड़ने के लिए कोई नई समस्या मिल जाएगी। पंजाब-हरियाणा के सीमा-सम्बन्धी कुछ विवादों के विचार के लिए नया आयोग बैठाने का प्रस्ताव कर के भारत सरकार ने नई 'समस्या' के विकास का मार्ग प्रशस्त कर दिया है। यह कतई जरूरी नहीं कि नई 'समस्या' को लेकर अपने को जलाने की धमकी देने और पराई सम्पत्ति को जला देनेवाली आन्दोलनबाजी फौरन खुल खेले। हमारी राजनीति का सनातन नियम यह है कि एक समय में एक ही 'समस्या' पूरी नाटकीयता से राष्ट्रीय समस्या के रूप में उठाई जाए। शेष समस्याओं का प्रादेशिक स्तर पर ही इस्तेमाल किया जाता रहे। तो चण्डीगढ़ की 'समस्या का समाधान' होने के बाद कोई और सदाबहार प्रादेशिक समस्या राष्ट्रीय स्तर पर उठाई जाएगी–शायद महाराष्ट्र-मैसूर-सीमा की या तेलंगाना की।

किसी-न-किसी प्रादेशिक समस्या का उठाया जाता रहना अवश्यम्भावी है। क्योंकि सारी राष्ट्रीय राजनीति इन 'समस्याओं' के इर्द-गिर्द ही चक्कर काटती है। राष्ट्रीय राजनीति में इतना साहस नहीं कि वह किसी समस्या को राष्ट्रीय स्तर पर उठा सके। उसे यह भी विश्वास नहीं है कि ऐसा करने पर जनमत आन्दोलित हो सकेगा। उसके इस अविश्वास की मेहरबानी से अब राष्ट्रमानस काफी हद तक वास्तव में जड़ भी हो चुका है। अनास्थावान और सत्ताभीरु राष्ट्रीय राजनीति द्वारा राष्ट्रीय परिप्रेक्ष्य में जो भी चिन्तन किया गया है वह नितान्त औपचारिक और पिष्टोक्तिपूर्ण रहा है। इस तरह के ढोंगी प्रवचन सुनते-सुनते जनमानस राष्ट्रीय प्रश्नों के प्रति सचमुच उदासीन हो चला है। वह यह मान कर चलता है–और पिछले तमाम अनुभव को देखते हुए उसका ऐसा मानना गलत भी नहीं कहा जा सकता–कि राष्ट्रीय स्तर पर जिन समस्याओं और समाधानों की चर्चा हो रही है उनमें कोई दम नहीं है। चर्चा करने वाले स्वयं महज खाना-पूरी और जग-दिखाई के लिए उनका जिक्र छेड़े हुए हैं।

इस उदासीनता के वातावरण में जनमानस को उद्वेलित करने की खातिर लघुतर परिप्रेक्ष्य में 'समस्याएँ' उठाई जाती हैं। इन सभी 'समस्याओं' की बुनियाद में धर्म-धर्म, जाति-जाति और क्षेत्र-क्षेत्र के वे झगड़े होते हैं जो राष्ट्रीय राजनीति द्वारा आए दिन गर्हित ठहराए जाते रहते हैं। इन 'गर्हित' झगड़ों के आधार पर उठी हुई समस्याओं का राष्ट्रीय राजनीति पूरी गम्भीरता से विचार करती है। यही नहीं विचार करते समय वह अपने नफे-नुकसान का भी हिसाब लगा लेती है। किस क्षेत्रीयता, किस जातीयता, किस साम्प्रदायिकता से चुनाव के समय क्या मिल सकेगा, इस प्रश्न का वह ध्यानपूर्वक मनन करती है। कभी-कभी तो वह दोनों ही हाथों में लड्डू पा जाने के लिए गर्हित झगड़े से सम्बद्ध दोनों पक्षों को तुष्ट करने की दो-मुंही नीति अपनाती है। एक क्षेत्र में उसके प्रवक्ता हरियाणवी हो जाते हैं तो दूसरे क्षेत्र में पंजाबी। एक और पेंच यों पैदा होता है कि राष्ट्रीय दल ऐसे मामलों में एक दूसरे के, खास कर सत्तारूढ़ दल के ,निर्णय की प्रतीक्षा करते हैं और निर्णय सामने आते ही उस क्षेत्र, जाति या धर्म के हो लेते हैं, निर्णय जिसके विरुद्ध गया हो! इस तरह के छोटे झगड़ों में उलझे हुए बड़े दल कितने दिन तक बड़े रह सकते हैं यह प्रश्न विचारणीय है। राष्ट्रव्यापी दलों की शक्ति क्रमशः क्षीण होती गई है यह तथ्य भी किसी से छिपा हुआ नहीं है। लेकिन राष्ट्रीय राजनीति को अब तक इसकी कोई चिन्ता नहीं है। वह किन्हीं राष्ट्रीय समस्याओं या समाधानों से नहीं, क्षेत्रीय, जातीय और साम्प्रदायिक विवादों की जोड़-तोड़ से सत्ता पाने और बनाए रखने की नीति से प्रतिबद्ध है।

यह देख सकना मुश्किल नहीं है कि इन परिस्थितियों में प्रादेशिकता दिन-दूनी पनपती जाएगी और राष्ट्रव्यापी दलों की राजनीति में कोई हस्ती नहीं रह जाएगी। तब संघ राज्य का क्या होगा? सम्भव है विभाजनों और गृहयुद्धों की नौबत न भी आए लेकिन अराजकता तो अवश्य बड़े पैमाने पर फैलेगी। केन्द्र सरकार की राज्यों में कोई सुनवाई नहीं होगी और भारत के नागरिक के लिए अपने राज्य विशेष से बाहर रह पाना एक कठिन काम हो जाएगा। इन भयंकर आशंकाओं की ओर से आंखें मूंद कर भारतीय राजनीति 'समस्याओं' और 'समाधानों' का खेल खूब रस ले कर खेल रही है। अमुक राजधानी किस राज्य को दी जाए, अमुक कारखाना किस क्षेत्र में लगाया जाए ये ऐसी 'समस्याएँ' हैं जिनका 'समाधान' होने-न-होने से राष्ट्र या समाज को कोई फर्क नहीं पड़ता। लेकिन इन्हें केन्द्र में रख कर हमारी राजनीति उन समस्याओं की ओर से देश का ध्यान हटाना चाहती है जिनके समाधान से राष्ट्र और समाज की स्थिति में कोई वास्तविक परिवर्तन हो सकता है। हमारी संकल्पहीन, साहसहीन राजनीति का यह यथास्थिति-प्रेम सदाबहार समस्याओं के रूप में फलफूल रहा है। इसकी निराई हुए बगैर देश में कभी राष्ट्रवाद पनप नहीं सकेगा।

दुहाई रामनीति की : लड़ाई सुन्द-उपसुन्द की

फरवरी 1970 का दूसरा सप्ताह भारतीय राजनीतिक इतिहास की दृष्टि से चमत्कारपूर्ण रहा। दस फरवरी के दिन, एक ही दिन, भारत की प्रधानमन्त्री को निराशा के दो गहरे धक्के लगे। उस दिन उच्चतम न्यायालय ने बैंकों के राष्ट्रीयकरण सम्बन्धी कानून को अवैध घोषित कर दिया। उसी दिन उत्तर प्रदेश में मुख्यमन्त्री चन्द्रभानु गुप्त द्वारा चौधरी चरण सिंह के पक्ष में त्यागपत्र देने की घटना भी घटी। राजनीतिक पर्यवेक्षकों का कथन था कि प्रधानमन्त्री के उम्मीदवार के विरुद्ध संजीव रेड्डी की उम्मीदवारी को पार्लमेण्टरी बोर्ड द्वारा स्वीकृत करने की घटना वाराह गिरि व्यंकट गिरि की विजय से जिस प्रकार राजनीति में नया मोड़ लाई थी, उसी प्रकार एक ही दिन में राजनीतिक प्रतिष्ठा को गहरी ठेस लगने से नई कांग्रेस को भीषण क्षति पहुँचेगी। पर यह सब नहीं हुआ। पर्दे के पीछे जोड़-तोड़ हुई और उस सबका परिणाम यह हुआ कि चौधरी चरणसिंह फिर नई कांग्रेस के खेमे में आ गए।

बिहार में दारोगा राय का मन्त्रिमण्डल बन गया, उत्तर प्रदेश में श्री चरणसिंह मुख्यमन्त्री बन गए। ये दोनों परिवर्तन ऊपर से संसदीय प्रणाली की जीत के प्रतीक हो सकते हैं, परन्तु इन परिवर्तनों के पीछे दल-बदल एवं गठजोड़ का जो घिनौना खेल हुआ वह अत्यन्त दुखद है। प्रश्न यह नहीं है कि किस पक्ष ने नैतिकता और राजनीति का अधिक या न्यून अवलम्बन किया और किस ने अधर्म एवं अमान्य रीति-नीति ज्यादह अपनाई। आज इस रीति-नीति एवं नैतिकता को सभी पक्षों ने तिलांजलि दे दी है, सब सत्ता और कुर्सी की प्राप्ति की होड़ में लग गए हैं। वे भूल गए हैं कि यह उस गाँधी की शताब्दी का वर्ष है, जो राजनीति में भी नैतिकता और सन्मार्ग के अवलम्बन पर बल देते थे। आज नैतिकता और सन्मार्ग का अवलम्बन सभी पक्षों ने त्याग दिया है। संसदीय लोकतन्त्र का आधार जनहित और जनमत होता है, उस आधार को छोड़ कर स्वार्थ-सिद्धि और अवसरवादिता को ही भारतीय राजनीति में प्रश्रय दिया जा रहा है। पिछले आम चुनाव के बाद देश में हुए इस राजनीतिक मोड़ ने सुन्द-उपसुन्द की लड़ाई ही भड़काई है और उसमें आहुति दी गई है, रामनीति की, गांधी-नीति की, नैतिकता और ऊँचे साधनों की।

घटनाचक्र के विस्तार में जाने की जरूरत नहीं है। यह जरूरत भी नहीं है कि

पहल किसने की और किसने जवाब दिया? यह परखने की भी आवश्यकता नहीं है कि किस पक्ष ने अधिक अनीति एवं अन्याय का सहारा लिया और किसने कम? आज यह हृदयंगम करने की जरूरत आ गई है कि सुन्द-उपसुन्द के हमारे संग्राम ने देश की प्रतिष्ठा एवं नैतिक मानदण्ड को इतना नीचा दिखाया है कि यदि समय रहते यह अनिष्टकारी परम्परा नहीं रोकी गई तो देश का राजनीतिक भविष्य भी अन्धकारपूर्ण हो सकता है। बौद्ध युग में भारत में लिच्छवियों का गणतन्त्र था। उस पर पड़ोसी आततायी एकछत्र राजा ने कई बार आक्रमण किया और सदा मात खाई। अन्त में वह राजा परामर्श के लिए महात्मा बुद्ध के पास गया। उस समय महात्मा बुद्ध ने कहा था—जब तक लिच्छवीजन शान्ति और संघर्ष के समस्त विषय आपसी परामर्श से सुलझाते हैं, जब तक ये कोई कार्य छिपा कर नहीं करते, तब तक इस गणतन्त्र और जनगण की पराजय नहीं हो सकती। उस चतुर राजा ने वैशाली की नगरवधू के माध्यम से उस शान्त एवं संघटित गणतन्त्र में मतभेद और विरोध के बीज बो दिए और जल्दी ही वह लिच्छवी गणराज्य विघटित और पराजित हो गया। यही स्थिति महाभारतकालीन यदुवंशियों की थी। उन्होंने जरासंध और कंस-सरीखे अत्याचारी शासकों का सफलतापूर्वक मुकाबला किया और भारत के पश्चिमी समुद्र तट पर एक शक्तिशाली गणराज्य की प्रतिष्ठा की, पर यही गणराज्य एक समय सुरा-सुन्दरी के चक्कर में ऐसा पड़ा कि वह खण्ड-खण्ड हो गया। श्रीकृष्ण सारे देश को पाण्डवों के नेतृत्व में बृहत्-भारत 'महाभारत' का रूप दिलवाने में सफल हुए, पर वह अपने यदुवंश को फूट और विघटन से नहीं बचा सके।

स्वतन्त्रता-प्राप्ति के बाद कांग्रेस ही एकमात्र ऐसी राजनीतिक संस्था थी जो राष्ट्र में स्थिरता की प्रतीक थी और वह उसे आन्तरिक अव्यवस्था तथा बाह्य आक्रमण से सुरक्षित रखने में समर्थ थी। पिछले राष्ट्रपति-निर्वाचन के फलस्वरूप संस्था सगे भाइयों की जगह जानी-दुश्मन बने सुन्द-उपसुन्द भागों में बँट गई है। अब ये दोनों ही भाग रीति-नीति एवं नैतिकता छोड़ कर सत्ता-प्राप्ति के लिए संघर्ष में जुट गए हैं। आज हालत कुछ ऐसी हो गई है—

यत्र सर्वे विनेतारः सर्वे पण्डितमानिनः।
सर्वे महत्त्वमिच्छन्ति तत्कुलं नष्टमेव हि ॥

जिस कुल में सभी पंच हों, कोई अनुयायी न हो, जिस कस्बे में सभी अपने को पण्डित मानते हों, कोई भी अनुयायी न हो, जिस परिवार में सभी महत्ता चाहते हों, कोई भी छोटा बनने को तैयार न हो उस कुल का ह्रास अवश्यम्भावी है। खेद है कि नीति की इस सीख से हम लाभान्वित नहीं हो रहे, उल्टे आज देश में सर्वत्र नेता हैं, सभी पण्डित हैं कोई भी अनुयायी और अनुकरण करने वाला नहीं है। देश और

प्रदेशों में स्वार्थ और सत्ता के लिए, कुर्सी और ओहदों के लिए आपाधापी मची है। गाँधी-नीति, राम-नीति और नैतिकता की पूछ नहीं है। वचनों, ऊँचे लक्ष्यों और उदात्त सिद्धान्तों की जगह सौदेबाजी ने ले ली है, इसका फल यह है कि युद्ध और शान्ति में धर्म के हथियार, नीति की मान्यताएँ और सिद्धान्तों को भुला कर सत्ता संघर्ष हो रहा है। भारत का इतिहास साक्षी है कि हमारा देश उसी समय पराधीन एवं पराजित हुआ जब हम आपस में बँटे रहे। हमारे पड़ोसी राष्ट्र संघटित और सन्नद्ध हो रहे हैं और हम अपने राष्ट्रीय मेवे 'फूट' की फसल काट रहे हैं। इसका परिणाम हमें फिर भुगतना होगा। सुन्द-उपसुन्द की लड़ाई, रामनीति और गाँधीनीति की ही हार नहीं होगी, इससे देश भी देर तक जीवित और स्वतन्त्र नहीं रह सकेगा।

शापादपि, शरादपि

संयुक्त राज्य अमेरिका के रक्षामन्त्री श्री मैल्विन लेअर्ड ने अमेरिकी कांग्रेस को सूचना दी है कि कम्युनिस्ट चीन इसी वर्ष मध्यवर्त्ती शृंखला की मिसाइलों का प्रयोग करने लगेगा। उन्होंने इस रहस्य का भी उद्‌घाटन किया है कि सातवें दशक के मध्य तक तैयार होने वाले दूर तक प्रहार करने वाले चीनी प्रक्षेपास्त्र या मिसाइलें बहुत जल्दी तैयार हो जाएँगी। अमेरिकी रक्षामन्त्री ने दूर तक प्रहार करने वाली चीनी मिसाइलों की रोकथाम करने के लिए एण्टी वैलिस्टिक-मिसाइल सिस्टम (प्रतिक्षेपण-निरोधक प्रक्षेपणास्त्र-व्यवस्था) को अधिक पूर्ण एवं व्यवस्थित करने के लिए डेढ़ अरब डॉलर अथवा 11अरब 25 करोड़ रुपये की धनराशि की तुरन्त माँग की है। अमेरिका एक ओर कम्युनिस्ट चीन की सम्भाव्य आक्रामक शक्ति की रोकथाम करने के लिए प्रयत्नशील है, तो वह उससे मतभेद के विषय कम कर विभिन्न मुद्‌दों पर सद्‌भावना एवं सहमति प्राप्त करने के लिए पोलैण्ड की राजधानी वारसा में उससे सीधी बातचीत भी चला रहा है। एक समय था जब अमेरिका को कम्युनिस्ट देशों से सीधी टक्कर का खतरा था, आज भी वह खतरा कम नहीं हुआ है, परन्तु जब से कम्युनिस्ट रूस और चीन के मतभेद उग्र हुए हैं, तब से अमेरिका इन दोनों देशों से अपने सम्बन्ध सुधारने में लगा है।

भावी विश्वयुद्ध दो कम्युनिस्ट देशों के मध्य होता है या पश्चिमी दक्षिणपन्थी गुट और वामपक्षी राष्ट्रों के गुट के मध्य–दोनों ही स्थितियों में हमारे देश को रक्षा की दृष्टि से समय रहते सजग और सन्नद्ध होना पड़ेगा। संयुक्त राज्य अमेरिका विश्व की राजनीति में शक्ति और सौहार्द–दोनों ही उपायों का अवलम्बन कर अपने राजनीतिक विरोधियों से निपटने के लिए प्रयत्नशील है। संसार के सभी बड़े और महत्त्वाकांक्षी राष्ट्र जहाँ विश्वशान्ति की प्रतिष्ठा में अपना योग देने की आकांक्षा प्रदर्शित करते हैं, वहाँ उनमें से प्रत्येक देश अपने राष्ट्रीय सामर्थ्य एवं शक्ति को सुरिक्षत रखने में ही नहीं, उसे बढ़ाने में सतत प्रयत्नशील है। अमेरिका और रूस संसार के सर्वाधिक शक्तिशाली राष्ट्र अणुशक्ति-निरोध एवं विश्वशान्ति की चर्चा करते हैं, परन्तु अपनी राष्ट्रीय क्षमता और सज्जा में तिल भर भी कमी नहीं करते। फ्रांस और चीन भी उनके पदचिह्नों पर अपनी शक्ति बढ़ा कर महाशक्तियों की श्रेणी

में परिगणित हो गए हैं। पिछले महायुद्ध में जर्मनी और जापान यद्यपि पराजित हुए थे, तथापि दोनों ही राष्ट्रों ने विज्ञान और तकनीक में अपूर्व क्रान्ति कर उड्डयन एवं अन्तरिक्ष विज्ञान के युग में पदार्पण कर लिया है। इन शक्तिशाली एवं शक्ति पा रहे देशों की तुलना में हमारे देश के रक्षा-प्रयत्नों की झांकी लेने पर हृदय विषाद से भर उठता है।

हमें यह भूलना न होगा कि पिछले दशक में दो पड़ोसी राष्ट्रों ने भारतीय भूमि पर कई आक्रमण किए हैं। हम यह कटु तथ्य भी नहीं भुला सकते कि इन पड़ोसी राष्ट्रों के भारत-विरोध में तिल मात्र भी कमी नहीं आई है। हम यह बात भी नहीं भूल सकते कि ये दोनों देश अपनी सैनिक सज्जा में दिन-रात वृद्धि कर रहे हैं। पाकिस्तान पश्चिमी राष्ट्रों और कम्युनिस्ट देशों से आधुनिकतम शस्त्रास्त्र विमान और दूसरे आयुध ले रहा है। हमारे दूसरे आक्रामक पड़ोसी चीन के पास संसार की सबसे बड़ी स्थल सेना है, उसने अणुबमों तथा हाइड्रोजन बमों, दूर तक प्रहार करने वाले नवीन प्रक्षेपास्त्रों का निर्माण कर लिया है, वह अपने परम्परागत आयुधों में अणुशक्ति का प्रयोग कर उन्हें इतना सक्षम बना लेना चाहता है कि विश्व राजनीति में उसके वर्चस्व को कोई ठुकरा न सके। आज उसकी शक्ति और क्षमता को संसार के महाराष्ट्र उपेक्षा की दृष्टि से नहीं देखते, वे सम्भव हो तो उससे कोई कामचलाऊ समझौता करना चाहते हैं और आवश्यक हो तो उससे रक्षा के लिए समय रहते सन्नद्ध हो रहे हैं।

कभी ऐसा युग था कि पुराने लोगों के, महर्षियों के, शाप में भी शक्ति थी। वे अपने वचनों से ही विरोधियों का संहार कर सकते थे। वह सतयुग की बात रही होगी। इतिहास के पदार्पण के साथ तो उसी शासक और देश की वाणी में बल होता था, जिसकी बाहुएँ भी 'शक्तिसम्पन्न' होती थीं, जिसके शर-बाणों में ताकत थी। इतिहास की यह सीख हम ने स्मरण नहीं रखी। भारतीय पुरु यूनानी सिकन्दर के समक्ष पराजित हुआ। आक्रमणकारी तेज और निरन्तर गतिशील घोड़ों पर सवार थे और हम परम्परागत हाथियों और रथों से चिपटे रहे। हमें अपने देश की दलदल से ही पराजित होना पड़ा, क्योंकि आक्रमणकारी की युद्धनीति अधिक कारगर थी। फिर इतिहास पलटा। बाबर बारूद का प्रयोग कर रहा था और हम केवल शौर्य पर निर्भर थे। ढाल-तलवार और भाले बन्दूक के सामने पराजित हुए। फिर पश्चिमी व्यापारी आए और उन्होंने भारतीय भाड़े के टट्टू सैनिकों तथा आधुनिक रणनीति एवं भेदनीति प्रयुक्त कर असंगठित भारतीयों को पराजित कर दिया।

आज स्वतन्त्र भारत के सामने फिर संकट की घड़ी है। दूसरे पड़ोसी आधुनिकतम शस्त्रास्त्रों और आणविक शक्ति से सन्नद्ध हो कर अपना प्रभाव-विस्तार कर रहे हैं

और हम हिंसा और संहार से बचने के लिए आणविक शक्ति का प्रयोग संहारक शक्ति के निर्माण में नहीं करना चाहते। शत्रु का सामना करने के लिए साम-दाम-दण्ड-भेद सभी नीतियों का अवलम्बन उचित है। आक्रामक शत्रु को रोकने के लिए 'शापादपि शरादपि' कठोर वाणी और कठिन शस्त्र दोनों का ही प्रयोग नीति सम्मत है। हजारों मील दूर अवस्थित अमेरिका आज कम्युनिस्ट चीन की संहारक शक्ति से जूझने के लिए नई सज्जा कर सकता है, तो हजारों मील की लम्बी सीमापंक्ति को लाँघ कर कम्युनिस्ट चीन की वाहिनी किसी भी क्षण भारतभूमि में प्रवेश कर सकती है, 1962 की तरह कम्युनिस्ट चीन के आक्रमण से हम फिर बेखबर और पराजित न हों, इसके लिए हमें तेजभरी वाणी और शरसज्जा–दोनों से ही तुरन्त सन्नद्ध होना चाहिए।

कोई भी नृप न हो हमें क्या हानि?

दूसरी बड़ी लड़ाई के बाद पश्चिमी दुनिया में कई आर्थिक-सामाजिक करिश्मे हुए और सम्पन्नता का एक अभूतपूर्व दौर शुरू हुआ। लेकिन करिश्मों के इस सिलसिले में पिछले कुछ वर्षों में एक और कड़ी ऐसी जुड़ी है कि उसने सारे करिश्मों के आगे प्रश्नचिह्न लगा दिया है। यह ताजा करिश्मा है सत्ता की गद्दी पर से श्रद्धा की पीठ के गायब हो जाने का, सत्ता पाने और बनाए रखने की जनसम्पर्क कला का जितना विकास हुआ, जनमन में सत्तावान के प्रति श्रद्धा का उतना ही ह्रास हुआ। सत्ता और ढोंग, चोली और दामन ठहरा दिए गए। यह महसूस किया जाने लगा कि भौतिक प्रगति से उपजी हुई नैतिक समस्याओं का समाधान करने में औपचारिक सिद्धान्तवादिता और व्यावहारिक सिद्धान्तहीनता वाली सत्ता असमर्थ रहेगी। सत्तावान नेतृत्व ने स्वयं अपने आचरण से इस आशंका को बल दिया और सातवाँ दशक सम्पन्न औद्योगिक देशों में 'महानता' के लिए मूर्तिभंजक सिद्ध हुआ। आज वहाँ महानता में न नेता को आस्था है और न जनता को।

बड़े मसलों और छोटे नेताओं के इस दौर में एक खासा बेतुका-सा मालूम होने वाला विद्रोह सम्पन्न देशों की युवा पीढ़ी में पनप रहा है। कभी बहुत पीछे और कभी बहुत आगे देखने वाला, अराजकता और क्रान्तिकारिता में अक्सर तमीज न कर पाने वाला यह विद्रोह लाख बेतुका हो, सम्पन्न पश्चिमी देशों के विकास-क्रम में इसकी कुछ तुक बैठ सकती है। सम्भव है कि यह विद्रोह भोग की संस्कृति को अधिक मानवीय रूप ग्रहण करने के लिए बाध्य कर सके। यह भी सम्भव है कि इसकी प्रतिक्रिया में किसी नए सन्तुलित-अनुशासित दर्शन का विकास हो जो पश्चिम की भौतिक समृद्धि और नैतिक स्वास्थ्य दोनों की रक्षा कर पाए। अगर ऐसा न भी हुआ तो भी पश्चिम की प्रगति में इस विद्रोह से कोई बाधा पड़ने वाली नहीं है। सम्पन्न आधुनिक समाज वहाँ स्थापित किया नहीं जाना है, हो चुका है। जब इस समाज की नींव रखी जा रही थी तब नई उभरती हुई सत्ता के प्रति घोर श्रद्धा का भाव था और हर नागरिक उग्र राष्ट्रवाद से आन्दोलित था। अब सत्ता के प्रति कितनी ही अश्रद्धा हो, कितनी ही अन्तर्राष्ट्रीय क्रान्तिकारिता हो, समृद्धि में कोई फर्क पड़ने

वाला नहीं है। लेकिन भारत-जैसे देश को, जहाँ नए युग की नींव रखने का काम तक अभी शुरू नहीं हुआ है, अश्रद्धा और अवज्ञा का यह भाव कहाँ ले जाएगा?

दुर्भाग्य का विषय है कि पश्चिम की अन्य बीमारियों की तरह सत्ता के अवमूल्यन का रोग भी हमारे यहाँ तेजी से फैल रहा है। कई राज्यों के शासन इसकी चपेट में आ चुके हैं और अब केन्द्रीय सत्ता पर इसका शिकंजा कस रहा है। उत्तर प्रदेश, मध्य प्रदेश, हरियाणा और बिहार में आया-गया के खेल के जोर पकड़ जाने की सम्भावना है। यह खेल जितना जोर पकड़ेगा, केन्द्रीय सरकार का तख्ता उतना ही डाँवाडोल हो उठेगा। वैकल्पिक सरकार के गठन के विषय में विस्तृत किन्तु गुप्त मन्त्रणाएँ आरम्भ हो चुकी हैं और बताया जाता है कि अगर चालीस संसद-सदस्य और तोड़े जा सकें तो वर्त्तमान सरकार के एक या दो वरिष्ठ मन्त्री अपने चेलों के साथ प्रतिपक्ष में आ जाने को तैयार रहेंगे। वे वर्त्तमान सरकार का साथ छोड़ने को उसी हालत में तैयार हैं जिसमें वैकल्पिक सरकार बनने की सम्भावना हो। यह सम्भावना तभी हो सकती है जब हिन्दीभाषी बड़े राज्यों में आयाराम-गयाराम बन जाए।

इस सारी उठा-पटक में जुटा हुआ नेतृत्व आदर्शों की दुहाई बदस्तूर दिए चला जा रहा है। श्रद्धास्पद अपने को स्वयं हास्यास्पद बनाने में जुटे हुए हैं। सत्ता का यह अवमूल्यन हमारे यहाँ विपन्नता के परिवेश में हुआ है। स्वाधीन भारत की आर्थिक-सामाजिक समस्याएँ विषम अवश्य थीं लेकिन ऐसी भी नहीं कि उनका समाधान ही नहीं हो पाता। सुदृढ़ अनुशासन, एकनिष्ठ राष्ट्रभक्ति और यथार्थवादी दृष्टि से उन पर विजय पाई जा सकती थी। लेकिन हमारे नेतृत्व ने सत्ता और शासन का पश्चिमी तन्त्र ही नहीं अपनाया, पश्चिम के समुन्नत देशों का सारा मानसिक वातावरण भी आयात कर डाला। यही नहीं उसने समाज-सुधार के आदर्श से नाता तोड़ कर और समाज की संकीर्णताओं से सम्बन्ध जोड़ कर राष्ट्रीय चेतना को उस सीमा से भी पीछे खदेड़ दिया जिस तक वह स्वाधीनता-संग्राम के पहले उन्मेष में पहुँच सकी थी। यही वजह है कि एक विकासशील खेतिहर देश में सत्ता का वैसा ही अवमूल्यन और सत्ता के प्रति वैसा ही दिशाहीन विद्रोह हो सका जैसा कि सभी भौतिक समस्याओं से पार पा चुके सम्पन्न पश्चिमी देशों में हो रहा है।

इस प्रवृत्ति की पराकाष्ठा पश्चिम बंगाल में देखी जा सकती है जहाँ आज कोई भी किसी को कुछ मानने या किसी से कुछ मनवा सकने की स्थिति में नहीं है। जहाँ सत्ता के रहते भी अराजकता उस सीमा पर पहुँच चुकी है कि कोई भी नृप होने या कोई भी नृप न होने से कुछ फर्क पड़ना मुश्किल नजर आने लगा है। मध्यवर्गीय भावुकता, किशोर क्रान्तिकारिता इस अराजकता को एक नई व्यवस्था की भूमिका

मान कर खुश हो ले रही है। यों अगर वह इस सबसे दुखी भी होना चाहे तो सत्ता-लिप्त राजनीति और आत्मलिप्त सत्ता ने उसके लिए कोई विकल्प छोड़ा नहीं है। 'इससे बुरा और क्या हो सकता है', 'हमारी और ज्यादा क्या हानि हो सकती है' वाली भावना जोर पकड़ती जा रही है। अराजकता का यह करेला जातीयता और प्रान्तीयता के नीम पर चढ़ रहा है। इस प्रवृत्ति से देश में 'क्रान्तिकारी प्रान्तीयता के नाम पर' अलग-अलग जगह अलग-अलग तरह की अराजकताएँ भले ही उत्पन्न हो जाएँ और उनके कारण संघीय शासन दुष्कर होता जाए, सारे राष्ट्र को नई चेतना प्रदान करने वाला सामाजिक परिवर्तन नहीं हो सकता। उसके लिए आवश्यक है कि युवा पीढ़ी स्वाधीनता संग्राम के सेनानियों के बिसरा दिए गए स्वप्नों से अपने को नए सिरे से जोड़े और राजनीति को सत्ता मोह और उससे उपजे विद्रोह दोनों से मुक्त कराए।

हँसना है, कोई हँसी नहीं

बांगड़ डफ बजे या बोंगों ड्रम, हमारे समाज के संकोची कदम अब किसी भी ताल पर अनायास थिरक नहीं पाते। कोई स्वर ऐसा नहीं जो हर कण्ठ से उन्मुक्त फूट सकता हो। कई निजी डफलियाँ हैं, कई निजी राग हैं। उल्लास का समवेत गान कहीं नहीं हैं। पश्चिम के प्रभाव में और इस पश्चिमी प्रभाव की प्रतिक्रिया में हमारा समाज इतने परस्पर-विरोधी रंगों में रंग चुका है कि अब उसके लिए उल्लास का हर अवसर रंगहीन या बदरंग हो चला है। जब कोई विशिष्ट सांस्कृतिक चेतना सारे समाज को नहीं बाँधती तब उल्लास की अभिव्यक्ति का कोई विशिष्ट विधान नहीं हो सकता। 'एक मिटती हुई और एक बनने में असमर्थ' ऐसी दो दुनियाओं का वासी हमारा मन आज एक दोगली संस्कृति को समर्पित है। पुराना बनाए रखना हो, या नया बनाना कोई भी काम उसके बूते का नहीं है। सामूहिक उल्लास के पुराने या नए रूप से अगर वह परिचित है भी तो अधूरे और अधकचरे तौर पर। इसीलिए होली वर्ष-प्रति-वर्ष फीकी पड़ती चली जा रही है।

होली को भाईचारे का त्योहार कहा गया है और भाईचारा विशिष्ट आचार-संहिता और सांस्कृतिक अनुशासन में बँधे हुए समाज का लक्षण है। आज हमारे यहाँ ऐसा समाज नहीं है और अगर है भी तो शहरी मध्यमवर्गीय बुद्धिजीवियों की अनुभूति के दायरे से परे है। होली का परम्परागत उल्लास और हास-परिहास बन्धुत्व से अनुशासित समाज में सम्भव था। सामाजिक, सांस्कृतिक और आर्थिक क्षेत्रों में हमने समृद्ध पश्चिम को पा लेने की दिशा में काफी प्रगति की है लेकिन इस प्रगति ने कामनाओं की पूर्त्ति उतनी नहीं की है, जितनी कुण्ठाओं की अभिवृद्धि। यह कुण्ठा पड़ोसियों को अजनबी बना रही है और अजनबियों में होली का सरस संवाद असम्भव है। अजनबियों की भीड़ सामूहिक भावुकता और भावोत्तेजना से परिचित हो सकती है, बन्धु-भाव से नहीं। वह साल भर हुड़दंग मचा सकती है मगर साल में एक बार होली का रंग जमा सकना उसे दूभर हो जाता है। कुण्ठा का कण्ठ फाग का सगुन उचारे तो क्यों कर?

अराजक समाज में हास-परिहास की भी कोई गति नहीं। प्राणिशास्त्रियों का कहना है कि हँसी, रोने के संकेत का ही निखरा हुआ रूप है। हँसना इस बात का

परिचायक है कि जो कुछ देखा या सुना गया वह भयंकर रूप से खतरनाक था, विचित्र और बीभत्स था, बेहद चौंका देने वाला था, गरज यह कि माथा पीट लेने या बिलबिला उठने लायक था, मगर झूठमूठ का था, असम्भव था। असम्भव होने के आश्वासन ने कण्ठ से फूटती भयातुर चीख को परिमार्जित कर के खिलखिलाहट का रूप दे दिया है। अनुशासित समाज में कोई बात या काम भयानक या चौंका देने वाला या खतरनाक ठहर सकना सम्भव है और वह आस्था भी सम्भव है जो उस बात या काम को असम्भव मान सके और आश्वस्त हो कर उसपर हँस सके। अराजक समाज में लोग-बाग चौंकने-घबराने के अवसरों को दाल-भात का दर्जा देने पर बाध्य हो गए हैं। आखिर किस-किस बात पर चौंकें और कब तक? और कैसे आश्वस्त हों कि अमुक बात असम्भव रूप से भयंकर नहीं, भयंकर रूप से असम्भव है। अराजक समाज में कुछ भी हो सकता है। भयंकर रोजमर्रा में शुमार करना पड़ता है।

बेतुकापन हमारे सामाजिक-राजनीतिक जीवन का विशिष्ट अंग बनता जा रहा है। राष्ट्र के साथ जम कर होली खेली जा रही है और रोज सबेरे अखबार श्रद्धाहीन सत्ता की भंग की तरंग को साकार किए जा रहा है। जूता चलाने और टोपी उछालने वाले भावोत्तेजक संकीर्णताओं का कोलतार और लांछनों का कीचड़ सदा तैयार रखने वाले इन बारहमासी होली के खिलाड़ियों के साथ हँस सकना उतना ही मुश्किल है जितना इनके हाल पर हँस सकना। अब तो इनके, अपने या देश के हाल पर रो सकना भी मुश्किल है। बस भौंचक ही रहा जा सकता है। कुछ लोग कह सकते हैं कि हँसा न भी जा सकता हो, व्यंग्य तो किया ही जा सकता है। लेकिन व्यंग्य भी वही कर सकता है जो 'प्रगतिशील' समाज में राजमार्ग छोड़ कर किनारे बैठ रहने की बेवकूफी कर सकता हो। यही नहीं 'प्रगतिशीलता' पर प्रश्नचिह्न लगाने वाली एक बिरादरी का होना भी जरूरी है जो उस व्यंग्य का रस ले सके। लेकिन आज संस्कृति का दावेदार सारा मध्यमवर्गीय बुद्धिजीवी वर्ग काजर-कोठरी-लौटता है—कोई व्यंग्य करे तो किस पर? एक दूसरे की ओर अंगुली उठाने का खेल अलबत्ता हो सकता है और हो भी रहा है। इस खेल में विद्रूप सम्भव है, आत्म-विडम्बना नहीं। ठेंगा दिखाने वाले ठहाके खूब लग सकते हैं, लेकिन खुल कर हँस सकना, कोई हँसी नहीं है।

मजाक की तबीयत नासाज है

हमारी बहादुर बीसवीं शताब्दी ने जिन्दगी को खुशहाल बनाने की दिशा में जितनी ही प्रगति की है, मृत्युबोध उतना ही जोर पकड़ता चला गया है। यह शायद इस वजह से कि मरने की आशंका ज्यों-ज्यों घटी है, मारे जाने की आशंका त्यों-त्यों बढ़ती रही है। जानी-पहचानी किसी बीमारी से या बुढ़ापे से होने वाली मौत लगभग जीती जा चुकी है। अब संहारक जो है सो कोई दुर्घटना है और इस दुर्घटना का नाम हिरोशिमा भी हो सकता है। रोग कोई रह गया है तो कैंसर-जैसा बेतुका। उसे भी दुर्घटनाएँ कहिए—जीवन के राजपथ पर जीवकोशों की भूलचूक से हुई दुर्घटना। इस जमाने में हर बीमारी की दवा है। बीमारी से मरना मुश्किल है, दवा में भूलचूक होने से अलबत्ता कोई भी मारा जा सकता है। मारे जाने की बलवती आशंका के इस दौर में हर किसी विधि, विधा और विधान के मर चुकने का ऐलान कर दिया जा रहा हो तो क्या आश्चर्य। हालत इतनी खराब है कि जो आत्महत्या के विरुद्ध हैं वे भी मृत्युबोध से उतक्रान्त हैं। साहित्य के नाम पर मर्सिया ही पढ़ने को मिल रहा है और कला किसी आदिमजाति के अन्त्येष्टि-प्रतीकों का ही स्मरण कराते रहने पर तुली हुई है। मृत्युबोध इस कदर बढ़ा है कि पश्चिम के बुद्धिजीवियों ने परमपिता तक के विषय में बुरी खबर सुना डाली है। फिर छोटी-मोटी चीजों की क्या बिसात! लिहाजा यह कहा और माना जा रहा है कि हजरत हास्य मौत फरमा चुके हैं।

इस ऐलान के बावजूद हास्य-व्यंग्य चलता ही आ रहा है—गो कुछ लंगड़ाते-लड़खड़ाते हुए । इस रहस्य पर प्रकाश डालते हुए एक व्यंग्यकार ने बताया कि हजरत हास्य मरे नहीं हैं, हाँ भयंकर रूप से बीमार जरूर हो चले हैं। शायद यही वजह है कि आज अंग्रेजी साहित्य में 'सिक' (रुग्ण) कामेडी और जोक का बोलबाला है।

दुर्भाग्य कि इस रुग्ण हास्य के मामले में हमारे साहित्यिक खासे पिछड़े हुए हैं। उन बिचारों को तो अब तक कहानी और कविता को दफनाने से ही फुर्सत नहीं मिल पाई है। खैर यह कसर हमारे राजनीतिज्ञों के अथक प्रयास से पूरी हो गई है। सिक जोक के क्षेत्र में नेता-बिरादरी ने भारत का परचम फहरा दिया है। हमारे राजनीतिक समाचार इतने अविश्वसनीय रूप से मनोरंजक हो चले हैं कि आकाशवाणी

ने समाचार बुलेटिनों की संख्या बढ़ा दी है। तो किसी ने कहा कि अब बस अँधेरे में भयातुर चीखें बच रही हैं! जरा ध्यान से सुनिए। यह चीख नहीं, राजनीतिक अँधेरे की अन्तरात्मा में रुग्ण हास्य का अट्टहास है। लिहाजा उस पूर्वी अट्टहास को पश्चिमी चीख ही ठहराते रहिए या फिर चुप ही रहिए। मगर मौन में किम् लक्षणम् का सवाल उठ सकता है इसलिए बेहतर है कि कुछ बकवास किए चलिए।

मगर बकवास की भी एक सीमा होती है और इस कालम में वह आ पहुँची है। इति नमस्कारन्ते!

हारुन-उल-समाजवाद

रेलमन्त्री श्री गुलजारीलाल नन्दा ने संसद में प्राप्त एक चुनौती को स्वीकार कर के बम्बई की शाखा नगर-गाड़ियों के तीसरे दर्जे की यात्रा का यथार्थ भोगा। बताया जाता है कि छुट्टी का दिन होने और सभी सम्बद्ध अधिकारियों और कर्मचारियों को इस कार्यक्रम की पूर्व सूचना रहने के कारण यथार्थ राजकीय प्रताप से काफी आदर्श हो चला। इसीलिए नन्दा जी एक भीड़भाड़ वाले दिन लोकल ट्रेन के लटक-झटक सफर पर निकले और कभी इस कभी उस गाड़ी पर चढ़ कर जब उन्होंने काफी यथार्थता खा ली-पी ली तब सम्बद्ध अधिकारियों और कर्मचारियों को सम्बोधित कर के बम्बइया बूम मारी। जनता अब इस उम्मीद में जी सकती है कि नेता की यह फटकार निश्चय ही सुनी गई होगी। जहाँ तक जनता की शिकायतों का सवाल है, मन्त्री महोदय ने खुद यह महत्त्वपूर्ण खोज की कि शिकायम-पेटियाँ खोली नहीं जातीं।

रेलमन्त्री महोदय ने जनता के दुख-दर्द से परिचित होने के इस समाजवादी आयोजन के आगामी आकर्षणों का अभी ऐलान नहीं किया है, और हारुन-उल-रशीद-संहिता के अनुसार ऐलान न करना ही उचित है। मगर यह मान बैठने का कोई कारण नहीं कि रेलमन्त्री 'बहुत हुआ' कह कर बस कर बैठेंगे। हमें विश्वास है कि वह बम्बई में फ्रण्टियर मेल का टिकट लेने जैसे कई और अनुष्ठान पूरे करने के लिए छद्मवेश में प्रस्तुत होंगे। वही नहीं, और मन्त्रीगण भी इस तरह के सूरत-सुधार व्यापारों से अपने को व्यस्त और अपने विभागों के अधिकारियों को अस्त-व्यस्त रखेंगे। समाचार-पत्र रोज एक नई समाजवादी झलकी ले कर पाठकों की सेवा में प्रस्तुत हो सकेंगे—खाद्यमन्त्री वनस्पति लेने पहुँचे, बारह घण्टे की तपस्या के बाद केवल कोरा आश्वासन मिला, श्रममन्त्री ने श्रम किया, जेल मन्त्री जेल की हवा खाने गए, छद्मवेशी परिवार नियोजन-मन्त्री ने नसबन्दी शिविर वालों की बोलती बन्द कर दी—सम्भावनाएँ अपार हैं।

कांग्रेस के ही नहीं, अन्य दलों के नेता भी 'जनता के बीच' जाने के इस लटके का व्यापक प्रयोग करना चाहेंगे। दिल्ली के जनसंघी मुख्य पार्षद फुटपाथों पर सोते हुए प्राणियों को कम्बल ओढ़ा कर तथा गन्दे कटरों की पद-यात्रा कर के इसकी बानगी प्रस्तुत कर भी चुके हैं। वितण्डावादी जन यह दुराग्रह कर सकते हैं कि ऐसे

अभियानों से किसी समस्या का समाधान नहीं हो सकता। लेकिन वे यह भूल जाते हैं कि नेकी कुएँ में डालने के लिए ही की जाती है। आत्मतोष ही पुण्य का एकमात्र प्रसाद है। एक मुख्यमन्त्री के सम्बन्ध में बताया जाता था कि शाम को वह अपनी कोठी के मुख्यद्वार पर लगी हुई फरियादी भीड़ में से किन्हीं भी पाँच व्यक्तियों को भीतर बुलवा लेते थे, फिर अपने बगीचे में टहलते हुए उनकी व्यथा पूरे विस्तार से सुनते थे और तुरन्त उसका कोई न कोई उपचार करा देते थे। इसे कुछ लोग सामन्ती प्रवृत्ति का उदाहरण ठहरा सकते हैं लेकिन अगर सत्ता के प्रति सामन्ती दृष्टि लोकतन्त्र में भी खत्म न हुई हो तो नेता क्या करें?

कुछ लोग यह भी कह सकते हैं कि अगर सामन्ती दृष्टिकोण ही अपनाना है तो काम निकलवाने के सामन्ती तेवर भी अपनाइए—और जाहिर है कि लोकहित में, क्योंकि आप लोकतन्त्र के नेता हैं। प्रशासनिक आडम्बर और राजनीतिक अगर-मगर को दूर फेंक कर वह काम फौरन कराइए जो जनहित में आवश्यक हो। इस सन्दर्भ में रफी अहमद किदवई मरहूम की चर्चा की जा सकती है जो जनसम्पर्क से दूर रहे मगर कोई काम उन्होंने अटकने नहीं दिया। लेकिन दफ्तरशाही से काम निकलवाने का कष्ट वह भला कैसे उठाए जो कुर्सी सम्भाले रखने के कष्ट में आकण्ठ डूबा हुआ है? उससे ऐसी आशा करना सरासर ज्यादती है। नेता हद से हद यह कर सकता है कि दफ्तरशाही की निन्दा में जनता का साथ दे और कभी-कभी स्वयं भी वे कष्ट भोग आए जो जनता को बदइन्तजामी के कारण उठाने पड़ रहे हैं। सत्तावन्त को सामन्त मान लेने वाले समाज में सुख-सुविधाओं से घिर कर जो दुख-दुविधा वाले समाज से कट गया हो, वह नेता कभी-कभी समाजप्रवेश का अनुष्ठान किया करे क्या यह समाजवाद का लक्षण नहीं है? जनता आखिर और क्या चाहती है? हारुन-उल-रशीद ने अपना राज-ताज थोड़े छोड़ दिया था?

राजनीति की मंजिलें
पाने की और दिखाने की और

जब इस हाथ मुड़ने वाले उस हाथ मुड़ने का इशारा देने पर आमादा हों तब चौराहे पर दुर्घटनाओं का होना कौन रोक सकता है? इसीलिए भारत के राजनीतिक चौराहे के संवाददाता एक अर्से से हमें ऐतिहासिक घटनाओं की जगह प्रागैतिहासिक किस्म की दुर्घटनाओं के समाचार देने पर मजबूर रहे हैं। यों दुर्घटनाओं का भी एक हास्यास्पद पहलू हुआ करता है जिससे पुरानी स्टंट-कामेडी फिल्मों के निर्माता और दर्शक खूब परिचित थे। एक सवार हैं कि टक्कर पर टक्कर होने और हर टक्कर पर गद्दी से कई-कई फुट उछल जाने के बावजूद अन्त तक स्टियरिंग सँभाले नजर आ रहे हैं .....दो गाड़ियाँ आमने-सामने से आ कर टकराती हैं और टक्कर के बाद इसका ड्राइवर उसमें और उसका ड्राइवर इसमें..... एक गाड़ी दूसरी गाड़ी के पीछे से भिड़ जाती है और फिर दोनों जुड़ कर चलने लगती हैं.....ऐसे कितने ही चित्र हमारी राजनीति के चौराहे का संवाददाता रोज अखबारों में हमारे लिए प्रस्तुत करता है। इस दृष्टि से राजनीतिक समाचारों का दैनिक संकलन अक्सर मनोरंजन-कर का उपयुक्त पात्र प्रतीत होने लगता है। लेकिन चौराहे का नियन्ता हो या चौराहे का संवाददाता, हास्य-रस की सृष्टि करना उसका धर्म नहीं है। इसलिए नेता और पत्रकार दोनों ही राष्ट्र की गरिमा का तमाशा बनाने वाली राजनीति के तमाशे को किसी तरह थोड़ी-बहुत गरिमा देने का बेलज्जत गुनाह किए जा रहे हैं। इससे दिशा-भ्रम कुछ और भीषण हो चला है।

उल्टे संकेतों और सीधे झांसों के इस राजनीतिक चौराहे पर आज किसी को कुछ सूझ नहीं रहा है। हर कोई आशंकित और दिग्भ्रमित है। अन्धे अन्धों से पूछ रहे हैं कि और अन्धे कहाँ और किस इरादे से जा रहे हैं? अटकलों और अफवाहों का बाजार गर्म है, संकल्पों की मण्डी पर सन्नाटा छाया हुआ है। लुत्फ लेने वाले इस विडम्बना को भी एक लतीफा मान सकते हैं।

राजनीतिक अन्तरात्मा के अन्तर्विरोधों से उपजी हुई अराजकता राष्ट्रीय जीवन के हर क्षेत्र में, देश के हर राज्य में अपना रंग दिखा रही है। सुविधा की नीति और

सत्ता की राजनीति के वातावरण में हर कोई एक-दूसरे को अनैतिक आचरण का दोषी ठहरा रहा है और अपने को सर्वथा अरक्षित पा रहा है। कांग्रेस के विघटन से कोई सार्थक ध्रुवीकरण तो हुआ नहीं, सभी दलों में विघटन का क्रम अलबत्ता शुरू हो गया। इतना बड़ा देश और इतनी ओछी राजनीति; इतनी ज्वलन्त समस्याएँ और इतने बुझे-बुझे इरादे। लोकमानस में अगर लोकतन्त्र का दिनोंदिन अवमूल्यन होता जा रहा हो तो क्या आश्चर्य?

खरे लोकतन्त्र में सिद्धान्तों की और उन सिद्धान्तों के प्रति जन-समर्थन की चर्चा प्रमुख रहती है। खोटे लोकतन्त्र में सत्तालोलुपता ही सब कुछ है। उसमें जनसंकल्प का सहारा है तो इसमें नेता की संकल्पहीनता ही सम्बल है। वह समाज के हौसलों की कविता है और यह समाज के विधायकों की कमजोरियों का बीजगणित। हमारे यहाँ इस बीजगणित के समीकरण इतने उलझ चुके हैं कि कल का किसी भी दल को कोई भरोसा नहीं रह गया है। यों दिलासे के लिए दो नक्शे प्रस्तुत किए जाते हैं। पहला तो यह कि प्रधानमन्त्री के नेतृत्व में नई कांग्रेस लगभग सभी राज्यों में अपनी या अपने द्वारा समर्थित सरकार बनाने में सफल हो जाएगी, कांग्रेस से टूट कर अलग हुए कई दलों और नेताओं को फिर से अपने में मिला सकेगी और 1972 के चुनाव में उतनी ही शक्तिशाली हो कर उभरेगी जितनी कि नेहरू जी के जमाने में वह हुआ करती थी। दूसरा यह कि प्रधानमन्त्री के विरोधी कांग्रेसीजन सारे मध्यमार्गी और दक्षिणपन्थी प्रतिपक्ष को एकजुट करने में सफल हो जाएँगे और अगले चुनाव से पहले ही केन्द्र में सुदृढ़ अनुशासन दे सकने वाली एक स्थायी सरकार स्थापित हो जाएगी।

इन नक्शों में कोई दम नहीं है, यह बात इनका दम भरने वालों से भी नहीं छिपी है। सत्ता पिपासा से जन्मे अन्तर्विरोधों का लाभ उठा कर अपनी सत्ता बढ़ाई जा सकती है और उसमें दूसरों की हिस्सेदारी कुछ समय तक के लिए टाली रखी जा सकती है लेकिन अन्ततः सत्ताकांक्षा का समीकरण हर बार नए रूप में प्रस्तुत हो कर रहेगा। बार-बार बदलते इन समीकरणों से वह जमीन तैयार होती जाएगी जो माओ के अन्तर्विरोध शास्त्र के लिए अनुकूल सिद्ध होगी। माओ की माला जपने वाले नक्सलपन्थी देश में यहाँ-वहाँ अपने कदम जमा चुके हैं और राजनीतिक तथा सामाजिक व्यवस्था के अन्तर्विरोधों से पूरा-पूरा फायदा उठाने के लिए कटिबद्ध हैं। उनकी प्रतिक्रिया में डॉलर और रूबल सेनाएँ भी अधिक संगठित रूप से हमारे मध्य सक्रिय हो उठेंगी। क्रान्तियों की भ्रान्तियों के चौराहे पर तब जो दुर्घटना होगी उसका रोचक पक्ष केवल गिद्धों को नजर आएगा।

नई राजनीति : पुराने नक्शे

नई कांग्रेस इतनी जल्दी गई-बीती राजनीति में उलंझ जाएगी इसकी कल्पना शायद पुरानी कांग्रेस ने भी न की हो। मगर सुविधा के सिद्धान्त और सिद्धान्त की सुविधा में लिप्त कांग्रेस की नियति में नया जीवन और पुराने रोग दोनों एक साथ पाना लिखा हुआ था। 'प्रगतिवादियों और परम्परावादियों' में कांग्रेस का विभाजन होते समय अधिकतर कांग्रेसी नेताओं के लिए सुविधा की तलाश दुविधाजनक सिद्ध हो रही थी। और सच यह है कि कांग्रेस के विभाजन के बाद भी दुविधा खत्म नहीं हुई है। इसके चलते नई कांग्रेस के नेता एक-दूसरे को सन्देह की दृष्टि से देख रहे हैं और पुरानी कांग्रेस की तरह यह संस्था भी कई गुटों में बँटती जा रही है।

ऊपरी तौर से एक विभाजन पीढ़ियों के आधार पर है—इधर युवा तुर्क, उधर पुराने खुर्राट! लेकिन भीतर ही भीतर एक और विभाजन पीढ़ों के आधार पर है और यही शायद असली विभाजन भी है। युवा तुर्क कुछ मौकों पर और कुछ बातों के लिए एकजुट हो सकते हैं मगर सत्ता की किसी भी लड़ाई में वे अलग-अलग पीढ़ों के इर्द-गिर्द नजर आएँगे। एक पीढ़ा है प्रधानमन्त्री का, दूसरा श्री जगजीवनराम का और तीसरा श्री यशवन्त राव चव्हाण का। प्रधानमन्त्री ने कांग्रेसी गृहयुद्ध के आरम्भिक दौर में श्री जगजीवनराम को तरक्की दे कर राष्ट्रपति बना देने की बात सोची थी। इस तरक्की के लिए वह शायद राजी भी हो जाते। तब श्री चव्हाण भी इस प्रस्ताव से सहमत बताए जाते थे मगर ऐन मौके पर उन्होंने प्रधानमन्त्री के विरोधियों के उम्मीदवार का साथ दिया। इससे जो दरार पड़ी वह अनन्तर प्रधानमन्त्री का समर्थक बन जाने के बावजूद बरकरार रही। श्री जगजीवनराम की तरक्की की एक और पेशकश उन्हें नई कांग्रेस का अध्यक्ष बना कर की गई मगर वह इस दाँव में आए नहीं और अध्यक्ष बना दिए जाने के बावजूद उन्होंने मन्त्रीपद नहीं छोड़ा। श्री जगजीवनराम इस बात से भी बहुत खुश नहीं हैं कि प्रधानमन्त्री हरिजनों के एक और नेता श्री डी॰ संजीवैया को आगे बढ़ा रही हैं। उधर श्री चव्हाण भी शायद यह महसूस करते हैं कि प्रधानमन्त्री महाराष्ट्र में ही उनके नेतृत्व को चुनौती दिलाना चाहती हैं।

तीन पीढ़ों की ये आपसी खुशफहमियाँ और गलतफहमियाँ प्रादेशिक राजनीति में भी प्रतिबिम्बित हो रही हैं। कश्मीर की नई कांग्रेस के आपसी झगड़े में इसकी झाँकी देखी जा चुकी है और अब पंजाब की नई कांग्रेस में दिखने ही वाली है। प्रादेशिक राजनीति में नई कांग्रेस के पुराने झगड़ों में एक और पेंच इस वजह से पड़ गया है कि प्रधानमन्त्री की रणनीति की सफलता के लिए उन नेताओं की वापसी जरूरी है जिन्होंने कांग्रेस विधिवत विभाजन होने से पहले ही छोड़ दी थी। मसलन श्री चरणसिंह या डॉ॰ हरेकृष्ण महताब। ये नेता अच्छी कीमत ले कर ही अपनी राजनीतिक शक्ति को प्रधानमन्त्री की राजनीतिक शक्ति की नींव में दबा देने के लिए तैयार हो सकते हैं। कांग्रेस के प्रादेशिक नेताओं को नाखुश किए बगैर ऐसी कीमत लगा सकना बहुत मुश्किल है। इस तनाव के कारण उत्तर प्रदेश और उड़ीसा में नई कांग्रेस कुछ और नया रूप धारण कर ले तो किसी को कोई आश्चर्य न होगा। देर-सबेर आन्ध्र और मध्य प्रदेश में भी ऐसी ही उलझनें सामने आएँगी।

इन उलझनों के रहते प्रधानमन्त्री का दाँवपेंच की राजनीति से दाँव-पेंच की राजनीति को सदा के लिए परास्त कर देने और नई कांग्रेस में भारतीय राजनीति के सभी ' मध्यपन्थी और लोकतन्त्रविश्वासी वामपन्थी तत्त्वों ' को समेट कर उसे समाज के नए हौसलों और उद्योगों की संस्था बना देने का सपना पूरा होता नहीं दिखता। भारतीय राजनीति को उनसे द गाल-जैसा कोई चमत्कार मिल सकने की कुछ उम्मीद अगर थी भी तो नई कांग्रेस के पुराने नक्शों के मारे वह दम तोड़ चुकी है। कांग्रेस की फूट के समान्तर अन्य दलों में जो फूट प्रकट हुई थी वह भी बरकरार है। गुजरात की स्वतन्त्र पार्टी इसका नायाब नमूना पेश कर रही है। इस तरह की ऐंचाताना राजनीति के चलते 'न्याय और व्यवस्था' मार्का किसी विकल्प की लक्ष्यसिद्धि भी असम्भव है।

वह मध्यवर्गीय और मध्यपन्थी सत्ता-प्रतिष्ठान ढह रहा है, जिसकी अन्यतम देन संसदीय लोकतन्त्र है। लोकतन्त्र तो अति की सर्वत्र वर्जना करते हुए राज्यसत्ता को राष्ट्रमानस का प्रतिनिधि बनाने की कोशिश करता है। विवेकसंगत समन्वय 'तुम्हारी भी रह जाए हमारी भी' वाला भाव उसका मुख्याधार है। पश्चिम के अतिविकसित देशों में सम्पन्नता से उपजी ऊब के कारण नई पीढ़ी में लोकतन्त्र के दबे-ढके तरीकों के प्रति विद्रोह की भावना जागी है। हमारे यहाँ विपन्नता से उपजी नैतिक अकर्मण्यता के मारे स्वयं पुरानी और बीच की पीढ़ियों ने ही उसका अवमूल्यन कर दिया है। लोकतन्त्र की सफलता के लिए जो नैतिक स्फूर्त्ति और राजनीतिक

गतिशीलता अपेक्षित है वह सिरे से गायब कर दी गई है। विधि और विवेकसम्मत पद्धति से नए समाज का निर्माण करने का प्रेरणाप्रद संकल्प इन परिस्थितियों में एक खोखला नारा हो कर रह गया है। नाटकीय आदर्श और नारकीय व्यवहार समाज और राजनीति से लोकतन्त्रात्मक विवेक को विस्थापित कर चुके हैं। राष्ट्र के परीक्षा-भवन में नकलनवीसी को राजनीति गालियों और गोलियों से लैस हो कह बैठी है।

चीन के दो उपग्रह

चीन ने अन्तरिक्ष में पहला कदम रख दिया है। परमाणु अस्त्र बना कर उसने दुनिया की बड़ी ताकतों में शामिल किए जाने की जो दावेदारी की थी वह इससे पुख्ता हो गई है। पहली-पहली कोशिश के लिए चीन ने जो उपग्रह चुना वह पहले रूसी स्पुतनिक के मुकाबले में दुगना भारी था। इस खासे वजनी उपग्रह को अन्तरिक्ष तक पहुँचाने वाला राकेट निश्चय ही काफी शक्तिशाली रहा होगा। इससे यह अनुमान किया जा सकता है कि चीन अब ऐसे प्रक्षेपास्त्र बनाने में समर्थ हुआ चाहता है जो उसके परमाणु बमों को हजारों मील दूर के ठिकानों पर बरसा सकेंगे। यही वजह है कि चीन द्वारा उपग्रह छोड़े जाने का समाचार अमेरिका में चिन्ता का विषय बना। सोवियत संघ और अमेरिका इधर प्रक्षेपास्त्रों से बचाव की व्यवस्था के क्षेत्र में आपसी होड़ खत्म करने के सिलसिले में जो बातचीत कर रहे थे वह भी चीन के इस अन्तरिक्ष अभियान के बाद खटाई में पड़ती नजर आती है। स्वाभाविक है कि भारत अपने पड़ोसी शत्रु देश चीन की बढ़ती हुई शक्ति के इस नए सबूत से परेशान हो। भारतीय राजनीति के स्वभाव को पहचानने वाले यह भी मान कर चल सकते हैं कि यह परेशानी किसी भी स्तर पर किसी भी प्रकार की ठोस कार्रवाई को जन्म नहीं देगी। ध्यानाकर्षण कराया जाएगा और ध्यान यथावत उसी सत्ता-संघर्ष पर एकटक लगा रहेगा।

हम यह भी मान कर चल सकते हैं कि इस अकर्मण्यता से देश की अन्तरात्मा को बहुत ज्यादा दुख नहीं पहुँचेगा क्योंकि हमारी राजनीति राष्ट्र को घटिएपन से समझौता करने के लिए बाध्य कर चुकी है। अगर एशिया की एक महत्त्वपूर्ण शक्ति के रूप में हमारा कोई भविष्य नहीं रह गया है तो नहीं सही। अगर एशियाई महाद्वीप की आर्थिक सत्ता जापान में और सैनिक सत्ता चीन में केन्द्रित हो रही है तो हुआ करे! अन्तर्राष्ट्रीय राजनीति के प्रति यह उदासीनता गाँधीवादी होती यानी उसमें 'दुनिया चाहे जो कहे, जिधर जाए हम अपनी मंजिल की ओर अपने ही ढंग से बढ़ते रहेंगे' का संकल्प निहित होता तो निश्चय ही उससे कुछ बात बनती। यह तो हार का मूक स्वीकार, पिछड़ेपन का प्रच्छन्न अनुमोदन भर है। एशिया में भारतीय उपमहाद्वीप की नियति को नकारने का जो क्रम विभाजन से शुरू हुआ था वह भारत

और पाकिस्तान में अनन्तर बराबर चलता रहा है। पहले हम राजनीतिक परिपक्वता के मामले में अपने को पाकिस्तान से बहुत आगे मान सकते थे लेकिन पिछले कुछ वर्षों में यह भ्रम भी जाता रहा है। हमारी राजनीति अपने ही दाँव-पेंचों में खोई हुई है और दिन-प्रतिदिन वह अपने घटिएपन से देश को भी घटिया बनाती जा रही है।

हम चीन के अन्तरिक्ष में मँडराते इस उपग्रह के मामले में जितने निश्चिन्त रूप से चिन्तित हैं उतने ही बेखबर ढंग से हम उस दूसरे चीनी उपग्रह की खोज-खबर ले रहे हैं जिसे नक्सलपन्थ के नाम से हमारे समाज के अन्तरमन में प्रवाहित कर दिया गया है। नक्सलपन्थी आतंक को 'न्याय और व्यवस्था' की समस्या मान लेना सुविधाप्रद है लेकिन 'न्याय और व्यवस्था' मानने वाली राजनीति के जिन अन्तर्विरोधों और विरोधाभासों के सहारे माओ के नाम पर गाँधी की प्रतिमा खण्डित करने वाले पनप रहे हैं उन्हें देख सकना द्विविधाप्रद हो सकता है।

गाँधी के देश में गाँधी-स्मृति की अवमानना हो सकी तो कहीं-न-कहीं, किसी-न-किसी हद तक गाँधी का 'आदर' करने वाली राजनीतिक-सामाजिक सत्ता भी गाँधी के अवमूल्यन में जुटी रही होगी। अगर संसदीय लोकतन्त्र के अन्तर्गत 'कानून और व्यवस्था' का व्यापक उल्लंघन हो सका तो यही मानना होगा कि संसदीय लोकतन्त्र में हमारी आस्था अधूरी है। अगर विदेशियों के हितचिन्तक हमारे मध्य विकसित हो सके हैं तो हमारी देशभक्ति में कुछ-न-कुछ खोट अवश्य ही होगा। यह किसी से छिपा नहीं है कि भारतीय राजनीति ढोंग को ही अपनी ढाल का दर्जा देती रही है और कथनी तथा करनी का हर क्षेत्र में परस्पर-विरोध का सम्बन्ध रहा है।

जाति, सम्प्रदाय, भाषा और प्रान्त जैसे आधारों पर समाज का विभाजन करने वाले परम्परागत तत्त्वों को मिटाने की बात करने वाले ही उन्हें राजनीतिक विरोधों के रूप में प्रतिष्ठित करते रहे हैं। इससे वह वातावरण तैयार हुआ है जिसमें अन्तर्विरोधों के आराधक हिंसाविश्वासी नक्सलपन्थी हर जगह दो की लड़ाई में किसी एक का साथ दे कर अपना राजनीतिक जाल बिछा रहे हैं। ऊँचे वादों और फीके इरादों, बढ़िया आदर्शों और घटिया कर्मों की राजनीति ने आकांक्षा और पूर्त्ति के बीच एक चौड़ी खाई बना डाली है जिसमें अनैतिकता लबालब भर गई है। इसी खाई में आकंठ डूबी हुई सत्ता अपनी मर्यादा, अपनी नैतिक शक्ति खो बैठी है। यही वजह है कि 'कानून और व्यवस्था' बनाए रखना उसके लिए एक सहज दायित्व नहीं, जटिल समस्या है।

नक्सलवादी आतंक का मुकाबला करने के लिए सामाजिक चेतना, राजनीतिक कौशल और सुदृढ़ अनुशासन-प्रशासन तीनों का सही अनुपात में प्रस्तुत होना

आवश्यक है। यह तब तक नहीं हो सकता जब तक राज्य और समाज की सत्ता अपनी खोई हुई नैतिक स्फूर्ति फिर न पा ले और सारे राष्ट्र को किसी महान लक्ष्य की सिद्धि के लिए प्रेरित-आन्दोलित करने का साहस न कर सके। प्रतिबद्धता के अभाव में देर से किया गया छिट-पुट बलप्रयोग भी सत्ता को कुछ और निर्बल छोड़ जाएगा। मध्यमार्गी सत्ता नैतिक और राजनीतिक दृष्टि से जितनी कमजोर पड़ती जाएगी हमारी कमजोरी को क्रान्ति के नाम पर चीन की ताकत बनने वाले नक्सलपन्थियों का उतना ही लाभ होगा। चीन का एक उपग्रह हमें परमाणु अस्त्रों से सावधान कर रहा है तो दूसरा यह बता रहा है कि हमारा अराजक राजनीतिक-जगत चीन के हित में परमाणु बम से भी बड़ा अस्त्र साबित होगा।

हिमालय और हम

हिमालय के शान्त, शीतल अंचल में हमारे कई पवित्र तीर्थ हैं और उनके माहात्म्य एक से बढ़ कर एक हैं। लेकिन आज हिम की ढाई हजार किलोमीटर लम्बी श्रृंखलाओं के इस पावन क्षेत्र का साधकों से उतना सरोकार नहीं रहा, जितना सैनिकों से। एक भयंकर भूल के कारण हमें उस हिमालय की चौकीदारी करनी पड़ रही है जिसे हम अपना पासबां, अपना सन्तरी मानते रहे थे। हिमालयवर्त्ती तीर्थों में कैलास और मानसरोवर की बहुत महिमा है। कहा गया है कि इस क्षेत्र की मिट्टी और जलराशि के स्पर्शमात्र से परलोक सुधर जाता है। आज इस क्षेत्र में हमारी पहुँच नहीं है। इससे हमारा परलोक बिगड़ा कि नहीं, इसका फैसला तो यहाँ नहीं हो सकता लेकिन इहलोक निश्चय ही काफी बिगड़ चुका है और आइन्दा उससे भी अधिक बिगड़ सकता है।

आध्यात्मिक हिमालय के सामरिक बन जाने का सिलसिला तब शुरू हुआ जब एशिया से यूरोप की साम्राज्यवादी शक्तियाँ हट गईं और एशियाई नेतृत्व के लिए सोवियत संघ और अमेरिका इन दो नए बड़े राष्ट्रों में और चीन, जापान तथा भारत इन तीन बड़े एशियाई राष्ट्रों में संघर्ष आरम्भ हुआ। चीन तब सोवियत संघ का छुटभैया था और युद्ध में हारा हुआ जापान पूरी तरह विजेता अमेरिका के काबू में था। भारत ने गुट-निरपेक्षता का नारा दिया है। और निरपेक्ष राष्ट्रों का नेतृत्व सम्हाल कर एशिया-अफ्रीका के नवस्वाधीन राष्ट्रों का नेता बनने की कोशिश की। इस कोशिश को काफी हद तक कामयाबी भी मिली मगर इसके चक्कर में हमने दो बुनियादी बातें भुला दीं। पहली यह कि उप-महाद्वीप के विभाजन से एक स्थिति पैदा हो गई जिसमें निरपेक्षता बहुत फल-फूल नहीं सकती। दूसरी यह कि एशियाई नेतृत्व के लिए संघर्ष शीतयुद्धग्रस्त दो बड़ी शक्तियों में ही नहीं, एशियाई हस्तियों में भी हो कर रहना है।

विभाजन के कारण उप-महाद्वीप का संघर्ष हमारे लिए समूचे एशिया के संघर्ष से ज्यादा महत्त्वपूर्ण बन गया। इस संघर्ष में पाकिस्तान पूरी तरह अमेरिका की शरण में चला गया और हमें सोवियत संघ की ओर झुकना पड़ा। और बदली हुई अन्तर्राष्ट्रीय परिस्थिति में अमेरिका और सोवियत संघ ने मददगार की जगह जब

मध्यस्थ की भूमिका अपना ली तो पाकिस्तान के साथ हमें भी ताशकन्द समझौते पर चुपचाप हस्ताक्षर करने पड़े। हम सोवियत संघ की ओर झुके हुए थे और चीन तब सोवियत संघ का झंडाबरदार था और हम यह माने हुए थे कि एशियाई नेतृत्व के लिए एशियाई राष्ट्रों में कोई संघर्ष नहीं होना है इसलिए हमने हिन्दी-चीनी-भाई-भाई का नारा लगाया। कश्मीर के मामले से निपटने की फुरसत रहे इस खातिर तिब्बत को समस्या नहीं बनने देना चाहा और तिब्बत पर चीन का आधिराज्य स्वीकार कर लिया। चीन को एशियाई संघर्ष के लिए तिब्बत में सैनिक तैयारियाँ करने का और हिमालयवर्त्ती सीमा पर हमारे ऐसे क्षेत्र दबा लेने का अवसर मिला जो सामरिक दृष्टि से महत्त्वपूर्ण थे। जिस समस्या से हमने बचना चाहा था वह ऐन हमारी सीमाओं पर आ पहुँची। उसके रहते चीन को पाकिस्तान से साँठगाँठ करने का और भारत-पाकिस्तान-संघर्ष के सन्दर्भ में सोवियत संघ को अमेरिका के निकट चले जाने के लिए बाध्य करने का मौका भी मिला। यही नहीं भारत के लिए नेपाल और भूटान जैसे छोटे हिमालयवर्त्ती राज्य भी बड़े नाजुक मसले बन गए।

इस बीच चीन ने अपने सब से बड़े सहायक और साथी सोवियत संघ को ही चुनौती दे डाली और एशियाई नेतृत्व के संघर्ष में अपनी स्वतन्त्र दावेदारी की घोषणा कर दी। इसके लिए चीन को बहुत भारी कीमत चुकानी पड़ी। न सिर्फ सोवियत संघ की सहायता से वंचित होना पड़ा बल्कि पिछली सहायता का सारा कर्ज मय सूद के लौटा देना पड़ा। साथ ही परमाणु बम और प्रक्षेपास्त्रों के मामले में बड़े राष्ट्रों की धौंस खत्म करने के लिए अनुसन्धान और निर्माण का महँगा कार्यक्रम जल्दी से जल्दी पूरा करना पड़ा। इतनी कीमत चुका कर उसकी गणना शक्ति संघर्ष के भागीदारों में हो गई।

चीन ने वियतनामी लड़ाई के माध्यम से अमेरिका को परोक्ष चुनौती दी और वियतनामी कम्युनिस्ट छापामारों पर सोवियत संघ का प्रभाव घटाने की हर चन्द कोशिश की। अमेरिका भी बराबर उसके दाँव में आता रहा और एक महँगी मुसीबत में उलझता चला गया। इधर वियतनामी संघर्ष समाप्त करने के सिलसिले में अमेरिकियों और रूसियों की सलाह से कोई समझौता हो जाने की थोड़ी आशा बँधने लगी थी। लेकिन कम्बोदिया के गुट-निरपेक्ष शासक पर अपना सिक्का जमा कर चीन ने अमेरिका को कम्बोदिया में शासक-विरोधी तत्त्वों की मदद करने और फिर उनकी सहायता के लिए अपनी सेनाएँ भेज देने को बाध्य कर दिया है। इससे वियतनामी लड़ाई नए सिरे से सारे हिन्दचीन की लड़ाई बनती नजर आ रही है। इसके चलते 'निरपेक्ष' राष्ट्रों की बिरादरी और भी सीमित हो जाएगी और पूर्व तथा दक्षिण-पूर्व एशिया के देश चीन-समर्थकों और अमेरिका-समर्थकों में बँट जाएँगे।

सम्भव है कि सोवियत संघ और अमेरिका चीन की एशियाई चुनौती का मुकाबला करने की जिम्मेदारी जापान पर सौंपे जो इस बीच सामरिक दायित्व से मुक्ति का पूरा लाभ उठाकर आर्थिक दृष्टि से विश्व का बहुत ही महत्त्वपूर्ण राष्ट्र बन गया है। इतने सम्पन्न देश के लिए सामरिक दृष्टि से भी महत्त्वपूर्ण बन जाना बाएँ हाथ का खेल होगा। हमें यह भी नहीं भूलना चाहिए कि जापान पिछले विश्वयुद्ध में एक बड़ी शक्ति के रूप में लड़ा था।

इस प्रकार एशियाई संघर्ष के मंच पर चीन उतर चुका है और जापान उतरना चाहता है। लेकिन भारत? वह इस मंच से बहुत दूर धकेला जा चुका है। यही नहीं चीन ने उसकी अराजक राजनीति के मध्य अपने कदम जमा लिए हैं। मार्क्सवादी कम्युनिस्ट चीन-समर्थक हैं और मार्क्सवादी-लेनिनवादी कम्युनिस्ट उर्फ नक्सलपन्थी चीन के अन्धभक्त हैं। जो हालत आज हिन्दचीन की है वही कालान्तर में भारतीय उप-महाद्वीप की हुआ चाहती है—विदेशी हस्तक्षेप, स्वदेशी छापामार और नाममात्र का केन्द्रीय प्रशासन। विश्व, एशिया और भारतीय उप-महाद्वीप का नेतृत्व तो छोड़िए भारत पर भी हमारी दावेदारी खटाई में पड़ती मालूम होती है। बताया जाता है कि चीनी नेता अपने प्रक्षेपास्त्र को परीक्षण के लिए हिमालय और भारत के आर-पार हिन्दमहासागर में फेंकेगा। उस दिन हम अपनी ही निगाहों में कुछ और छोटे हो जाएँगे। हिमालय के ऊपर से जाता हुआ चीनी प्रक्षेपास्त्र हमारी साख के धूल में मिल जाने का सबूत होगा। हिमालय को हमारे एक लेखक ने 'अस्ति' का प्रतीक कहा है। हम उस अस्ति के प्रति, अपने अस्तित्व के प्रति बेखर रहते आए हैं। अतीत और भविष्य के उस संगम-स्थल की, जहाँ नियति हमें न्योता देती रही है, अनदेखी करते रहने की एक दिन भयंकर कीमत चुकानी पड़ेगी?

राजनीति के नक्कारखाने में

हर सुबह अखबार ताजा खबरों में लिपटी हुई वही पुरानी पहेलियाँ हमारे सामने रख जाता है। नीति की इतनी बातें, अनीति की इतनी घातें! बड़े-बड़े सवालों की ऐसी उपेक्षा और छोटे-छोटे सवालों पर ऐसी लट्ठम-लट्ठा! कोई सिलसिला न होने का एक अटूट सिलसिला जिसमें नक्शे बिगड़ते भले ही दिखते हों, कोई नक्शा बनता नजर नहीं आता।

हमें एक भयावह प्रतीति होती है कि जमाना बौरा गया है। फिर सारे संसार में पागलपन के आसार देखना भी हमें स्वयं पागलपन की ही निशानी मालूम होने लगती है। और तब हमारे भीतर से कोई खुश्क आवाज में हमारी मानसिक क्षमता के आगे प्रश्नचिह्न लगा जाता है। जमाना नहीं, शायद हम खुद ही पगला गए हैं।

फिर जमाने के पगला जाने की आशंका को असम्भव और अपने पगला जाने की आशंका को निराधार ठहराते हुए हम उस मनःस्थिति में प्रविष्ट होते हैं जिसमें ' पालिटिक्स ' समाज और मानवीयता से कोई सम्बन्ध न रखने वाली शतरंज की एक दिलचस्प बाजी बन जाती है और तब हमारी निगाहें हताहत समाज से हट कर ' रणनीतिज्ञों ' का मूल्यांकन करने लगती हैं। अश्रद्धा में हमारी श्रद्धा बढ़ती जाती है। अखबार एक नितान्त अस्वस्थ रूप में हमें स्वस्थ छोड़ जाने लगता है।

'आदर्शवाद' का यह अवमूल्यन, राजनीतिक ढोंग का यह पर्दाफाश संसार के सभी तथाकथित उन्नत देशों में हुआ है। इस बात की अनुभूति तीव्रतर होती गई है कि बीसवीं सदी के उत्तरार्द्ध की पेचीदा समस्याओं का समाधान अठारहवीं सदी के राजनीतिक दिमाग से तलाश किया जाता रहा है। राजनीतिक व्यवस्था ही नहीं, उसका विरोध करने वाली हिप्पी-यिप्पी बिरादरी भी दिमागी तौर से आज की दुनिया में नहीं रह रही है। यह टकराहट उन्नत देशों को कहाँ ले जाएगी इसकी चिन्ता उन्नत देश करें। वे हर तरह से समर्थ हैं। गलत या सही एक दृढ़ आस्था और दृढ़तर आत्मविश्वास से उन्होंने भौतिक समृद्धि और राजनीतिक शक्ति अर्जित की थी। उत्थान के दौर में वे अपने 'आदर्शों' को आदर्श मानते रहे थे और उनके ही सहारे समाज को कुर्बानियाँ देने और आगे बढ़ने के लिए प्रेरित कर सके थे। आज उस

'आदर्शवाद' का कितना ही पर्दाफाश किया जाए उससे जो शक्ति अर्जित की जा चुकी है सो की जा चुकी है।

गौर से देखने पर पता चलता है कि इन देशों के जिस ढोंग को आज सामने लाया जा रहा है उसका सम्बन्ध व्यावहारिकता से था। वह व्यावहारिकता जो पूछती है कि काम कैसे बनेगा? 'आदर्शवाद' द्वारा निर्धारित लक्ष्य के शुद्ध राष्ट्रवादी संस्करण की सिद्धि क्योंकर हो सकेगी? हमारे यहाँ के राजनीतिक ढोंग का भी नाता व्यावहारिकता से ही है लेकिन यह वह व्यावहारिकता है जो याराना लहजे में कहती है—सब चलता है। इसलिए 'आदर्शवाद' के किसी भी रूप, कैसे भी संस्करण से इसका कोई सम्बन्ध जुड़ नहीं पाता। पहली व्यावहारिकता देश और समाज के किसी बड़े स्वार्थ की सिद्धि को समर्पित होती है तो दूसरी अपनी कुर्सी सलामत रखने की राह ही सुझा पाती है।

सब चलता है इसीलिए किस्म-किस्म के आदर्श हमारी धन्य राजनीतिक धरा पर अवतरित होते रहे हैं। माओ से ले कर महाराजाओं तक के गुणग्राहक हमारे मध्य विराजमान हैं। कोई समाजवाद के नाम पर सारी खुदाई रूस की रहनुमाई में देखता है तो कोई मुक्त व्यापार को अमेरिका के आराम का पर्याय समझता है। गांधीवादी गमक हमारे कानों में गूँज रही है और नेहरूवादी निनाद भी। गरज यह है आदर्शों की मंडी में हर माल बिक रहा है और उसी 'हर माल मिलेगा छह आना' वाले अन्दाज में। हर दल, हर नेता, हर सत्ताधारी 'आदर्शपरायण', 'नीतिवान', 'विवेकशील', 'जनहितैषी', 'प्रगतिविश्वासी' और न जाने क्या-क्या है पर यह क्या-क्या भी क्या खूब है कि देश क्या से क्या हुआ जा रहा है। आदर्शवाद के कई पंचवर्षी आयोजनों के बाद आज भी ओछी हरकतें ऊँची राजनीति में शुमार हैं और छोटी-छोटी बातें बड़े-बड़े वितंडों को जन्म देती हैं। किसी एक यथार्थ या कल्पित अपमान के कारण कई दिन तक जबर्दस्त हंगामा और दंगा होता है। 'नए समाज के विकास' का यज्ञ किसी सांकेतिक कार्रवाई में सिमट आता है और उसे ही समग्र कार्रवाई का दर्जा दे-दिला दिया जाता है। इस तरह देश के दुख-दर्द दूर कर चुकने के बाद राजनीति फिर दलाली की सत्ता और सत्ता की दलाली का सुख लूटने लगती है।

'सब चलता है' मार्का व्यावहारिकता के कारण मध्यमार्गी प्रतिष्ठान में सभी कोई चक्कर चलाने में जुट लिए हैं। इन चक्करों के चलते देश और समाज की महत्त्वपूर्ण समस्याओं का कोई समाधान नहीं हो पाया है और चीख-चिल्लाहट ने तर्क का तथा दादागिरी ने राजनीतिक आन्दोलन का स्थान ले लिया है। अव्यावहारिक आदर्श और आदर्शहीन व्यवहारवाले हमारे नकली मध्यमार्गी सत्ता-प्रतिष्ठान ने जनमन में असली मध्यमार्ग का भी अवमूल्य कर दिया है। भूमि-सुधार, औद्योगीकरण और भावात्मक

एकता की तमाम योजनाओं के बाद और बावजूद आज अगर भूमिहीन खेतिहर, पढ़े-लिखे बेरोजगार युवक, जातिगत-प्रान्तगत बैरों से बँधे हुए लोग और अन्तर्विरोधों से ग्रसित समाज मौजूद है और इनके रहते चेयरमैन माओ के चहेते फल-फूल रहे हैं तो इसमें दोष किस का है? नकली मध्यमार्ग को यह सवाल परेशान नहीं करता। नक्सलपन्थ इसके बुद्धिजीवियों के लिए सबसे नया क्रांतिकारी फैशन बन जाएगा और चीन को शक्ति-संघर्ष में जितनी प्रतिष्ठा मिलती जाएगी इसके प्रतिष्ठान में चीन की एजेंटी की गरिमा उतनी ही बढ़ती जाएगी।

व्यावहारिक आदर्श और आदर्श व्यवहार वाले मध्यमार्ग के लिए आज भी कोशिश करने पर अवसर निकाला जा सकता है। मगर बात कल पर टल गई तो? गृहयुद्ध? विदेशी हस्तक्षेप? देश का और विभाजन?

मगर नकली मध्यमार्ग इस माथापच्ची से आपको मुक्त रखना चाहता है। उसका कहना है कि देखिए न, हमलोग कितने आदर्शवादी हैं। सुनिए न, हमारे यहाँ नीति की कैसी तूती बोल रही है—राजनीति के नक्कारखाने में।

तीन तिकाला युद्ध की ज्वाला

पश्चिमी और दक्षिण पूर्वी एशिया में युद्ध किसी बिना-बुलाए, बेशरम मेहमान की तरह डटा हुआ है। दूसरी बड़ी लड़ाई अभी खत्म ही हुई थी कि इन क्षेत्रों में हमलों और जवाबी हमलों का सिलसिला शुरू हो गया जो आज भी खत्म होने का नाम लेता नजर नहीं आता। यह नहीं कि शान्ति-स्थापना में कोई कसर उठा रखी गई हो—युद्ध-विराम और सन्धि-प्रस्ताव बराबर होते ही रहे हैं—मगर बात हमेशा वहीं की वहीं रही है। विडम्बना यह कि हर शान्ति-वार्त्ता, हर शान्ति-सम्भावना युद्ध के भड़कने की भूमिका मात्र सिद्ध हुई है। मसलन पिछले दिनों यह सुनने में आ रहा था कि पश्चिम एशिया का मामला 1967 के संयुक्त राष्ट्र प्रस्ताव के आधार पर निबटने ही वाला है। इजरायल उन इलाकों को छोड़ देगा जिन पर उसने पिछली लड़ाई में कब्जा किया था और इसकी एवज में अरब राष्ट्र इजरायल को मान्यता और स्वेज तथा तिरान जल-मार्गों के प्रयोग का अधिकार प्रदान कर देंगे। लेकिन तभी यह संवाद मिला कि सोवियत संघ मिस्र को न केवल सैनिक साज-सामान दे रहा है बल्कि विमान-चालक और युद्ध-सलाहकार भी। हिन्द-चीन में अमेरिका का सम्पूर्ण सैनिक हस्तक्षेप भी कभी इसी तरह 'सलाहकार' भेजे जाने से शुरू हुआ था, इसलिए अगर पश्चिम एशिया में सोवियत संघ का हस्तक्षेप बढ़ने की और इसके कारण संघर्ष के तीव्रतर होने की कल्पना की जा रही है तो ठीक ही है। इसी प्रकार हिन्द-चीन में पेरिस शान्तिवार्त्ता और नए अमेरिकी राष्ट्रपति की 'वीएतनामी लड़ाई वीएतनामी लड़ें' नीति के कारण समस्या का समाधान होता नजर आने लगा था। लेकिन तभी लड़ाई युद्धग्रस्त वीएतनाम से तटस्थ लाओस और कम्बोडिया में भी फैल गई।

क्या वजह है कि एक छोटे-से वीएतनाम या इजरायल की खातिर दुनिया की बड़ी ताकतें इतना सिरदर्द मोल ले रही हैं और इस भाव भी किसी निर्णायक मंजिल तक नहीं पहुँच पा रही हैं? लड़ाई छिड़ जाना यों एक मामूली-सी बात है—अनुमान किया जाता है कि औसतन हर पाँचवें महीने दुनिया में कहीं-न-कहीं लड़ाई शुरू होती है—मगर कुछ ही दिनों में बड़ी ताकतों के हस्तक्षेप करने (या न करने!) के कारण वह काबू में आ जाती है। इन लड़ाइयों के लिए और इन बाद के तनातनी के वातावरण के लिए हथियार देने का काम बड़ी ताकतें अंजाम देती हैं और इस व्यापार

से अच्छा मुनाफा कमाती हैं। तो दक्षिण पूर्व एशिया और पश्चिम एशिया में ही युद्ध पर काबू पाना उनके लिए क्यों सम्भव नहीं हुआ? इसका कारण यह है कि ये दोनों ही संघर्ष शक्ति-सन्तुलन की अन्तरराष्ट्रीय होड़ से जुड़ गए हैं। दूसरे विश्वयुद्ध के पूर्व जो यूरोपीय देश बड़ी ताकतों में शुमार थे वे इन संघर्षों में ही प्रामाणिक रूप से छोटे साबित हुए। पुराने शक्ति-सन्तुलन के टूटने का परिचय भी इनसे ही मिला। हिन्द-चीन में फ्रांस कम्युनिस्टों के उस संयुक्त मोर्चे से निबटने में असमर्थ रहा जिसने इस फ्रांसीसी उपनिवेश पर जापानियों के आधिपत्य के दौरान जापानी सेनाओं के विरुद्ध कार्रवाई करते हुए राष्ट्रवादियों की एक बड़ी छापामार सेना संगठित कर ली थी। पश्चिम एशिया में ब्रिटेन ने यहूदियों का नया राज्य इजरायल बनने दिया और आगे चल कर इजरायल के पक्ष में मिस्र के खिलाफ कूच भी किया, मगर इस कूचे से उसे बेआबरू हो कर लौटना पड़ा। इसलिए कि अमेरिका और सोवियत संघ ये दो नए बड़े राष्ट्र उसकी दखलन्दाजी के खिलाफ थे।

पुराने बड़े राष्ट्रों के बेदखल हो ज़ाने के बाद नए बड़े राष्ट्रों के सन्त-चरण इन क्षेत्रों पर पड़े। अमेरिका ने दक्षिण वीएतनाम को कम्युनिस्टों के हाथ में न पड़ने देने की और सोवियत संघ ने अरब राष्ट्रों पर अमेरिका का प्रभाव न बढ़ने देने की कसम खा ली। अमेरिका के लिए यह जरूरी हुआ कि वह दक्षिण वीएतनाम के दलदल में आकण्ठ डूबे और सोवियत संघ को यह आवश्यक प्रतीत हुआ कि वह प्रभाव क्षेत्र की खातिर यहूदी-विरोध की हद तक पहुँच जाए। अमेरिका और सोवियत संघ दोनों ही यह जानते होंगे कि पश्चिम एशिया और दक्षिण-पूर्व एशिया में जिच ही मिल सकती है, जीत नहीं। दोनों क्षेत्रों के सम्बद्ध राष्ट्र भी इस तथ्य से अवगत हैं। इजरायल यह जानता है कि अरब राष्ट्रों का क्षेत्र वह अनन्त काल तक दबाए नहीं रख सकता, अरब राष्ट्र यह जानते हैं कि वे इजरायल को नेस्तनाबूद नहीं कर सकते। उत्तर वीएतनाम जानता है कि अमेरिका की सैनिक शक्ति के रहते वह दक्षिण वीएतनाम को नहीं जीत सकता और दक्षिण वीएतनाम के शासक भी जानते हैं कि अमेरिका के सहारे के बिना वे सारे वीएतनाम पर तो क्या, दक्षिण वीएतनाम तक पर शासन नहीं कर सकते। फिर भी युद्ध चल रहे हैं। आखिर क्यों?

अगर बड़े राष्ट्र पूरी तरह हट जाएँ या पूरी तरह जुट जाएँ तो जिच खत्म हो सकती है। उनके हट जाने पर शायद मुस्लिम अरब राष्ट्र बहुसंख्यक होने के कारण यहूदी इजरायल के खिलाफ कामयाब जेहाद बोल कर उस संघर्ष को पूरा कर सकें जो फिलस्तीन में यहूदी-मुस्लिम दंगों के रूप में शुरू हुआ था। या शायद इजरायल केवल अपनी प्रतिभा और संगठन कौशल के कारण पड़ोसी अरब देशों पर हावी हो सके और पश्चिम एशिया का जापान बन जाए। हिन्द-चीन में विदेशी हस्तक्षेप

समाप्त होने पर हर कहीं वामपन्थी झुकाव वाली सरकार बनना और अन्ततः कम्युनिस्टों का प्रभुत्व हो जाना अवश्यम्भावी है। ये ही नतीजे बड़े राष्ट्रों द्वारा इन क्षेत्रों में सीधी टक्कर लिए जाने पर निकल सकते हैं। अगर ऐसा नहीं होता तो यही मानना पड़ेगा कि सीधी टक्कर या सीधे नतीजों से दोनों बड़े राष्ट्र कतरा रहे हैं। वह इसलिए कि शक्ति-सन्तुलन के खेल में तीन-तिकाला का चक्कर चल गया है—चीन के प्रवेश के साथ। ठीक वही स्थिति है जो दूसरे महायुद्ध से पहले थी—नया साम्यवादी सोवियत संघ, नाजी जर्मनी और यूरोप की साम्राज्यवादी शक्तियाँ। परमाणु-अस्त्र सन्तुलन के बावजूद कब युद्ध की ज्वाला भड़क उठे, कुछ ठीक नहीं। यूरोप और अमेरिकी गोलार्द्ध में दोनों बड़े राष्ट्रों के बीच प्रभाव-क्षेत्रों के विषय में अलिखित समझौता हो चुका है। अब अमेरिका को पूर्व यूरोप की मुक्ति से और सोवियत संघ को दक्षिण अमेरिका की सामाजिक क्रान्ति से कोई दिलचस्पी नहीं रही। लेकिन एशिया के मामले में कुछ फैसला करते हुए उन्हें चीन की उपस्थिति के कारण हिचक होती है। हिन्द-चीन पूरी तरह चीन के प्रभाव-क्षेत्र में चला जाए या फिलिस्तीन के गुरिल्ले और अरब राष्ट्रों के उग्रपन्थी दल सोवियत संघ से निराश हो कर चीन के चेले बन जाएँ, यह न अमेरिका को स्वीकार हो सकता है न सोवियत संघ को। इसलिए सोवियत संघ हिन्द-चीन में उत्तर विएतनाम की हार भले ही न चाहता हो, जीत भी नहीं चाहता है और यही दृष्टि पश्चिम एशिया में अमेरिका की इजरायल के सम्बन्ध में है। इसके चलते दोनों जगह युद्ध अनन्त काल तक इसी बेढंगी रफ्तार से चलते रह सकते हैं। चीन के और ज्यादा ताकतवर होने के साथ उलझनें और ज्यादा बढ़ जाएँगी। तीनों शक्तियाँ दूसरों के कन्धे पर रख कर अपनी बन्दूकें चलाएँगी और बन्दूकों के इस व्यापार से अपनी अर्थ-व्यवस्था सुदृढ़ बनाएँगी। चीन, अमेरिका और रूस के त्रिकोण के कोई निश्चित रूप धारण करने तक पश्चिम एशिया और दक्षिण-पूर्व एशिया के लाखों बेकसूर लोग इसी तरह मारे जाते रहेंगे। और क्या त्रिकोण के निश्चित रूप लेने पर तीसरा महायुद्ध नहीं छिड़ जाएगा?

●●●